KNAUR
BALANCE

NICOLE VIGNOLA

Die Good-Habits-Methode

Die wichtigsten Neuro-Tools, mit denen du alles erreichst

Aus dem Englischen
von Elisabeth Liebl

KNAUR BALANCE

Die Originalausgabe erschien 2024 unter dem Titel *Rewire*
bei Michael Joseph, einem Imprint von Penguin Random House UK.

Besuchen Sie uns im Internet:
www.knaur-balance.de

MIX
Papier | Fördert
gute Waldnutzung
FSC® C083411
FSC
www.fsc.org

Deutsche Erstausgabe Oktober 2024

Redaktion: Ralf Lay
Covergestaltung: Thierry Wijnberg | total italic,
nach einem Entwurf von Lauren Wakefield // MJ
Coverabbildung: kovalto1 / Shutterstock.com
Satz und Layout: Adobe InDesign im Verlag
Druck und Bindung: CPI books GmbH, Leck
ISBN 978-3-426-44670-6

5 4 3 2

Inhalt

Phase 3: Das Positive fördern

Outro

Anhang

Intro

Über Gehirnmasse, deine Innenwelt und wie sie programmiert ist

Als ich das erste Mal ein menschliches Gehirn in der Hand hielt, war ich Studentin der Neurowissenschaften im ersten Jahr. Ich werde nie vergessen, wie mein Prof mich damals ermahnte, es ständig hin und her zu bewegen, weil ich sonst Fingerabdrücke darauf hinterlassen würde. Ich war total von den Socken.

Meine Daumen lagen über den Schläfenlappen dieses Gehirns, und ich stellte mir vor, dass ich so jede Erinnerung berührte, die diese Person je gehabt hatte. Die graue Substanz, die wir damals gerade durchnahmen, enthält tatsächlich ein ganzes Leben.

War dieser Mensch glücklich?

Berührten meine Fingerspitzen vielleicht in ebendiesem Moment die Stelle, an der die Erinnerung an die erste Liebe gespeichert war?

Hatte er sich überhaupt je verliebt?

Hatte er Kinder?

Berührte ich vielleicht gerade den Tag, an dem er geheiratet hatte? Oder vielleicht auch den traurigsten Moment dieses Lebens? Möglicherweise ein Unfall, der es für immer verändert hatte?

Wann hatte dieser Mensch sich dafür entschieden,

seinen Leichnam für Forschungszwecke zu spenden? Vielleicht war er ja selbst wissenschaftlich tätig gewesen? Möglicherweise hatte er etwas Ähnliches empfunden, als er zum ersten Mal ein Gehirn in der Hand hielt.

Mit Zeige- und Mittelfinger über dem frontalen Kortex fragte ich mich, ob diese Person ein gutes Leben gehabt hatte oder ob sie hatte leiden müssen. Was immer sich ereignet hatte, es war vor meiner Zeit passiert, und doch war ich nun hier und hielt die Jahre zwischen Geburt und Tod dieses Menschen in Händen. Mein Herz schien zu explodieren.

Solange ich zurückdenken kann, habe ich versucht, eine Antwort auf die Frage »Ist es Zufall oder Absicht?« zu finden. Das Leben, unser Geist, unsere Überzeugungen, unsere Gewohnheiten und Verhaltensweisen - geht unsere Programmierung nun auf Zufall zurück, oder steckt dahinter ein Plan? Werden uns Gewohnheiten und Verhaltensweisen aufgedrückt, oder entscheiden wir uns dafür? Schnappen wir sie vielleicht mehr oder weniger beliebig aus dem Umfeld auf? Erst als ich mein Studium der Neurowissenschaften abgeschlossen hatte, war mir klar, dass das eine wie das andere zutraf. Wir werden durch unsere Umwelt geprägt, durch äußere Einflüsse wie Mitmenschen, Lebensumstände, Religion und Kultur. Und größtenteils sollten wir all diese Eindrücke auch beibehalten.

Wir werden aber ebenso bestimmt durch negative Denkmuster und Erzählungen, die wir uns selbst vorbeten. Diese Muster und Geschichten verhindern, dass wir unsere Wünsche verwirklichen. Wir alle haben an dem ein oder anderen Punkt unseres Lebens geglaubt, dass wir nicht gut genug sind. Wir haben uns in etwas festgefahren, das wir zu gern ändern würden. Und das hält uns davon ab, unser ganzes Potenzial zu verwirklichen. Manche dieser Überzeugungen, Gewohnheiten und Verhaltensweisen haben wir aufgrund zufälliger Umstände erworben, für andere haben wir uns selbst entschieden. Aber das Schöne am menschlichen Geist ist ja, dass wir diese Überzeugungen ändern können, ganz egal, wo ihr Ursprung liegt. Wir können unsere Programmierung bewusst ändern.

Dieses Buch wird, ausgehend von einem neurowissenschaftlichen Hintergrund, erklären, wie sich das Gehirn verändern kann. Und es wird dir ein Neuro-Toolkit an die Hand geben, das du auf deinen Alltag anwenden kannst. Denn glücklicherweise können wir uns jederzeit neu erfinden und zu den Menschen werden, die wir sein wollen, ganz egal, was wir früher geglaubt haben.

Es gibt da eine Entschuldigung, die mir immer wieder entgegentönt: »So bin ich nun mal gestrickt.« Vergiss das am besten mal ganz schnell. Denn die Neuronen in unserem Gehirn sind auf eine Weise miteinander verbunden, die uns ermöglicht, unsere Gedanken, Gewohnheiten und Verhaltensweisen zu verändern, sodass wir unsere unbewusst einprogrammierten Überzeugungen über unsere Person beeinflussen können. Die Geschichten, die wir uns über uns selbst erzählen, bestimmen, wie wir uns sehen. Unser Selbstbild wiederum steuert unsere automatischen Reaktionen und Verhaltensweisen. Und diese sind verantwortlich dafür, wie andere uns sehen.

»Unsere Lebenserfahrung entspricht dem,
worauf wir unser Augenmerk gerichtet haben,
ob wir das nun absichtlich getan haben oder nicht.«
William James

Einige Wochen nach dieser ersten Unterrichtsstunde waren wir wieder im neuroanatomischen Labor: Diesmal sollten wir einen Leichnam sezieren. Ich weiß noch, dass ich müde war und mich kaum konzentrieren konnte. Mein Smartphone zeigte an, dass der Akku fast leer war und ich den Energiesparmodus einschalten sollte.

In diesem Augenblick wurde mir eine weitere Erkenntnis klar: Das Gehirn ist unsere Hardware, und all unsere Erinnerungen, Gedanken, Gewohnheiten und Verhaltensweisen sind unsere Software. Deine geistige Gesundheit und deine Persönlichkeit sind eine Frage der Software. Ob dein Gehirn seine Arbeit gut erledigt, ist eine Sache der Hardware. Für ein optimales Zusammenspiel müssen beide gut funktionieren.

Aha! Deswegen konnte ich mich nur schlecht konzentrieren! Ich war müde, deshalb arbeitete meine Hardware, das heißt mein Gehirn, nicht optimal. Daher hatte ich Probleme damit, aufzupassen und mir zu merken, was ich hörte. Im Grunde lief ich im Energiesparmodus. Mein Gehirn bediente zuerst die wichtigsten Funktionen. Die Software upzudaten, gehörte nicht dazu.

Da wurde mir klar: Wenn jemand seine Software updaten und neue Verbindungen herstellen wollte, um Informationen zu speichern, dann musste die Hardware einwandfrei funktionieren. Daher hatte ich auch Schwierigkeiten, mit den Belastungen des Studiums zurechtzukommen, wo ich doch gerade erst in eine neue Stadt gezogen war. Ich war überfordert. Ich schenkte Dingen, die grundlegend gewesen wären für meine Gesundheit und mein Wohlbefinden, nicht genügend Aufmerksamkeit. Und das wirkte sich direkt auf die Gesundheit meines Gehirns aus. Mir wurde bewusst, dass ich mich um die Gesundheit meines Gehirns kümmern musste, um meine

Gedanken, mein Verhalten und mein Handeln positiv zu beeinflussen und den Vorlesungsstoff im Kopf zu behalten. Das würde meine mentale Fitness positiv beeinflussen, sodass ich neue neuronale Verbindungen legen konnte.

Die Verknüpfungen, die jedes Neuron eingeht, sind für das bloße Auge unsichtbar. Aber sie entscheiden, wie dein Tag läuft. Und sie sind programmiert durch unseren Lebensstil. Sie sind auch determiniert von unseren Zeitgenossen und von denen, die vor uns gelebt haben. Und das machte mir eines klar: Wenn wir nicht das Steuerruder unseres Lebens in die eigenen Hände nehmen, dann führen wir ein vorherbestimmtes Dasein. Das kann gut für uns sein, aber für manche Menschen ist es eben schlecht. Das Gute ist, dass wir unsere Software updaten können. Das heißt, wir können neue Gewohnheiten entwickeln und unerwünschte Verhaltensweisen ablegen, sodass wir ein Maximum an mentalem Wohlbefinden und die beste Version unserer selbst schaffen können, den Menschen, der wir wirklich sein wollen.

Wir können dafür sorgen, dass unsere Hardware gut arbeitet, indem wir uns genug Schlaf gönnen und uns regelmäßig bewegen. Doch dazu später mehr. Für den Augenblick hoffe ich, dass es dir hilft zu wissen, dass das Gehirn formbar ist und sich wandeln kann.

Vielleicht fragst du dich, wie das gehen soll. Nun, das Gehirn ist »plastisch«. Der Begriff stammt vom griechischen Wort *plastikós,* was so viel wie »formbar« heißt. Das Gehirn kann sich selbst im Alter noch verändern und reorganisieren, um neue Pfade zu legen. Obwohl man weithin glaubt, die plastische Chirurgie heiße so, weil die Operierten danach vielfach so plastikmäßig aussähen wie eine Barbiepuppe, geht auch diese Bezeichnung auf das Wort *plastikós* zurück.

Für uns ist die Formbarkeit eine gute Nachricht, denn sie bedeutet, dass wir uns von Gewohnheiten und Verhaltensweisen befreien können, die wir unbedingt ablegen möchten. Ich habe viele Menschen kennengelernt, die das Gefühl haben, in ihrem Leben auf der Stelle zu treten. Sie bleiben in einem Job, den sie überhaupt nicht mögen, weil sie glauben, das sei ihr Schicksal und alles, was sie können. Da wird jemand beispielsweise Ingenieur, weil man ihm in der Schule gesagt hat, er hätte einen »analytischen« Verstand. In Wirklichkeit würde er gern etwas Kreatives machen - aber er *glaubt* eben, *dass er nicht so ist.* Er weiß wohl nichts von Neuroplastizität, also versucht er es erst gar nicht.

Hast du schon einmal gedacht, dass du für einen bestimmten Beruf nicht intelligent genug bist? Redest du dir oft etwas Negatives ein? Glaubst du, du bist »nicht gut genug«? Diese überkritischen Schleifen negativer Selbstgespräche schleichen sich nach und nach in dein Denken ein und bremsen dich aus. Dann versuchst du gar nicht erst, dich zu ändern. Du lernst gern, traust dich aber nicht, dich an einer Universität zu bewerben, weil du Angst hast zu versagen.

Gerätst du immer wieder mit deinem Partner in Auseinandersetzungen, weil du angeblich »streitlustig« bist? Machst du aus allem ein Drama, einfach weil deine Familie so war und du glaubst, das sei dein Schicksal? Manche Menschen glauben sogar, das Gedankenkarussell sei Teil ihrer Persönlichkeit und ihr negatives Denken angeboren. Reagierst auch du automatisch mit Kritik, selbst wenn du dich über etwas freuen solltest, was gerade in deinem Leben passiert ist?

Solche Automatismen werden gewöhnlich ständig wiederholt. Auf diese Weise verstärken sie die Kommunikationswege in unserem Gehirn, die unser Denken steuern. Aber ich versichere dir, dass wir neue Pfade legen und solche hinderlichen Gedanken ändern können. Dieses Buch wird dir zeigen, wie das funktioniert.

Shakira wurde von ihrem Lehrer aus dem Chor geworfen, weil sie sich aufgrund ihres Vibratos angeblich anhörte »wie eine Ziege«. Als Jugendliche war Beyoncé Mitglied einer Mädchenband namens »Girls Tyme«, die in den Neunzigern in *Star Search* auftrat, der damals größten Talentshow im amerikanischen Fernsehen. Die Mädchen fielen durch. Heute weiß jeder, wer Beyoncé ist. Selbst mein über neunzigjähriger portugiesischer Nachbar kennt sie. Der vierzehnjährigen Gisele Bündchen erklärte man, dass ihre Nase zu groß und ihre Augen zu klein seien. Bei Castings wies man sie daher oft ab. Sie erinnert sich noch heute daran, dass man ihr einmal sagte, sie würde nie auf dem Cover einer Modezeitschrift landen, was sie stark verunsicherte. Gisele gehört seit Längerem zu den bestbezahlten Models überhaupt und hat eine extrem erfolgreiche Karriere vorzuweisen.

Hätten diese Frauen auf diejenigen gehört, die sie daran hindern wollten, ihr volles Potenzial auszuschöpfen, hätten wir einige der größten Talente in der Mode und im Showbusiness verloren. Das ist es, was ich mir für dich wünsche: Ich möchte, dass du ebenso kompromisslos du selbst bist. Ich möchte, dass du die Etiketten abstreifst, die man dir aufgeklebt hat. Ich will, dass du deine eigene Geschichte erzählst, die nur du allein geschrieben hast und nicht die Leute, die dich zu kennen glauben.

Ich werde dir all die Erkenntnisse liefern, die die Wissenschaft dazu gesammelt hat, damit du dauerhafte Veränderungen in deinem Leben anstoßen kannst. Die Good-

Habits-Methode ist ein neurowissenschaftlicher Werkzeugkasten voller gut umsetzbarer Ratschläge. Wenn du ihn zu einem Teil deines Leben machst, kannst du dich zum Besseren verändern.

Ich habe es mir zur Lebensaufgabe gemacht, die Erkenntnisse der Neurowissenschaften aus den Labors und den akademischen Fachzeitschriften herauszuholen und sie allen zugänglich zu machen. Jeder Mensch verdient es, sie zu kennen, denn sie können das Leben tatsächlich verändern. Begleite mich auf dieser Reise, und lerne, deine Reaktionen auf alles, womit das Leben dich konfrontiert, selbst zu kontrollieren, ob es nun darum geht, deine Stressreaktionen zu regulieren oder hinderliche Überzeugungen zu überwinden. Du kannst sein, wer immer du sein willst.

Erschaffe dich selbst.

Wie Neuroplastizität funktioniert

Neuroplastizität ist die Fähigkeit des Gehirns, sich zu verändern und sich an die inneren und äußeren Faktoren anzupassen, die es formen. Die Verbindungen, Funktionen und Strukturen der Neuronen reorganisieren sich in Reaktion auf wiederholten Input. Die Neuronen sind für die Übertragung von Informationen im Gehirn verantwortlich. Je häufiger wir etwas wiederholen, desto breiter werden die Kommunikationswege - wie ein schmaler Trampelpfad, der zur Schotterpiste wird und sich schließlich in eine perfekt asphaltierte Autobahn verwandelt. Die Neurowissenschaftler haben dafür sogar einen schicken Merkspruch gefunden: »What fires together, wires together«, das heißt so viel wie: »[Neuronen,] die gemeinsam feuern, gehen eine Verbindung ein« (Hebbs Gesetz: später dazu mehr).

Wenn wir also Gedanken wie »Ich bin nicht gut genug« ständig wiederholen, schreibt das Gehirn diesen Gedanken fort und verstärkt ihn so lange, bis er sich tief eingebrannt hat. Dann wiederholst du diese Erzählung ständig im Hintergrund, sodass sie zum Soundtrack deines Lebens wird. Wenn bestimmte Handlungen, Reaktionen oder Verhaltensweisen ins Gehirn eingebrannt und fast instinktiv ausgeführt werden, ohne dass ein bewusster Entscheidungsprozess vorausgeht, sprechen wir von Automatismen. Wir wiederholen etwas so häufig, dass es zu einer automatischen Reaktion wird, deren wir uns kaum bewusst sind.

Lange Zeit glaubten die Neurowissenschaftler, unser Gehirn könne sich ab einem bestimmten Alter nicht mehr verändern. Mittlerweile hat man aber herausgefunden, dass das Gehirn bis ins hohe Alter wandlungsfähig bleibt. Es mag später schwieriger sein, aber es ist nicht unmöglich. Es erfordert nur einfach eine konzertierte Anstrengung. Tatsächlich legen die molekularen Strukturen des Gehirns, die für das bloße Auge unsichtbar sind, den Schluss nahe, dass das Gehirn sogar auf Veränderung ausgelegt ist. Dies ist vermutlich einer der wichtigsten Aspekte unserer Neurobiologie. Er erlaubt uns, Neues zu erlernen und unerwünschte Verhaltensweisen abzulegen. Was wiederum bedeutet, dass wir uns unseren Lebensumständen und neuen Erfahrungen anpassen können. Das Gehirn organisiert sich buchstäblich selbst. Es bildet neue Synapsen aus (gr. *sýnapsis* [Verbindung]).

Eine Synapse ist ein winziger Spalt, über den Nervenzellen miteinander kommunizieren. An der Synapse sendet ein Neuron eine Botschaft zu einem anderen. Hier findet der Informationsaustausch statt, und zwar über chemische Stoffe, die »Neurotransmitter« genannt werden. Das Gehirn kann sich neu organisieren, indem es neuroplastisch neue Synapsen ausbildet und bestehende Synapsen anpasst.

Mittlerweile untersucht die Forschung sogar, ob man die Neuroplastizität des Gehirns nicht sogar dazu einsetzen kann, Demenzpatienten zu behandeln.[1] Wenn wir im Leben körperlich und geistig aktiv bleiben, kann das Gehirn sich anpassen und seine strukturelle Integrität bewahren. Forschungsarbeiten zeigen, dass Menschen, die auch im Alter körperlich aktiv sind, mehr Proteine im Gehirn haben, die die Verbindungen zwischen den Neuronen stark und gesund erhalten.[2] Gleichzeitig lassen sich bessere kognitive Funktionen feststellen und weniger neurodegenerative Erkrankungen. Unser Gehirn ist eine ganz erstaunliche »Maschine«, die wir programmieren und ständig updaten können, sodass wir ein erfülltes, selbstständiges und selbstbestimmtes Leben führen.

Viele Menschen kennen ihr Potenzial und die Kraft ihres Gehirns nicht … Du hast dein Leben selbst in der Hand. Du kannst dich in jedem Alter verändern. Du kannst dich von negativen Erzählungen lösen, kannst Überzeugungen ablegen, die dich davon abhalten, das Steuerruder deines Lebens zu ergreifen. Ich möchte nicht achtzig Jahre alt werden und bedauern, dass ich das Leben an mir vorübergehen ließ. Ich möchte in diesem Alter keine Stimme mehr im Kopf haben, die mich ständig kritisiert. Ich möchte nicht achtzig werden und bereuen, dass ich alles dem Zufall überlassen habe, dass ich nicht selbst über meinen Lebensweg bestimmt habe, dass ich mich von meinem Gedankenkarussell habe lenken lassen. Ich möchte achtzig werden und in die Welt hinausschreien: »Ja, ich habe es geschafft! Das war mein Leben, und ich bin stolz darauf; denn ich habe es mir selbst ausgesucht und mich nicht mit dem begnügt, was man mir zugestanden hat.«

Denken wir einmal darüber nach: Wir alle kommen mit einer einzigartigen DNA zur Welt. Dein Fingerabdruck ist einmalig, aber das gilt auch für die Verknüpfungen in deinem Gehirn, die kein anderer Mensch hat. Du hast eine ganz bestimmte Anordnung von Identitäten und Charakterzügen, mit denen dein Gehirn programmiert wurde, geprägt durch deine Mitmenschen und die Lebensumstände in deiner Jugend. Lass uns all diese Charakterzüge freilegen.

Wie sich das Gehirn verändert

Das »Drei-Pfund-Universum« in deinem Schädel besteht aus hundert Milliarden Neuronen mit Billionen und Aberbillionen Verbindungen, die zusammenarbeiten, um deine innere Welt zu gestalten. Diese wird von der Außenwelt beeinflusst und kann doch nie von jemand anderem wahrgenommen werden. Es ist schon verrückt, wenn man sich überlegt, dass das Einzige, was unsere Gedanken von der Außenwelt und anderen Menschen trennt, eine knöcherne Schale von einem halben Zentimeter Dicke ist.

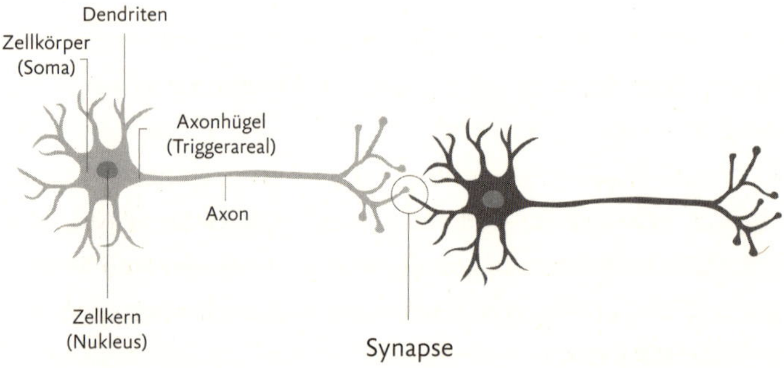

Abb. 1: Neuronale Verbindung, an der die Kommunikation zwischen den Neuronen passiert. Die Synapsen werden gestärkt, wenn mehr Kommunikation zwischen ihnen stattfindet.

Die Neuronen in deinem Gehirn kommunizieren miteinander an den Synapsen. Wenn Neuronen wiederholt miteinander kommunizieren, werden sie darin immer besser. Das Signal zwischen ihnen wird immer stärker. Daher kannst du einen vertrauten Weg entlangschlendern und dabei an etwas völlig anderes denken. Es geschieht fast automatisch. Wenn wir bestimmte Dinge wiederholen, wird die Botschaft zwischen den Neuronen leichter transportiert. Und eh du dich's versiehst, hast du eine Überzeugung verstärkt, die du nun kaum mehr loszuwerden scheinst.

Neuroplastizität funktioniert jedoch in beide Richtungen: Wir können etwas dazulernen und die entsprechenden Pfade verstärken, aber wir können sie mit der Zeit auch schwächen. Alle Verhaltensmuster, die du loswerden möchtest, können abgelegt werden. Darum geht es im ganzen Buch, ganz besonders aber in Phase 1.

Ein Wort zum Thema »Neurodivergenz«

Eine der Fragen, die mir von der neurodiversen beziehungsweise -divergenten Community auf meinen Social-Media-Kanälen am häufigsten gestellt wird, ist folgende: Sind Menschen, die autistisch sind oder unter einer Zwangsstörung (OCD [Obsessive-Compulsive Disorder]) beziehungsweise der sogenannten Aufmerksamkeitsdefizit-Hyperaktivitätsstörung (ADHS) leiden, zur Neuroplastizität fähig?

In diesem Zusammenhang ist es wichtig, dir klarzumachen, dass jeder Mensch, ob nun neurotypisch oder neurodivers, sich von seinen Mitmenschen unterscheidet. Aber wir sind alle fähig zur Veränderung. Darüber hinaus sei darauf hingewiesen, dass neurodiverse Menschen in einer Welt, die von ihnen erwartet, dass sie sich ändern, besonderen Schwierigkeiten ausgesetzt sind. Ich möchte hiermit unterstreichen, dass neurodiverse Menschen fähig sind, neue Gewohnheiten und gesündere Denkmuster auszubilden, solche, die *ihnen nützlich sind.* Der entscheidende Punkt dabei ist, ob der neurodiverse Mensch sich ändern möchte, und nicht, dass er sich an die neurotypische Welt anpassen soll. Das Gehirn von neurodiversen Menschen kann zwar strukturell und funktional anders aufgebaut sein, aber auch dieses Gehirn besitzt natürlich die Fähigkeit, sich zu wandeln und neue Pfade anzulegen.

Wenn du zu den neurodiversen Menschen gehörst, möchte ich dir sagen, dass dieses Buch auch dir gute Dienste erweisen kann. Ich sehe dich, und ich hatte beim Schreiben die Bedürfnisse neurodiverser Menschen immer präsent. (Siehe auch den Abschnitt »Neurodivergenz« im Anhang.)

Entscheidende Entwicklungsschritte

Als Kinder erleben wir entwicklungsbedingt das Phänomen der Plastizität. Das heißt, unser Gehirn wandelt sich aufgrund von Interaktionen mit der Umwelt. Die Kindheit ist die Zeit, in der wir die wichtigsten Phasen unserer Entwicklung durchlaufen, Augenblicke, in denen sich die ganze Vielfalt des Lebens in die Landkarten unseres Gehirns einbrennt. In diesen Gehirnarealen werden die unterschiedlichsten Informationen über uns, die Menschen in unserem Umfeld und die Welt abgelegt. Damit das Gehirn solche Kartierungen erstellen kann, muss »Input« von außen kommen wie Liebe, Zuneigung oder detailliertes Wissen über Kultur und Religion, das familiäre Verhalten oder die Orte, die wir kennenlernen. Im Grunde prägt alles, was wir als Kind erfahren, alles, was wir sehen und womit wir umgehen, unser Gehirn. Daher gleicht keins exakt einem anderen. Du bist einzigartig, und dein einzigartiges Gehirn hat sich im Zusammenspiel mit deiner Umgebung entwickelt.

Kinder saugen Informationen auf wie ein Schwamm, und das sozusagen nebenbei, ohne bewusste Anstrengung. Das liegt daran, dass das Gehirn während dieser entscheidenden Phasen voller BDNF ist. Dies ist ein Molekül namens *brain-derived neurotrophic factor* (vom Gehirn stammender neurotropher Faktor). Dieser Wachstumsfaktor trägt dazu bei, dass neue Synapsen gebildet und bereits bestehende nicht abgebaut werden. Beide sind Schlüsselelemente für die Neuprogrammierung unseres Gehirns.

Wir werden uns ansehen, wie wir das auch als Erwachsene erreichen und wie sich das Ganze dann im alternden

Gehirn verhält. Ein entscheidender Faktor, der bei Erwachsenen verloren geht, ist, dass das Kindergehirn unterschiedslos alles in sich aufnimmt. Das Kind muss dem Gehirn nicht signalisieren, was wichtig ist und was nicht. Aus diesem Grund lernen sie so leicht Sprachen, während wir Erwachsenen uns dafür schon bewusst anstrengen müssen. Wenn du in der Zeit, in der sich das Sprachzentrum deines Kindes entwickelt, jeden Tag eine französische Sendung im Hintergrund laufen lässt, dann lernt dein Kind vermutlich, Französisch zu sprechen, wenn auch nicht fließend oder als wäre es seine zweite Muttersprache. Versuchst du dasselbe als Erwachsener, dann wirst du eine neue Sprache kaum so en passant aufnehmen. Du musst dich vielmehr bewusst anstrengen und auf die einzelnen Worte horchen.[3]

Deine Kindheitserfahrungen sind wichtig und prägen dein Gehirn massiv, weil du einfach besonders offen bist. Folglich tragen diese Erfahrungen dazu bei, uns Regeln darüber mitzugeben, wie wir uns im Leben verhalten sollen. An diesem Punkt ist es wichtig zu verstehen, dass es Dinge gibt, die sich ohne größere Probleme ändern lassen, und andere, deren Veränderung eine enorme Anstrengung erfordert. Und wieder andere, die nicht geändert werden können. Wenn du zum Beispiel in der entscheidenden Phase dein Sehvermögen nicht entwickelt hast, dann kannst du es auch später nicht mehr ausbilden, weil das Gehirn die ihm zur Verfügung stehende Masse höchst effizient nutzt. Falls also das »Sehzentrum« nicht zur Verarbeitung visueller Sinneseindrücke genutzt wird, kann es sozusagen »weitervermietet« werden. Es wird zu anderen Zwecken genutzt. Aus diesem Grund haben blinde Menschen andere hoch entwickelte Sinne, zum Beispiel hochsensible Fingerspitzen für das taktile Lesen der Braille-Schrift. Sie nutzen diese Sinne öfter und intensiver, daher entwickelt sich dieser Teil der Gehirn-Landkarte besser. Natürlich kannst auch du diese taktile Sensibilität in den Fingern entwickeln, um Braille zu erlernen, aber du musst dafür eben viel mehr Energie aufwenden.

Das Seh- und Hörvermögen sind Extrembeispiele für Fähigkeiten, auf die wir nach der kritischen Zeit nicht mehr lernend einwirken können. Abgesehen davon aber ist das Gehirn neuroplastisch. Unsere Gewohnheiten und Verhaltensweisen, unser Weltwissen, unsere Intelligenz und analytischen Fähigkeiten, unsere Kreativität oder Fertigkeiten wie Tanzen oder Gitarrespielen - das sind lauter Dinge, die wir jederzeit verändern können.

Ich habe meine Instagram-Follower gefragt, welche Gewohnheiten und Verhaltensweisen sie ausbremsen:

GEWOHNHEITEN	VERHALTENSWEISEN
Schlafhygiene	Konzentration auf negative Elemente
Nutzung sozialer Medien	Zu viel Nachdenken
Lange schlafen und allgemeine Trägheit	Negative Selbstgespräche
»Aufschieberitis« (Prokrastination)	Unsicherheit
Essgewohnheiten	Jasagertum
Faulheit	Kein Ziel haben
Stressbedingter Drogen- und Alkoholgenuss	Sich nichts zu sagen trauen
Perfektionismus	Sich für nicht gut genug halten
Nicht Gitarre üben oder andere Fertigkeiten	Viel zu sehr bemüht sein, liebenswert zu erscheinen
Ständige Selbstunterbrechungen bei der Arbeit	Der Glaube, dass ich den Menschen egal bin

Wie viele beziehungsweise welche dieser Gewohnheiten oder Verhaltensweisen würdest du bei dir ändern wollen? Zum Glück ist keines dieser Persönlichkeitsmerkmale unveränderlich, vielmehr ist jedes plastisch und somit wandelbar. Du musst dich nicht dauernd runtermachen, träge sein oder ständig irgendwelchen perfektionistischen Vorstellungen nachjagen. Ich verspreche dir: Am Ende dieses Buches wirst du wissen, wie du solche hinderlichen Muster auflösen kannst. Und du wirst dieses Wissen auf jedes Szenario übertragen können, um so dauerhafte Veränderungen zu erzielen.

Wir kommen nicht mit einem schwachen Selbstwertgefühl und einem sich ständig drehenden Gedankenkarussell auf die Welt.

Wenn wir aufwachsen, lernen wir, einzelnen Dingen Bedeutungen zuzuweisen. Wenn du fünf oder sechs bist, dann ist der Ehering deiner Mutter für dich nur etwas, was schön funkelt und einen gewissen Wert zu haben scheint. Wofür dieser Ring steht, begreifst du dann erst mit dreizehn, falls deine Mutter ihn dann ein für alle Mal ablegt. Was mit solchen elementaren und facettenreichen Verhaltensweisen verbunden ist, lernen wir nonverbal, meist durch Körpersprache. Diese kann so subtil sein, dass es schwierig ist, sie zu beschreiben. Hast du schon einmal jemanden getroffen, der die gleichen Eigenheiten hat wie jemand anders, den du gut kennst? Irgendwie erinnert dich diese Person an deinen Freund, aber du weißt nicht genau, warum. Vielleicht liegt es daran, wie sie mit Händen und Füßen spricht oder wie sie die Lippen schürzt, wenn sie redet. Du weißt nicht genau, woran es liegt, aber diese Person erinnert dich einfach an deinen Freund.

Ein interessanter Beleg dafür findet sich bei den Yekuana, einem venezolanischen Stamm.[4] Eine Yekuana-Mutter trägt ihr Baby mehrere Monate lang eng am Körper, damit es von ihr lernen kann. Wenn sie sich vorbeugt, um einen Topf vom Herd zu nehmen, schiebt sie das Baby auf den Rücken. So ist es weiter weg vom Feuer und lernt, dass der Herd heiß ist, ohne dass man ihm das sagen muss. Und später kommt es dem Herd tunlichst nicht nahe, weil sich diese Erkenntnis in sein Gehirn eingebrannt hat.

Genauso ist es auch mit Verhaltensweisen. Denk nur mal daran, wie deine Eltern auf bestimmte Situationen reagiert haben. Vielleicht ist deine Mutter eher unsicher und mag ihren Körper nicht. Das beobachtest du und verinnerlichst so, wie man sein Äußeres beurteilen sollte - und schon hast du ihre Überzeugungen übernommen.

Ich erinnere mich noch gut daran, dass meine Eltern in leicht stressigen Situationen immer aus der Fassung gerieten, vor allem wenn eine Situation konfliktträchtig war ... Deshalb habe ich als Heranwachsende immer geheult, wenn ich wütend war. Erst als ich das Prinzip der Neuroplastizität kennenlernte, wurde mir klar, dass ich das ändern konnte.

Beobachtungswissen ist etwas Wunderbares: Wir schauen unseren Eltern dabei zu, wie sie mit heißen Sachen umgehen, und lernen so, dass wir uns daran verbrennen können. Doch Beobachtungswissen ist auch dafür verantwortlich, dass wir als Kinder ungesunde Verhaltensweisen übernehmen. Wir sehen, wie Gleichaltrige mit der Welt umgehen, und ahmen sie nach. Das prägt uns. Unsere Eltern sagen uns, was richtig und was falsch ist, und wir übernehmen das, weil wir es nicht besser wissen.

Ist es nicht seltsam, dass wir als Erwachsene die Möglichkeit haben, ein Kind zu formen und zu prägen und damit zu beeinflussen, wer dieses Kind als Erwachsener sein wird? Und dass wir uns dessen meistens gar nicht bewusst sind?

Wie das Kind, das seine unsichere Mutter über ihr Aussehen klagen hört, nehmen auch wir unwichtige Bemerkungen in uns auf, und diese bleiben uns mitunter ein Leben lang erhalten. Wie oft hast du schon Menschen kennengelernt, die sich nie auf den Weg gemacht haben, ihre Ziele zu verfolgen, weil irgendein Lehrer ihnen einmal gesagt hat, dass sie auf diesem Gebiet nie gut sein würden? Oder Eltern, die ihren Kindern Etiketten aufkleben wie »Ach, sie ist die Sportliche«, »Nein, er ist nicht gut in Mathe« oder »Sie ist echt kreativ, aber sie könnte nie ein Unternehmen führen«?

Manchmal machen die Eltern auch Bemerkungen über bestimmte Verhaltensweisen oder das Aussehen des Kindes. Dahinter steckt keine böse Absicht, aber diese Worte bilden trotzdem die Grundlage dessen, was du von dir glaubst: Frauen werden zu Hausfrauen, weil ihre Eltern ihnen sagen, sie seien nicht gut im Lernen. Männer zeigen ihre Gefühle nicht, weil man ihnen das so beigebracht hat. Männer trauen sich nicht zu, kreativ zu sein, weil man ihnen eingeredet hat, dass Männer die besseren Handwerker sind. Diese unbewussten Programmierungen bilden Unterströmungen, die ein Eigenleben führen und sich aus tief verwurzelten Glaubenssätzen speisen. Wie gesagt: Wir kommen nicht mit einem schwachen Selbstwertgefühl und einem sich ständig drehenden Gedankenkarussell auf die Welt. Kennst du ein Kind, das nicht gesagt hätte: »Mama, schau mal, was ich kann«?

Ein solches Gedankenkarussell ist das sich wiederholende, zwanghafte und permanente Verharren bei belastenden, negativen Gedanken, Erinnerungen oder Problemen. Das hat meist mit vergangenen Ereignissen zu tun, mit Sorgen über die Zukunft oder mit Selbstkritik. Auf jeden Fall ist es schädlich für unser mentales und emotionales Wohlbefinden. Weil es Stress auslöst, unsere Problemlöserqualitäten ausbremst, unseren Schlaf stört und unsere körperliche Gesundheit beeinträchtigt. Häufig ist damit auch ein sozialer Rückzug verbunden, der die negativen Emotionen noch verstärkt.

Mentale Heuristiken

Für Erwachsene ist es schwieriger, plastische Veränderungen herbeizuführen, aber es ist nicht unmöglich. Es erfordert nur mehr Aufmerksamkeit und eine klare Absicht. Als Erwachsene arbeiten wir nämlich mit mentalen Heuristiken. Das sind sozusagen unsere mentalen Tastaturkürzel. So achtest du vermutlich nicht darauf, wie du dir die Zähne putzt, wie du deinen Kaffee zubereitest, mit welcher Hand du eine Tür öffnest oder das Licht einbeziehungsweise ausschaltest. Würde dich jemand auffordern, das alles ab sofort anders zu machen, würdest du vermutlich schon am nächsten Tag in dein automatisches Verhalten zurückfallen.

Nehmen wir mal an, du putzt dir die Zähne mit der rechten Hand. Dann dürfte es dir sehr schwerfallen, künftig die linke zu benutzen. Vermutlich vergisst du das auch einfach, denn das Gehirn ist darauf ausgelegt, kurze Wege zu gehen. Es nutzt immer den Pfad, den es am besten kennt, damit es Energie für kognitiv anspruchsvollere Aufgaben spart. Dein Gehirn wird dich noch nicht einmal daran erinnern, dass du Energie verbrauchst, wenn du versuchst, Dinge mit der linken Hand zu machen. Daher ist es so schwer, Gewohnheiten zu durchbrechen. Der Großteil unseres Verhaltens, die Art, wie wir uns in der Welt zurechtfinden, beruht auf Automatismen und wird vom Unbewussten gesteuert. Es ist viel Energie nötig, um gegen diesen Strom zu schwimmen und neue Pfade zu legen. Aus ebendiesem Grund musst du deiner WG-Mitbewohnerin hundertmal sagen, sie solle die Küchentür schließen, wenn sie kocht. Nicht, weil sie ein schlechter Mensch ist oder dich nerven will. Sie ist nur einfach in ihre Gedanken versunken und verfällt in die mentalen Heuristiken, mit denen wir durch die Welt gehen. Sie weiß nicht mehr, dass sie für dich die Tür schließen soll. Ja, sie hat vermutlich sogar vergessen, dass du sie darum gebeten hast.

Gene McGehee war ein älterer Mann, der unter Demenz litt. Über ihn ging ein Video durch die sozialen Medien und rührte alle zu Tränen, die es sich angesehen haben. Aus dem Video ist zu erfahren, dass Genes Gedächtnis alle fünfzehn Minuten ein Reset erfährt. Und doch stellt er jeden Tag zu einer bestimmten Zeit seinen Stuhl vor die Haustür, obwohl er nicht mehr weiß, warum er das tut. Dann sieht der Betrachter, wie zu dieser Zeit ein Schulbus gegenüber von Genes Haus hält. Schulkinder strömen heraus und kommen über die Straße, um ihn liebevoll zu begrüßen. Jeden Tag lächelt Gene übers ganze Gesicht und freut sich. Diese Kinder besuchen ihn seit drei Jahren und plaudern mit ihm. Doch Gene glaubt jeden Tag, er sähe sie zum ersten Mal. Jeden Tag wiederholt er die gleiche Handlung, obwohl er nicht weiß, warum er den Stuhl vors Haus trägt. Tief in seinem Inneren sagt ihm etwas, dass dort draußen ein schönes Erlebnis auf ihn wartet. In sein Unbewusstes hat sich eine Reihe von Verhaltensweisen tief eingebrannt, die Gene immer um dieselbe Zeit nach draußen locken. Das zeigt einmal mehr, dass wir uns unseres Tuns nicht immer voll bewusst sein müssen, um den Alltag zu bewältigen.

Als Erwachsene aber müssen wir uns klarmachen, was uns wichtig ist, wenn wir etwas Neues lernen wollen. Wir müssen unser Augenmerk darauf richten, was genau wir abstellen und was wir stattdessen erlernen wollen. Ich werde das gleich näher erläutern. Wir haben ein System im Gehirn, das retikuläre Aktivierungssystem (RAS). Es filtert alles, was durch die Sinnesorgane (Augen, Ohren, Haut, Geschmacksknospen, Riechschleimhaut) aufgenommen wird. Wenn du beispielsweise mit Freunden in ein Café gehst, hörst du zu, was sie sagen. Du siehst sie an. Unbewusst aber nimmst du auch die Hintergrundgeräusche wahr. Das periphere Sehen vermittelt dir weitere visuelle Eindrücke. Aber dein Gehirn achtet nicht weiter darauf, weil es diese Sinneseindrücke ausblendet, sodass sie die Bewusstseinsschwelle nicht übersteigen. Deine Sinnesorgane nehmen nämlich in jedem Augenblick Milliarden Informationen auf. Doch dein Gehirn lässt nur jene durch, die dein Bewusstsein im gegenwärtigen Moment braucht. Du merkst das nicht, aber dein Gehirn leistet Schwerstarbeit. Je betriebsamer die Umgebung, desto mehr muss es filtern.

Wenn du möchtest, kannst du deine Aufmerksamkeit sehr wohl auf das Gespräch am Nebentisch lenken. Dann werden spezielle Strukturen im auditorischen Kortex aktiviert, der Geräusche verarbeitet, damit sich deine

Aufmerksamkeit auf die Frequenz jener Laute am Nebentisch richtet, die sich von der Stimme deiner Freunde unterscheidet. Du kannst die Frequenz dann wieder wechseln und auf die bellenden Hunde vor dem Café horchen. Wenn du deine Augen auf Panoramablick schaltest, siehst du nicht nur deine Freunde, sondern nimmst auch die Bilder an der hinteren Wand des Cafés wahr, einen zusätzlichen Tisch oder eine Zimmerpflanze. Das periphere Sehen, bei dem du das Blickfeld vergrößerst, zeigt dir weitere Bilder. Doch dein Gehirn filtert die Hintergrundgeräusche und -bilder aus, damit du deine Aufmerksamkeit ganz auf deine Freunde richten kannst.

So ähnlich funktioniert das mit der Neuroplastizität im Erwachsenenalter. Wir haben ja schon darüber gesprochen, dass du als Erwachsener nicht einfach Aufnahmen von Französisch sprechenden Menschen anhören und erwarten kannst, so die Sprache zu lernen, wie ein Kind das könnte. Tatsächlich musst du auf die Worte achten und sie dann durch Wiederholung lernen. Wenn du also eine Gewohnheit oder ein bestimmtes Verhalten ablegen möchtest, musst du das bewusst tun und die neue Verhaltensweise so oft wiederholen, bis sie ein Automatismus wird wie das Zähneputzen. Im Durchschnitt dauert es 18 bis 254 Tage, eine neue Gewohnheit auszubilden, was im Übrigen ganz von der betreffenden Person abhängt.[5] Und es dauert etwa 66 Tage, um ein Verhalten zu »automatisieren«.

Das hört sich zunächst mal entmutigend an, aber mir geht es um etwas anderes: Diese Dinge brauchen Zeit. Wenn du also schon mal versucht hast, ein Verhalten zu ändern, aber nach einer Woche aufgegeben hast, dann liegt das daran, dass dein Gehirn wieder auf die alten Automatismen, auf deine mentalen Heuristiken zurückgreift.

Ein Freund sagte mir einmal, dass ich dauernd über irgendwas jammern würde und dass er und seine Freundin deshalb nicht mehr mit mir ausgehen wollten. Autsch! Das war ein Schock für mich. Andererseits aber auch dringend nötig. Dieses Verhalten hatte sich bei mir so tief eingebrannt, dass ich nicht einmal merkte, was ich da trieb. Es war einfach meine automatische Art, mit dem Leben umzugehen - ständig zu jammern, dauernd schnaufend und keuchend durch die Welt zu gehen. Kaum hatte mein Freund mir das gesagt, achtete ich genau darauf, wann ich ins Jammern verfiel.

Ich war also fähig, die nötige Arbeit zu leisten, um mein Verhalten zu ändern. Die Leute wünschen sich ja oft einen Weg, der sich bequemer anhört, aber tatsächlich ist die Bewusstwerdung der erste Schritt. Du kannst keine Pflanze ziehen, ohne zuerst einen Samen in die Erde zu legen. Dieser Same ist die bewusste Erkenntnis, dass du ein Problem hast, dass sich etwas ändern muss.

Dieses Buch wird dir helfen, solche hinderlichen Endlosschleifen zu durchbrechen, deine Gedanken zu ändern und in drei Schritten eine dauerhafte Wandlung zu erzielen.

In Phase 1 - »Schüttle das Negative ab« - werden wir uns ansehen, wie du Dinge loslassen kannst, die dich einschränken. Hier erfährst du alles über guten und schlechten Stress und die Regulierung deines Nervensystems. Du lernst die Grundlagen deiner Gehirnfunktionen kennen, damit du tun kannst, was für einen Wandel nötig ist. Außerdem wirst du erfahren, warum dein Gehirn sich so gern auf alles Negative konzentriert und wie du das ändern kannst. In Phase 2 - »Ändere deine Erzählung« - gehen wir dann zur konkreten Arbeit an der Hardware des Gehirns über. Du lernst in sieben

Schritten, wie du dein Unbewusstes neu verschalten und dein Narrativ (die lebensgeschichtliche Erzählung über dich) verbessern kannst (lat. *narrare* [erzählen]). Phase 3 - »Das Positive fördern« - hat damit zu tun, wie du deine Hardware unterstützen kannst, damit der Wandel dauerhaft wird. Dabei wirst du herausfinden, wie du dein Wohlbefinden auf neue Höhen führen und es im Alltag beibehalten kannst.

Ich werde dich auf dieser Reise begleiten und dir gesicherte wissenschaftliche Erkenntnisse sowie Beispiele aus dem wahren Leben präsentieren. Ich werde dir nicht nur erzählen, dass das Gehirn sich ändern kann, sondern auch zeigen, was das konkret für dich bedeutet. Dieses Buch ist ein interaktives Toolkit mit einer bestimmten Struktur: Im ersten Abschnitt jedes Kapitels erfährst du die für dich wichtigen Informationen. Wer aber mehr wissen möchte, bekommt noch wissenschaftliche Erklärungen nachgeliefert.

Du selbst bist das wunderbarste Projekt,
an dem du je arbeiten wirst.
Anonym

Phase 1

Schüttle das Negative ab

**Verweilen heißt Lernen. Verweilen unterweist uns.
Lasst uns verweilen. Aber nur kurz.**

Durchbrich den Teufelskreis
Die Negativitätsverzerrung
Die Macht deiner Gedanken
Die sich einschleichende Normalität
Der Bestätigungsfehler: Du siehst es, wenn du es glaubst
Abschied, Verlust und Trauer
Wie du das Negative abschüttelst

Durchbrich den Teufelskreis

Abb. 2: Der Teufelskreis

Wenn wir in der Tretmühle feststecken, kann es schwierig sein, einen Ausweg zu finden. Selbst wenn wir wissen, was zu tun wäre, glauben wir manchmal nicht daran, dass sich an unserer Situation etwas ändern ließe. Das kann an verschiedenen Faktoren liegen: an deinem akuten neurobiologischen Zustand (der deine Stimmung beeinflusst), an unerwünschten Gefühlen und an deinem Stresslevel oder deinen Sorgen.

Stress

Wenden wir uns zunächst dem Stress zu, denn realistisch betrachtet, ist er oft der Grund dafür, dass wir nicht vom Fleck kommen. Stress kann ziemlich verwirrend sein, aber ich werde Schritt für Schritt erklären, was sich hinter diesem Wort verbirgt.

»Stress« ist ein Begriff, der häufig einen negativen Beigeschmack hat und uns an Anspannung, Angst und Unbehagen denken lässt. Aber nicht jede Form von Stress schadet unserem Wohlbefinden. In vielen Lebenslagen ist er nötig. Wenn wir die verschiedenen Rollen verstehen, die er spielt, finden wir auch eher Möglichkeiten, besser mit ihm umzugehen. Das ist wichtig, denn manchmal machen wir für unseren Stress Situationen verantwortlich, die zwar anstrengend, aber nicht wirklich belastend sind. Wenn wir diesen Unterschied nicht sehen, wird Stress zur selbsterfüllenden Prophezeiung.

Es gibt zahlreiche Bücher darüber, dass eine Veränderung unserer Stresswahrnehmung und unserer Art, darüber zu denken, unsere physiologische und emotionale Reaktion auf belastende Ereignisse verbessert.[6] In einer Studie sagte man den Probanden, ihre physiologische Stressreaktion funktioniere gut und sei den Anforderungen angemessen.[7] Während der eigentlichen Tests zeigte sich, dass ihre Werte für Herzfrequenz und Blutdruck bei einer stressauslösenden Aufgabe niedriger blieben als die Werte der Kontrollgruppe. Das belegt, dass sich die körperliche Reaktion auf Stress ändert, wenn man ihn als positiv wahrnimmt. Diese gewandelte innere Einstellung lässt uns Stress logischer und realistischer sehen, und schon sind wir fähig, unser Stressniveau richtig einzuschätzen.

Bei Stress unterscheidet man drei Kategorien: Arousal, adaptiven und nicht- beziehungsweise maladaptiven Stress (engl. *arousal* [erhöhte Wachsamkeit, Erregung], lat. *adaptare* [anpassen] und *malus* [schlecht]).

Stress als Alarmsignal

Anders, als man gemeinhin glaubt, ist Stress wichtig für gesteigerte Leistungsfähigkeit und hohe Konzentration. Bei vielen Gelegenheiten brauchst du ein gewisses Maß an Wachheit und Aufmerksamkeit (Arousal), ob bei der Arbeit, beim Sport oder im Alltag, wenn du zum Beispiel mit dem Hund Gassi gehst oder die Hausarbeit erledigst. Konkret heißt das, dass Hormone wie Adrenalin und Cortisol oder Botenstoffe (Neurotransmitter) wie Noradrenalin in unserem Körper zirkulieren, um uns auf Aufgaben wie diese vorzubereiten. Diese Stoffe steigern die Aufmerksamkeit und verbessern unsere Reaktionszeit. Man bringt ein gemäßigtes Stressniveau mit optimalen Leistungen in Verbindung, da es uns motiviert, unsere Termine einzuhalten, Probleme zu lösen und unsere Ziele zu erreichen.

Ich glaube, dass wir den Begriff »Stress« häufig dazu benutzen, um ein unangenehmes Gefühl zu beschreiben. Meiner Ansicht nach ist es aber wichtig, da klar zu unterscheiden, denn die Aussage »Ich bin gestresst« klingt so, als hätten wir keine Kontrolle über unsere Gefühle. Doch wenn wir unsere Situation genauer betrachten, merken wir vielleicht, dass wir bereit sein müssen für eine Aufgabe, die noch vor uns liegt (erhöhtes Arousal). Diesen Unterschied klar zu erkennen, hilft uns, besser mit Stress umzugehen.

Akuter Stress

Akuter Stress ist adaptiv. Er ist programmiert als kurzfristiger Energieschub, der bei der Problemlösung und Bewältigung einer aktuellen Situation hilft. Adaptiv ist er, weil der Körper sich bei einem stressigen Ereignis entsprechend *anpasst,* um dich sozusagen aus der Gefahrenzone zu bringen. So verhilft er dir zu Wachstum und seelischer Widerstandskraft (Resilienz) und fördert damit deine Anpassung (Adaptation) an Umweltbedingungen (lat. *resilire* [zurückspringen, abprallen]).

Als du dich das erste Mal auf eine Prüfung vorbereitet hast, hat sich dein Stresslevel vermutlich erhöht. Diese Stressreaktion trägt dazu bei, dass du konzentrierter und wacher bist. Sie steigert auch deine Motivation fürs Lernen. Diese kurzfristige Stressbelastung hilft dir, deine Zeit besser einzuteilen, bestimmte Aufgaben zu priorisieren und effektive Lernstrategien zu entwickeln. So erlernst du entscheidende Mechanismen, um mit Stress und Zeitmanagement umzugehen, und es steigert deine Resilienz, wenn du Druck erfährst. Auf jeden Fall bereitet es dich auf künftige schulische Herausforderungen vor.

Aus diesem Grund haben mir in meinem Masterstudium Abgabetermine für Hausarbeiten keine schlaflosen Nächte mehr bereitet, während beim Bachelor noch jede einzelne Frist zum Beinah-Zusammenbruch führte. Als ich dann vor dem Master stand, hatte ich aufgehört, Abgabetermine als unmittelbar drohende Katastrophe zu fürchten. Ich sah sie vielmehr als Gelegenheit, meine Arbeit ordnungsgemäß zu erledigen.

Stress spielt eine wichtige Rolle: Er hilft uns, uns an herausfordernde Situationen anzupassen, und vermittelt uns dadurch die Chance zu persönlichem Wachstum und

Erfolg. Wenn man mit akutem Stress richtig umgeht, steigert er die Produktivität und effektive Entscheidungen.

Das Leben ist voller Herausforderungen. Sich an diese anzupassen, ist meist mit einem gewissen Stress verbunden. Aber Hindernisse zu überwinden, kann zu mehr mentaler und emotionaler Stärke führen. So freuen wir uns über unsere Leistung und Selbstwirksamkeit. Adaptiver Stress trägt dazu bei, dass das Individuum Bewältigungsstrategien findet, Problemlösungen entwickelt und damit künftig besser in der Lage ist, Schwierigkeiten zu lösen. Adaptiver Stress ist eine Kraft, die uns eine Veränderung ermöglicht. Er macht uns resilienter und kompetenter.

Maladaptiver Stress

Arousal und adaptiver Stress können also nützlich sein. Der maladaptive Stress aber ist die dunkle Seite von Stress, die sich zeigt, sobald er überhandnimmt und uns damit schadet. Diese Art von Stress tritt auf, wenn die Anforderungen, vor die wir gestellt werden, unsere Fähigkeiten übersteigen, sie zu bewältigen. Maladaptiver Stress ist die Folge, wenn du mental, körperlich und emotional erschöpft bist und mit den Anforderungen nicht mehr fertigwirst. Er beeinträchtigt unser Wohlbefinden und kann eine ganze Reihe von körperlichen und geistigen Problemen nach sich ziehen, zum Beispiel Angststörungen, Depressionen oder kardiovaskuläre Störungen. Gewöhnlich passiert dies, wenn aus akuten Überlastungen chronische oder wenn Herausforderungen zu groß werden und keine Stressreduktion erfolgt.

Chronischer maladaptiver Stress kann uns an unsere

Grenzen bringen. Dann schalten Gehirn und Körper in den »Sicherheitsmodus« des Lebens, den »Energiesparmodus«. In diesem Zustand geht es nur noch um die Aufrechterhaltung der Grundfunktionen. Wie der Energiesparmodus beim Smartphone spart uns dies Energie, um den Akku zu schonen, lebenswichtige Funktionen aber trotzdem aufrechtzuerhalten. Jetzt schaltet das Gehirn automatisch auf mentale Heuristiken um, ebenjene »Tastaturkürzel«, die du unbedingt vermeiden möchtest. Du wiederholst also die alten Gewohnheiten, die du eigentlich ablegen willst. Die Entscheidungsfindung ist beeinträchtigt, dein Gehirn schlägt automatisch die ausgetretenen Pfade ein. Warum solltest du, erschöpft, wie du bist, Schleichwege suchen, wenn du doch auf der Autobahn unterwegs sein kannst? In diesem Modus kann das Gehirn keine Veränderungen in puncto Gewohnheiten und Verhalten vornehmen. Deine Hardware, das Gehirn, leistet Schwerstarbeit, um überhaupt funktionieren zu können. Es kann keine Software-Updates einspielen, wenn es gegen den Crash ankämpft.

Chronischer Stress belastet vor allem den frontalen Kortex, die Amygdala und den Hippocampus:

- Der frontale Kortex:
  - In diesem Teil des Frontallappens der Großhirnrinde sind höhere kognitive Funktionen angesiedelt, zum Beispiel Entscheidungsfindung, Problemlösung und Impulskontrolle (lat. *cortex* [Rinde]).
  - Chronischer Stress führt zu strukturellen Veränderungen im frontalen Kortex, die die Fähigkeit des Gehirns zur Regulierung der Amygdala reduzieren. Diese ist für den Umgang mit Emotionen zuständig. Die Störung bringt unsere Reaktion auf Stressfaktoren durcheinander und macht uns übermäßig wachsam.

- Die Amygdala:
  - Die Amygdala (der »Mandelkern«), eine paarig angelegte neokortikale Struktur im limbischen System, ist eine Schlüsselregion für die Verarbeitung von emotionalen Reaktionen wie Angst und Stress.
  - Chronischer Stress kann dazu führen, dass die Amygdala größer und aktiver wird. Diese erhöhte Aktivität führt dazu, dass wir künftig heftiger auf Stressreize reagieren.
  - Die überschießende Stressreaktion kann unser emotionales Wohlbefinden beeinträchtigen.
- Der Hippocampus:
  - Der Hippocampus, eine paarige Hirnstruktur, die zum limbischen System gehört, ist entscheidend an der Gedächtnisbildung und der Regulierung unserer Stressantwort beteiligt (lat. *hippocampus* [Seepferdchen]). Er hat auch damit zu tun, wie sich die Stressreaktion zurückbildet, wenn der Stressreiz verschwunden ist.
  - Chronischer Stress bewirkt strukturelle Veränderungen im Hippocampus. Das kann zu Schwierigkeiten beim Lernen und bei der Gedächtnisbildung führen. Auch die Stressreaktion als solche wird nicht mehr sinnvoll reguliert.

Es ist wichtig, diese Zusammenhänge zu kennen, denn das hilft uns, akuten und chronischen Stress jeweils richtig zu behandeln. Zu verstehen, warum du dich überfordert fühlst, übermäßig wachsam wirst und nichts mehr zuwege bringst, ist ein entscheidender Punkt. Aber wie gesagt: Dein Gehirn ist neuroplastisch, daher kannst du das ändern.

Im Energiesparmodus reagierst du heftiger auf eventuelle Trigger. Du bist reizbarer, weil sich dein Gehirn eben aufgrund chronischer Stressreaktionen geändert hat. Oder du bist ständig lethargisch und erschöpft, schreibst dies aber deiner Trägheit zu. Daher machst du dich auch noch fertig, weil du nichts hinkriegst, und peitschst dich so weiter durch die Tretmühle, aus der du keinen Ausweg findest. Wenn du dich in der Arbeit nicht mehr konzentrieren kannst, wenn du ständig krank wirst und keine Lust mehr hast, am Leben teilzunehmen, dann bist du vermutlich an deine Grenzen gelangt.

Du bist nicht faul und unmotiviert. Vielmehr übersteigt es deine Kräfte, mit den Anforderungen des Lebens fertigzuwerden. Dein Gehirn wird die Erledigung der Hausaufgaben oder die Vorbereitungen auf ein Meeting auf deiner Prioritätenliste nicht nach ganz oben setzen. Es wird versuchen, deine energetischen Ressourcen wieder aufzufüllen, komme, was da wolle. Wenn du dein Gehirn und deinen Körper als System betrachtest, das für jeden Prozess in deinen Zellen - vom Denken bis zum Laufen - Energie benötigt, dann ist schon klar, dass etwas nicht mehr funktionieren kann, wenn aufgrund chronischer Stressreaktionen das Energieniveau zu niedrig ist.[8] Hausaufgaben fallen da gleich als Erstes durchs Raster. Und als Nächstes kommt vermutlich das Kochen. Du bestellst lieber online etwas zu essen.

Ich habe das Gefühl, dass ich den Großteil meiner Zwanziger in einem chronischen Zustand der Fehlregulation und der unproduktiven Stressreaktion verbracht habe. Ich war ständig krank. Ich aß häufig Junkfood, weil ich nicht für mich allein kochen wollte. Und ganz ehrlich, ich war einfach die totale Katastrophe. Man spricht ja nicht umsonst von den »Roaring Twenties«. Ja, dieses Roaring war genau mein Ding.

Natürlich ist Dauerstress nicht auf die Zwanziger begrenzt. Er kann uns in jeder Phase unseres Lebens treffen. Auch ich litt mehr als einmal darunter. Aber am schlimmsten war es ausgerechnet in dieser Zeit der Selbstentdeckung. Ich kam mit dem Leben einfach nicht mehr zurecht. Doppelwumms! Sport zu machen, fiel mir schwer, und ich reagierte schon auf harmlose Bemerkungen stocksauer. Das war nicht lustig. Aber man tut einfach, was man kann, und all das, was ich dir hier erzähle, war mir zu jener Zeit nicht klar.

Aus diesem Grund gebe ich den Stab des Wissens hier an all jene weiter, die das Glück haben, ihn zu übernehmen, ehe sie sich auf ebenso irrwitzige wie einfallsreiche Weise in den Schlamassel reiten, wie ich es getan habe. Hätte ich gewusst, was ich heute weiß, wäre ich mit dem Trubel des Londoner Lebens vermutlich besser zurechtgekommen. Ich hatte Geldprobleme, ein paar echt toxische Freunde, dazu unbearbeitete Kindheitstraumata und viel zu viel Party - und zwar nicht nur am Wochenende. Das war sozusagen die Kirsche auf dem Misthaufen. Schwerer Kater am Mittwoch nach einer durchgefeierten Nacht im G-A-Y, wo ich mir Biere zum Preis von 1,80 Pfund hinter die Binde kippte. Und das passierte regelmäßig. Ein von Herzen kommendes »Sorry« an all meine früheren Chefs, die mir meine Ausrede, ich sei »so müde«, immer abgekauft haben. Aber es gibt leider kein Diplom in weiser Lebensrückschau.

Meinen Abschluss in Neurowissenschaften habe ich allerdings gemacht. Das ist zumindest ein Pluspunkt. Heute weiß ich, dass mich diese wenig sinnvollen Bewältigungsstrategien letztlich immer weiter in die Dunkelheit abgleiten ließen, weil ich keine Ahnung hatte, wie ich mit meinen Gefühlen umgehen sollte. Und ich wusste nicht genug über Stress, um zu verstehen, was ich empfand oder durchmachte. Dazu kam noch, dass ich absolut miese Entscheidungen traf, weil ich nicht genügend Selbstachtung hatte, um für mich einzutreten. Und so landete ich in hoffnungslosen Beziehungen - romantischen wie platonischen -, weil ich jemanden suchte, der mich heilen würde. Ich erlaubte den Leuten immer wieder, mich als Fußabstreifer zu benutzen, weil ich mir selbst einredete, ich sei nicht gut genug, um mit Respekt behandelt zu werden.

Die Überzeugungen abzulegen, die mein Selbstbild formten, war viel Arbeit, aber zuerst einmal musste ich die Grundlagen lernen, nämlich wie man besser mit Stress umgeht. Ich lebte aus verschiedenen Gründen in einem dauerhaften Stresszustand, unter anderem weil ich die Basics nicht beherrschte. Wenn wir das Gehirn als Hardware betrachten, dann gewährleisten elementare Strategien wie genügend Schlaf, kein Alkohol, Meditation (neben vielen anderen Tools, die dieses Buch dir anbietet) und klare Ansagen, was du willst und was nicht, dass dein System richtig arbeitet und du deine Software updaten kannst.

Meine erste Erkenntnis war, dass es vielleicht nicht die Welt war, die sich gegen mich verschworen hatte. Sondern vielmehr ich selbst.

Wie ich den Teufelskreis durchbrochen habe

Der Stressmechanismus

Die physiologische Stressreaktion wird von der Amygdala gesteuert, einem wesentlichen Bestandteil des limbischen Systems. Die Amygdala ist sozusagen die Kommandozentrale. Sie bewertet umgehend alle eingehenden Umweltreize, vor allem solche, die als bedrohlich erlebt werden. Wenn sie Gefahr wittert, sendet sie über die Hypothalamus-Hypophyse-Nebennieren-(HHN-)Achse Signale, um das *sympathische Nervensystem* und die Stressreaktion des Körpers zu aktivieren.

Schluss mit den Exzessen und dem Fokus auf mich

Übermäßige Belastungen aus meinem Leben streichen (Überstunden, soziale Medien, große Zusammenkünfte et cetera)
Wichtiges an die erste Stelle setzen, alles andere streichen
Freunden und Familie die eigenen Bedürfnisse klarmachen
Stundenplan, der Arbeit und Freizeit sauber trennt
Ohne Schuldgefühle Nein sagen - Grenzen setzen
Schluss mit Alkohol und Partys
Meditation und Selbsthypnose
Zeit in der Natur verbringen
Hobbys: Ballett und Kunst
Regelmäßige Bewegung
Weniger Koffein
Guter Schlaf
Yoga

Die Amygdala spielt in diesem Geschehen die zentrale Rolle. Sie schüttet Stresshormone aus, vor allem Cortisol, das von der Nebennierenrinde produziert wird. Dieser Prozess ist ausschlaggebend dafür, dass der Körper sich auf Herausforderungen einstellen kann: Er erhöht die Aufmerksamkeit, löst einen Energieschub aus und schärft die Sinne. Wir kennen diese Abläufe im Allgemeinen unter dem Begriff »Kampf-Flucht-Reaktion«. Dass die Amygdala so schnell reagieren kann, erlaubt uns, in potenziell gefährlichen Situationen rasche Entscheidungen zu treffen.

Für einen Ausgleich sorgt das *parasympathische Nervensystem.* Es fährt unser System herunter und setzt die Verdauungsprozesse wieder in Gang. Und es bringt den Körper zurück in einen Zustand der Ruhe, wenn der Stressreiz überwunden ist. Diese beruhigende Funktion hängt vor allem mit dem Vagusnerv zusammen. Der Vagusnerv ist mit verschiedenen Organen verbunden, zum Beispiel dem Herzen oder dem Verdauungssystem. Er setzt Acetylcholin frei, einen Neurotransmitter, der die Wirkung der Stresshormone aufhebt. Ist das parasympathische System aktiv, setzt es die Herzfrequenz herab und fördert die Verdauung sowie die Entspannung.

Die Aktivität von Sympathikus und Parasympathikus in Einklang zu bringen, ist wesentlich für das allgemeine Wohlbefinden.

Die Stresshormone, die sich im Gehirn und im übrigen Körper finden, sind Moleküle, die mit der Stressursache nichts zu tun haben. Unser Gehirn erlebt Stress unabhängig von seinem Auslöser. Es unterscheidet nicht zwischen Stress aufgrund von massivem Termindruck oder Stress, weil uns ein Löwe auf den Fersen ist. Die Intensität der Stressreaktion kann wechseln, weshalb die Auswirkung von Stress auf Gehirn und Körper mal stärker, mal weniger stark ausfallen kann. Im Allgemeinen aber sind es Moleküle, die uns sagen, wie wir in einem spezifischen Szenario Gehirn und Körper einsetzen sollen. Laufen, konzentrieren, kämpfen oder den Bericht fertig machen.

Wir alle erleben Stress, an manchen Tagen mehr als an anderen. Aber im Normalfall erholen wir uns innerhalb eines Tages wieder. Die Stressreaktion ist uns Menschen angeboren. Sie ist gesund und notwendig. Du wirst immer Stress erleben. Es ist naiv zu glauben, es gäbe eine Welt, in der wir vor ihm sicher sind. Der Schlüssel zum Umgang mit ihm ist, unsere innere Einstellung dazu zu verändern. Noch wichtiger ist allerdings, dass wir uns davon schnell wieder erholen, damit der Zustand nicht über längere Zeit bestehen bleibt und chronisch oder maladaptiv wird.

Das kann schwierig sein, denn oft erleben wir Dauerstress, wenn sich Belastungen wie zum Beispiel bei einer Scheidung, bei Geldsorgen oder gesundheitlichen Problemen sozusagen die Klinke in die Hand geben. Dann wirkt sich Stress negativ aus. Chronischer Stress bewirkt Veränderungen im Gehirn, die zu Depressionen, Angstzuständen oder anderen Störungen beitragen. Dann können wir unsere Emotionen nicht mehr regulieren, und unsere Toleranz gegenüber alltäglichen Stressreizen sinkt. Das liegt vor allem daran, dass die Amygdala überaktiv ist und in deinem Umfeld Dinge als bedrohlich einschätzt, die normalerweise keine Stressreaktion auslösen würden. Zum Beispiel, wenn du zu weinen anfängst, weil deine Jeans sich am Türgriff verhakt. Ganz normal, aber eben auch nervig.

Ich jedenfalls war den Großteil meines Lebens so. Das lag unter anderem an dem turbulenten Haushalt, in dem ich aufgewachsen bin, ohne zu lernen, wie ich mit Emotionen umgehen konnte. Ich wusste einfach nicht, dass man auch leben konnte, ohne emotional so leicht entflammbar zu sein, wie meine Familie es war. Ich möchte wetten, mein kleiner Bruder lacht sich einen Ast, wenn er dies liest. Er weiß ja, wie ich damals drauf war. Ein gutes Beispiel ist der extreme Ausbruch, den ich in einer Autovermietung in den italienischen Alpen hatte. Ich hatte die AGB nicht gelesen (macht das überhaupt jemand?) und wusste daher nicht, dass man eine Kreditkarte brauchte, um ein Auto zu mieten. Und ich hatte keine. Da ich mit meinen Gefühlen nicht umgehen konnte (was nur zeigte, wie übermäßig wachsam ich ständig war), führte diese eher geringfügige Unannehmlichkeit zu einem emotionalen Zusammenbruch. Ich kramte in meiner Tasche. Als ich nicht fand, was ich suchte, kippte ich deren ganzen Inhalt einfach auf den Boden. So viel Drama war schlicht unnötig, das weiß ich heute. Zehn Minuten später hatten wir das Problem gelöst. Wir leisteten einfach eine höhere Anzahlung. Ich saß also neben meinem Bruder im Auto. Er fuhr, und ich merkte, wie entsetzt er über meinen Ausbruch war. Da brach ich in helles Gelächter aus. »Ich bin ein Star, Baby!«, sagte ich.

Aus der Rückschau ist das Ganze natürlich amüsant, aber heute weiß ich, dass ich von meinen Gefühlen ständig hin- und hergerissen war. Ein Jo-Jo, das innerhalb nur einer Stunde von Verzweiflung und Frustration zu unkontrollierten Lachanfällen sauste. Das alles wegen eines simplen Problems, das sich letztlich einfach lösen ließ. Man kann durchaus sagen, ich sei ein Stressy-Messie gewesen, ein Emotions-Messie.

Nachdem ich um die neurowissenschaftlichen Grundlagen von Stress und unserer physiologischen Reaktion darauf wusste, hatte ich die Tools in der Hand, um mein Leben in den Griff zu bekommen und mich aus diesem Jo-Jo-Modus herauszuarbeiten. Wenn wir unser Verhalten ändern wollen, müssen wir lernen, mit unserer Stressreaktion umzugehen. Mein Umgang damit war total abgedreht.

In einem Zustand ständiger Alarmreaktion, Übererregung und Kampfbereitschaft zu sein, heißt, dass unser Gehirn seine wichtigste Aufgabe nicht darin sieht, neue Verbindungen zu legen, um unser Narrativ zu verändern. Wenn Gehirn und Körper ständig von Stresshormonen überflutet werden, dann muss die Hardware zuerst mal den Stress bewältigen, bevor wir uns die Software anschauen können. Eine angemessene Stressreaktion stellt sicher, dass unsere Hardware so arbeitet, wie sie soll. Dann können wir uns mit der Software unserer Gedanken, Überzeugungen und Emotionen beschäftigen. Im Energiesparmodus arbeitet das Gehirn zuerst die Grundfunktionen ab, statt Veränderungen an unseren Gewohnheitsmustern vorzunehmen. Es ist schwierig, neuroplastische Veränderungen zu erzielen, wenn wir nicht mit Stress umgehen können.

Was also tun, wenn wir Stress ausgesetzt waren?

Stellen wir uns mal vor, du hattest ein stressiges Erlebnis. Nun sollte Folgendes passieren: Du aktivierst das parasympathische System, was Gehirn und Körper signalisiert, dass die Bedrohung vorüber ist und du in den Grundzustand zurückkehren kannst. Dieses Umschalten unterbleibt aber manchmal, weil die Stresssituation über längere Zeit besteht oder weil wir den Stress durch ständiges Grübeln (Rumination oder »Wiederkäuen«) am Köcheln halten. Das hoch entwickelte menschliche Gehirn hat die Fähigkeit, stressige Erfahrungen in Gedanken immer wieder durchzugehen, was den Cortisolspiegel hoch hält. Gehirn und Körper glauben dann, immer noch bedroht zu sein. Das ist maladaptiv, denn es erfüllt keine Funktion. Was also tun in so einem Fall?

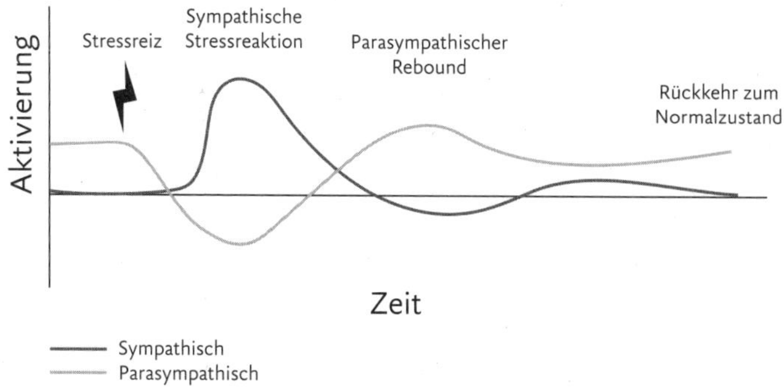

Abb. 3: Leichte akute Stressreaktion nach Payne, Levine und Crane-Godreau[9]

Tool 1: Physiologisches Seufzen

Das Gehirn benimmt sich zuweilen ausgesprochen primitiv, und es ist nicht darauf ausgelegt, in Zeiten von Bedrohung und Gefahr zuzuhören. Es schreibt vielmehr unsere Reaktion vor: weglaufen, kämpfen oder sich tot stellen. Wenn du also in einen entspannten Zustand zurückkehren möchtest, dann muss dein Körper dem Gehirn signalisieren: Gefahr gebannt! Der schnellste Weg dazu ist eine Atemtechnik, die der Neurowissenschaftler

Dr. Andrew Huberman entwickelt hat. Er nennt sie das »physiologische Seufzen«.[10]

Hast du dich auch schon mal gestresst oder überfordert gefühlt und bist mit einem ständigen Seufzen herumgelaufen? Ich habe das gemacht, als ich meinen Hund Kobe bekommen habe. Er ist ein Border Collie und reagiert sehr sensibel auf Emotionen und Energien. Er konnte es nicht leiden, wenn ich seufzte. Mir war gar nicht klar, wie oft ich das tat, bis ich Kobe bekam. Heute kennen wir uns recht gut. Mittlerweile weiß er, dass ich nicht wütend oder aufgeregt bin, wenn ich seufze. Das dient einfach der emotionalen Regulierung, und Kobe regt sich darüber nicht mehr auf. Wenn du keinen Hund wie Kobe hast, dann ist es vielleicht deine Partnerin oder dein Kind, die dich darauf aufmerksam machen.

Üblicherweise bringen wir Seufzen mit negativen Gefühlen in Verbindung, aber im Grunde handelt es sich um einen regulativen Mechanismus des Gehirns, um unser autonomes Nervensystem zurück in den parasympathischen Zustand zu versetzen. Dein Gehirn hat einen angeborenen Mechanismus, der im unbewussten Teil deines Gehirns abgespeichert ist, dem Zwischenhirn. Dieses lässt dich seufzen, um deine Atemfrequenz zu regulieren. Wenn wir gestresst sind, wird unsere Atmung flach. Die Bläschen in der Lunge (Alveolen) fallen zusammen, was bedeutet, dass der Kohlendioxidspiegel im Blut steigt. Je mehr Kohlendioxid wir im Blut haben, desto gestresster fühlen wir uns. Daher kann es beruhigend sein, tief zu atmen. Das Seufzen versorgt die Lungen wieder mit Sauerstoff, weil es für maximale Ausdehnung sorgt. Die Lungenbläschen füllen sich also wieder mit Luft, das Kohlendioxid wird ausgeatmet. Seufzen ist eine natürliche Reaktion auf Stress.

Nun, da du das weißt, solltest du darauf achten, wie oft du seufzt, wenn du gestresst oder nervös bist ... Vielleicht aber hat dich auch schon jemand darauf hingewiesen. Wenn du die Vorzüge des Seufzens kennst, kannst du dieser Person vielleicht erklären, warum das Seufzen so eine wichtige physiologische Reaktion ist, ja, ein entscheidender Teil unserer Atemmechanismen.

Du kannst diesen Vorgang beschleunigen, indem du ganz bewusst seufzt. Das »physiologische Seufzen« oder »zyklische Seufzen« ist eine Atemtechnik, die diesen automatischen Mechanismus beschleunigt, indem man der Beruhigung sozusagen »manuell« nachhilft. Und tatsächlich ist dies nachgewiesenermaßen der effektivste Weg, um dich sofort in den parasympathischen Zustand zu versetzen.

Wichtig ist das doppelte Einatmen, weil es die kollabierten Lungenbläschen wieder füllt. Dadurch wird die innere Lungenoberfläche vergrößert, und es kann mehr Sauerstoff aufgenommen werden. Gleichzeitig wird mehr Kohlendioxid abgeatmet, was dem Gehirn signalisiert, dass du keiner Bedrohung mehr ausgesetzt bist. Dann sinkt deine Herzfrequenz, und du entspannst dich.

Huberman geht davon aus, dass das physiologische Seufzen ein gutes Mittel ist, um Ängste zu reduzieren. Das gibt uns unsere Unabhängigkeit und Handlungsmacht zurück. Eine der schwierigsten Erfahrungen bei innerer Unruhe ist es, die Kontrolle zu verlieren. Das physiologische Seufzen aber gibt den Betroffenen die Kontrolle zurück, indem sie den Anti-Stress-Mechanismus beschleunigen und sich so schneller wieder beruhigen.

Aus diesem Grund ist das physiologische Seufzen ein gutes Tool, um unsere Stressreaktion zu beherrschen. Wenn wir uns darauf konzentrieren, den Vorgang des

Ausatmens zu verlängern, signalisieren wir unserem Gehirn, dass wir nicht mehr in Gefahr sind und dass es die Stressreaktion »abschalten« kann.

Wie du physiologisch seufzt

Atme zweimal kurz ein (idealerweise durch die Nase, aber wenn das nicht geht, gern auch durch den Mund).

Leg eine Pause von einer Sekunde ein.

Atme dann langsam und lange durch den Mund aus.

Tool 2: Hobbys nach einem langen Tag

Im Intro hast du gelesen, dass unsere Gedanken physiologische Reaktionen auslösen können. Wir haben gesehen, dass es für unser Gehirn schon ausreichend ist, über Stress nachzudenken, um ihn wahrzunehmen. Grübeln wir lange über ein belastendes Erlebnis nach, glaubt das Gehirn, diese Situation bestehe immer noch, auch wenn sie eigentlich schon vorüber ist. Kommen wir abends nach Hause und denken wir weiter an den Beruf, geht unser Stresshormonspiegel also nicht zurück.[11] Wenden wir uns aber unserem Hobby zu, dann tauchen wir in eine ganz andere Welt ein, sodass unser Geist sich nicht mehr mit all dem Ärger des Berufsalltags beschäftigen kann. Diese Ablenkung hilft uns, den Stress zu lindern.

Hobbys sind Aktivitäten, denen wir uns *regelmäßig* widmen. Sei es Singen oder Tanzen, vielleicht spielst du ja auch ein Instrument. Wir pflegen unser Hobby zum Spaß und zur Entspannung. Üblicherweise handelt es sich dabei um Aktivitäten, die wir in unserer Freizeit ausführen. Idealerweise ist das ein Hobby, das dich auf andere Gedanken bringt und dich ganz in Beschlag nimmt, sodass dein Gehirn alle Probleme eine Zeit lang vergessen kann.

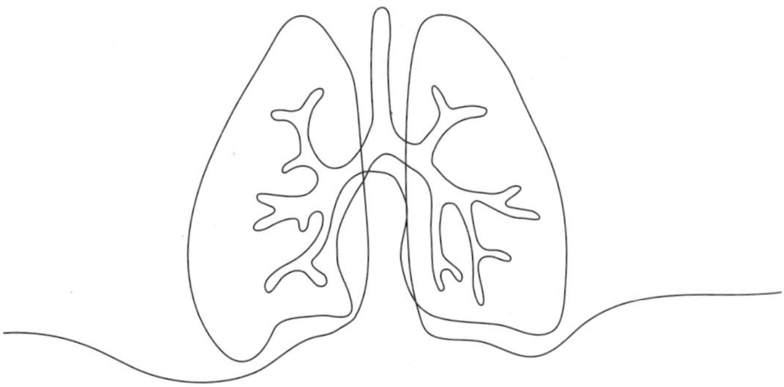

Abb. 4: Dein Körper dankt dir die Entspannung

Ein Hobby zu pflegen, steigert unser geistiges Wohlbefinden. Unser Steckenpferd geritten zu haben, gibt uns ein gutes Gefühl, denn dadurch werden bestimmte Gehirnregionen stimuliert, die mit Herausforderungen zu tun haben. In der Folge wird mehr BDNF ausgeschüttet, ein neuronaler Wachstumsfaktor, der durch Aktivitäten wie Sport, Lernen und kreative Tätigkeiten gefördert wird.[12] Der höhere BDNF-Spiegel hebt unsere Stimmung, senkt Stress, wirkt sich positiv auf unsere geistige Gesundheit aus und trägt zu einem Gefühl von Glück und Erfüllung bei.

Regelmäßig einem Hobby nachzugehen, erlaubt uns, nach der Arbeit heimzukommen und den Stress vor der

Tür zu lassen. Dann kannst du den Abend mit deinen Lieben genießen, ohne ständig über die Geschehnisse des Tages nachzudenken. Wir können Stress nie ganz vermeiden, und das sollten wir auch gar nicht versuchen. Wir sollten den Stress begrüßen, denn akuter Stress hält uns lebendig und funktionsfähig. Wir müssen nur begreifen, wie wir unser Leben so führen können, dass sich die Waage nicht ständig in die falsche Richtung neigt.

Problematisch wird es erst, wenn Stress chronisch und zum Dauerzustand wird. Du hast in der Arbeit Stress, weil es Streit mit einem Kollegen gibt. Dann kommst du nach Hause, wo gerade deine Ehe in die Brüche geht und ihr euch fragen müsst, wie ihr die Scheidung über die Bühne bringt. Deswegen trinkst du abends viel Wein, um dein Gedankenkarussell zu bremsen. Stattdessen wird dein Körper von Stresshormonen überflutet, ohne dass er die Möglichkeit hätte, das zu beenden. Kurz: Du verharrst in einem vom Sympathikus geprägten, maladaptiven Zustand und siehst keine Möglichkeit, in den parasympathischen Zustand zurückzugelangen. Dein ganzes System kippt, weil die Waage sich zur falschen Seite neigt, zu einem überaktiven Sympathikus, während der Parasympathikus dem nichts entgegenzusetzen hat. Lernst du nicht, wie du dich chronischem Stress entziehen kannst, dann reagieren Gehirn und Körper aufgrund dieser permanenten Überaktivierung nicht mehr angemessen auf Herausforderungen im Umfeld.

Und so sieht ein chronischer Stresszustand aus: Du kannst an der Kurve in der Abbildung ablesen, dass das parasympathische System nicht mehr in den Normalzustand zurückkehrt. Selbst ein geringer Stressreiz führt zu einer überschießenden Stressreaktion. Wir sprechen hier von »allostatischer Last«. Diese beschreibt die sich verstärkende Belastung des Körpers durch dauerhaften oder wiederholten Stress. Sie spiegelt die physiologischen Kosten wider, die sich infolge von dauerhaftem und zunehmendem Stress einstellen.

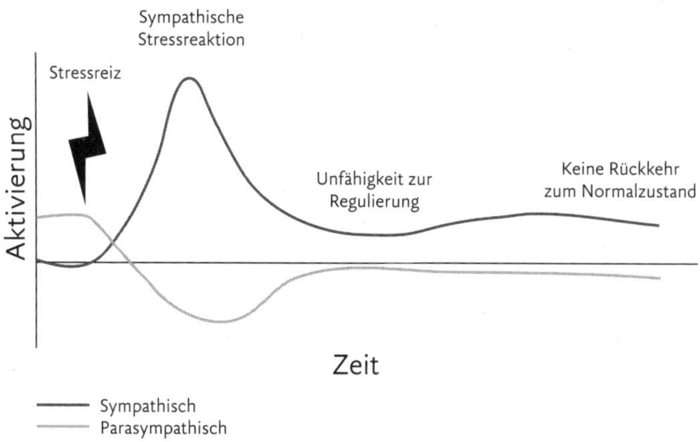

Abb. 5: Chronische Stressreaktion[13]

Wenn du chronischen Stress erlebst, ist es schwierig, sich im Beruf zu konzentrieren. Vielleicht hast du ja sogar Probleme, gut für dich selbst zu sorgen. Du hast kaum noch die Energie, um dich zu duschen. Das liegt daran, dass dein Gehirn und dein Körper im Niedrigenergiemodus sind. Wenn du übermäßig wachsam bist und leicht in die Luft gehst, dann wirkt sich der Stress vermutlich auch auf deinen emotionalen Zustand aus. Du fühlst dich überfordert und springst auf Dinge an, die dich normalerweise nicht kratzen würden. In diesem chronischen Stresszustand haben Änderungen an deinen Denkmustern für dein Gehirn nun mal keine Priorität. Deshalb hast du ja das Gefühl, im Teufelskreis festzustecken.

Tools für chronischen Stress

Stressmanagement ist gleichfalls wichtig für deine emotionale Regulierung, denn beides hängt eng zusammen. Wenn dein Nervensystem angemessen auf Stressreize reagiert, kannst du dich auf deine Gefühle einlassen, ohne von ihnen überwältigt zu werden. Diese feinere Wahrnehmung trägt dazu bei, dass du deine Gefühle eher erkennst und verstehst. Das wiederum erleichtert dir den Umgang damit. Ist das Nervensystem aufgrund von Dauerstress aktiviert, verstärken sich deine Emotionen massiv. Wenn du also dein Nervensystem rechtzeitig herunterregulierst, kannst du hier eingreifen und eine emotionale Eskalation verhindern.

Halten wir zwischendurch fest:

- Stress ist nicht immer schlecht.
- Der Begriff »Stress« wird heute inflationär gebraucht. Wir bezeichnen mittlerweile jedes unangenehme Gefühl als »Stress«, was wiederum unserer geistigen Gesundheit schadet.
- Wenn du deine Stressreaktion gleich nach dem belastenden Ereignis regulierst, kannst besser damit fertigwerden.
- Unsere Einstellung gegenüber dem Stress verändert, wie wir mit ihm umgehen.

Tools für chronischen Stress: zurück zu den Grundlagen

Schlaf

Das ist der beste Reset-Knopf für Stress. Er ermöglicht auch dem Körper, sich zu erholen.

Meditation/Selbsthypnose

Trägt dazu bei, dass sich die Amygdala beruhigt. Fördert die Neuroplastizität des Gehirns. Verbessert unsere Resilienz. Sowohl zur Meditation als auch zur Selbsthypnose gibt es zahlreiche Apps und Literatur.

Regelmäßige Bewegung

Setzt den neuronalen Wachstumsfaktor BDNF frei, der als Antidepressivum wirkt. Verringert Entzündungen. Setzt Endorphine frei.

Schluss mit dem Zuviel

Setze Grenzen, und lass alles weg, was dich Energie kostet. Sag öfter Nein.

Hobbys

Widme dich ganz und gar einer Beschäftigung, die dir ein gutes Gefühl vermittelt.

Gehirn und Gefühle

Kennst du das auch? Du bist extrem emotional und kannst nicht mehr klar denken? Du handelst nur noch impulsiv, und deine Gefühle überfluten dich, sodass du glaubst, du bekommst sie nie mehr in den Griff? Das liegt daran, dass unsere emotionalen Reaktionen mit verschiedenen Netzwerken im Gehirn verbunden sind, die unterschiedliche kognitive Prozesse steuern. Dies beeinflusst unsere Fähigkeit, Informationen aufzunehmen und zu verarbeiten. Emotionen sind nötig, um zu kommunizieren, was in unserer Innenwelt ebenso wie in der Außenwelt passiert. Wir können unsere Gefühle nie vollständig kontrollieren, aber wir haben mehr Kontrolle über sie, als wir gewöhnlich meinen. Man nennt dies »Emotionsregulation«. Ich habe den Eindruck, dass unsere Gesellschaft Emotionen als etwas Schlechtes ansieht und uns sagt, dass wir sie besser nicht »ausleben« sollten. Aber du bist nicht »zu emotional«, nur weil du Gefühle hast. Denn unsere Gefühle machen uns zu Menschen. Zu erkennen, was in deinem Gehirn passiert, wenn du starke Gefühle hast, und zu wissen, wie du damit leben kannst, bedeutet, dass du lernst, mit ihnen umzugehen, statt sie zu verdrängen und so zu tun, als hättest du sie nicht.

Manche Menschen haben in ihrem Selbstbild bestimmte Narrative im Hinblick auf Emotionen abgespeichert: Sie sehen sich als Sensibelchen oder als emotionales Wrack, das von seinen Gefühlen herumgeworfen wird. Mir hat man beigebracht, dass ich bei Entscheidungen keinesfalls nach meinen Gefühlen gehen sollte. In einem gewissen Sinne ist das sicher richtig. Zum Beispiel solltest du keine Entscheidungen treffen, wenn du wütend bist. Andererseits sind Gefühle hier ein wesentlicher Punkt. Es gibt nur sehr wenige Entscheidungen im Leben, die nicht von Emotionen begleitet werden.

Das Problem ist: Wenn wir uns von unseren Emotionen überflutet fühlen, weil sie gerade sehr intensiv sind, dann beanspruchen sie genau jene geistigen Ressourcen, die wir für Denkvorgänge höherer Ordnung brauchen (zum Beispiel Problemlösung, kreatives oder kritisches Denken). Wenn wir im Meer unserer Gefühle versinken, kann die Fähigkeit unseres Gehirns, komplex zu denken und zu entscheiden, nachlassen. Außerdem lenken starke Gefühle unsere Aufmerksamkeit von anderem ab. Stell dir vor, dein Partner schickt dir eine Textnachricht, dass er nach der Arbeit unbedingt mit dir reden müsse. Du weißt, dass eure Beziehung nun schon eine Weile nicht so toll läuft, also fängst du an, dir auszumalen, was alles schiefgelaufen sein könnte. Du hast enorme Angst und bist total verunsichert. Das wirkt sich so aus, dass du auch im Beruf alles so interpretierst, dass es zu deinem aktuellen emotionalen Zustand passt. Vielleicht ruft deine Chefin dich in ihr Büro, weil sie von deiner Arbeit begeistert ist. Dir aber rutscht auf dem Weg dorthin das Herz in die Hose. Möglicherweise glaubst du sogar, ihr Lob sei sarkastisch gemeint. Oder du wartest auf den Haken am Ganzen, der sich dann doch nicht zeigt.

Emotionen können unsere Fähigkeit, klar zu denken, massiv beeinträchtigen. Sie beeinflussen auch, wie wir Erinnerungen erleben. Das führt gewöhnlich zu Voreingenommenheit, wenn wir Gedächtnisinhalte abrufen, und kann bewirken, dass wir Ereignisse vollkommen verzerrt wahrnehmen. Ich habe dies beispielsweise erlebt, als ich mich mit meinem Partner stritt. Plötzlich tauchten da Dinge auf, die mich normalerweise gar nicht stören würden, aber mein emotionaler Zustand verzerrte eben alles. Und schon wurde mit einem Schlag seine Textnachricht vom 23. Juli 2018 zur Ursache für den Scherbenhaufen heute. Natürlich übertreibe ich hier ein bisschen, aber du weißt, was ich meine. Hoffentlich grinst du jetzt über beide Backen oder nickst wenigstens zustimmend.

Was in deinem Gehirn vorgeht

Das menschliche Gehirn ist massiv verschaltet, ein komplexes Organ, in dem verschiedene Areale zusammenarbeiten, um die unterschiedlichsten Funktionen zu erfüllen. Manche dieser Areale aber haben auch ganz bestimmte Funktionen und verrichten separate Aufgaben.

Das *limbische System* zum Beispiel ist verantwortlich für Motivation und die Verarbeitung und Regulation von Gefühlen. Es löst auch den Kampf-Flucht-Impuls aus. Daher nennt man es häufig das »emotionale Gehirn«. Es beeinflusst unsere Reaktion auf verschiedene Erfahrungen und Empfindungen. Die Verarbeitung von Informationen im limbischen System geschieht größtenteils unbewusst, impulsiv und schnell. Es zielt auf das unmittelbare Überleben ab, bei dem das rationale Denken in den Hintergrund tritt. Wenn intensive Emotionen entstehen, können diese unsere eher logische und präzise Seite überschreiben, das besonnene und coole Areal namens *präfrontaler Kortex*.

Der präfrontale Kortex kümmert sich um die Exekutivfunktionen, unsere Fähigkeiten zur Selbstregulierung. Dazu gehören zum Beispiel Konzentration, Aufmerksamkeit und Selbstkontrolle. Die Informationsverarbeitung in diesem Areal erfolgt sehr viel langsamer und kalkulierter als in anderen. Der präfrontale Kortex lässt uns Szenarien rational verarbeiten und die Ereignisse verstehen, mit denen wir es im Alltag zu tun haben. Wenn wir Fehler machen, hilft er uns, in Zukunft besser zu handeln.

Dieser Teil des Gehirns wird auch »Neokortex« genannt, wobei »Neo-« für »Neu-« steht. Unser hoch entwickelter präfrontaler Kortex unterscheidet uns von anderen Arten, denn wir haben durch ihn die Möglichkeit, über unser Leben nachzudenken, es zu beurteilen und unseren freien Willen auszuüben. Die Fähigkeit, unsere Gedanken zu erforschen, nennen wir »Metakognition« (gr. *metá* [hier: über]). Wir können also über unser Denken nachdenken. Menschen besitzen darüber hinaus die Fähigkeit, sich in die verschiedenen Phasen ihres Lebens zurückzuversetzen, was man als »autonoetisches Bewusstsein« bezeichnet (gr. *noetikós* [das Denken betreffend]). Ich erzähle dir das, weil ich möchte, dass du verstehst, wie wunderbar das menschliche Gehirn ist. Und um dir zu zeigen, dass du mehr Kontrolle über deine Gedanken und Verhaltensweisen hast, als du vielleicht glaubtest.

Das limbische System und der präfrontale Kortex scheinen oft miteinander im Clinch zu liegen. Soll ich? Oder vielleicht lieber doch nicht? Der Klassiker: »Mein Kopf sagt Nein, aber mein Herz sagt lauthals Ja.« Verwirrung in Hülle und Fülle. Aber wenn wir verstehen, wie diese beiden Bereiche arbeiten, können wir sie unter einen Hut bringen, sodass sie einander ergänzen. Sie nehmen zwar verschiedene Rollen ein, aber sie schließen sich nicht gegenseitig aus. Sie können sogar zusammenarbeiten und uns helfen, die Welt und unser Verhalten besser zu verstehen.

Es muss nicht sein, dass du ständig gegen dich selbst kämpfst. Trotzdem kann das emotionale Gehirn unsere logische Seite mitunter überlagern. Üblicherweise ist dies der Fall, wenn wir es mit starken Emotionen oder viel Stress zu tun bekommen. Das ist der Grund, warum der Stress übermächtig werden kann, denn unserem Gehirn geht es in erster Linie um unser Überleben, da rückt die Logik an die zweite Stelle. Das Gehirn ist so programmiert, dass es uns aus der stressigen Situation herausmanövriert. Zu verstehen, was da gerade passiert, steht erst danach auf der Agenda. Dies aber bedeutet, dass wir Schwierigkeiten haben, alternative Lösungen zu sehen oder kreativ zu denken. Wenn dich ein Löwe verfolgt, versuchst du auch erst, der Gefahr zu entkommen, statt dir zu überlegen, wo dieser Löwe wohl entlaufen sein mag.

Dein Gehirn bemüht sich also zuerst um Selbsterhalt und erst danach um Spaß und Spiel. Es wird alle Hebel in Bewegung setzen, damit du am Leben bleibst. Erst wenn diese Bedürfnisse erfüllt sind, kommen die Exekutivfunktionen wieder ins Spiel und mit ihnen kognitiv anspruchsvolle Aktivitäten wie Problemlösung und Zeitmanagement.

Wie ist das nun mit starken Gefühlen?

Hast du, wenn du im Stress warst, auch schon mal etwas getan, worauf du nicht gerade stolz bist - wie zum Beispiel eine Freundin oder einen Partner angebrüllt oder eine impulsive Entscheidung getroffen? Das liegt daran, dass deine Fähigkeiten zur Entscheidungsfindung durch das limbische System ausgebremst wurden. Unter normalen Umständen spielen Emotionen eine wichtige Rolle für das

Verständnis der Welt. Sie helfen uns dabei, uns in ihr zu bewegen. Unsere Gefühle liefern uns wertvolle Informationen, die unsere Reaktion auf die verschiedensten Situationen prägen.

Wenn wir massiv gestresst, übermüdet oder emotional erregt sind, dann übernimmt das limbische System, und die Logik beziehungsweise unsere Exekutivfunktionen verabschieden sich: An manchen Tagen kannst du das Leben mit messerscharfer Logik angehen, an anderen wiederum heulst du schon los, nur weil du deine Wasserflasche zu Hause vergessen hast. Hast du je versucht, ein Problem zu lösen, wenn du gestresst und nervös bist? Dann grübelst und grübelst du, ohne klar denken zu können oder eine Lösung zu finden. Du stellst dich selbst in einem fort infrage.

In dem Abschnitt über Stress haben wir besprochen, dass die Amygdala die Logikzentren im Gehirn überschreibt. Genau das passiert in der soeben geschilderten Situation. Dein limbisches System umfasst Strukturen wie die Amygdala und den Hippocampus, die beide mit Emotionsverarbeitung zu tun haben. Wenn starke Gefühle wie Angst oder Wut aufsteigen, beeinflussen sie unsere Entscheidungen. Sie versetzen uns in einen Zustand erhöhter emotionaler Sensibilisierung, der unser Denken behindert. Rationale Gedanken werden von übermächtigen negativen Emotionen verdrängt.

Kennst du das Loch, in dem du versinkst, wenn du nur noch das Negative in deinem Leben sehen kannst? Wenn du am liebsten weglaufen würdest, aber nicht weißt, wohin? Wenn du alles hinter dir lassen möchtest, aber keine Idee hast, wie du das anstellen sollst? Ich jedenfalls kenne dieses Gefühl gut. In meinem Leben hat es Zeiten gegeben, in denen ich mental so schlecht drauf war, dass ich zwar viel über diese Dinge wusste, aber gleichzeitig dachte, dass nichts davon je funktionieren würde.

Wir wissen mittlerweile, dass Wut unseren emotionalen Zustand massiv beeinflusst und unser logisches Gehirn ausmanövriert. In solchen extrem emotionalen Zuständen hijackt das limbische System unsere Logikzentren, um uns am Leben zu halten. Sicher hast du auch schon mal einen Streit erlebt, bei dem du völlig ausgerastet bist, und du erinnerst dich nicht einmal mehr, was um dich herum vorgegangen ist. Als ob es nichts anderes gäbe und der Streit alles andere aus dem Blickfeld verdrängen würde. Du siehst einfach rot und sagst vollkommen irrationales Zeug. Du hast jede Impulskontrolle verloren. Das liegt an dem massiven Noradrenalinschub, der dein Gehirn überflutet. Deine Gefühle sind so stark, dass das rationale Denken sich verabschiedet hat. Wenn wir starke Gefühle wie Wut und Ärger erleben, ist unser limbisches System hochaktiv, sodass wir nicht mehr klar denken können. Die Aktivität der Amygdala steigt an, was den frontalen Kortex herunterregelt. Und schon fällt es uns schwerer, logisch zu denken.

Tool 1

Das physiologische Seufzen (siehe Seite 49 ff.) ist ein ausgezeichnetes Instrument, um diesem Szenario zu begegnen und die Funktionen des präfrontalen Kortex zu reaktivieren.

Tritt hinaus ins Tageslicht, und richte deinen Blick auf ein weites Panorama. Das lindert das Gefühl, keine Kontrolle über die eigenen Emotionen zu haben. Indem du dein Gesichtsfeld erweiterst, begegnest du dem Tunnelblick, den wir bei extremer Wut bekommen.[14] Geh vor die Tür, atme tief ein und aus. Vielleicht lässt du auch ein paar physiologische Seufzer los. Richte den Blick in die Ferne.

All dies hilft dir, mit den überwältigenden Emotionen fertigzuwerden, die aufkommen, wenn du wütend bist. Außerdem legst du so eine gewisse Distanz zwischen dich und das Szenario, das dich aufregt. Das fördert deine geistige Klarheit. So kann auch das logische Denken Luft holen und das Geschehen verarbeiten. Dann reagierst du nicht nur vom limbischen System ausgehend und haust keine Sprüche raus, die dir später leidtun.

Wie du mit allen anderen Emotionen umgehst

Ich möchte an dieser Stelle nur gesagt haben, dass ich das Gefühl gut kenne, wenn man nicht weiß, ob sich je etwas bessern wird. Doch habe ich es auch geschafft, auf der anderen Seite wiederaufzutauchen.

Gefühle sind wichtig, und wir sollten ihnen nicht aus dem Weg gehen wollen. Eine gute Balance zwischen Emotionen und Logik ist ein ausgesprochen erstrebenswerter Zustand. Wir müssen nur aufpassen, dass sich die Waage nicht auf eine Seite neigt, sodass wir ständig gestresst, nervös und überfordert sind. Noch wichtiger ist, dass wir nicht dem Sirenengesang negativer Emotionen erliegen, die dann unser Leben und unser Narrativ prägen.

Studien zeigen, dass die Entwicklung emotionaler Intelligenz uns hilft, unsere Gefühle besser zu verstehen und sinnvoller mit ihnen umzugehen.[15] Indem wir unsere Regungen und Stressreaktionen kennenlernen, können wir flexibler auf bestimmte Situationen reagieren. Dann verstehen wir auch eher, warum wir uns so fühlen, wie wir uns fühlen. Das heißt, dass unsere Emotionen uns nicht mehr so stark beeinflussen und wir angemessener reagieren.

Können wir unsere Emotionen identifizieren und benennen, dann gibt uns das Klarheit über unsere wahre Gefühlslage.[16] Wir sind uns unserer Gefühle eher bewusst. Studien zeigen, dass es schon genügt, die Emotionen in Worte fassen zu können, um uns den Eindruck der Kontrolle zu vermitteln.[17] Und schon können wir besser mit ihnen umgehen. Das liegt daran, dass die Benennung den frontalen Kortex anspricht, ebenjenes Logikzentrum, das bei starken Gefühlen gewöhnlich mundtot gemacht wird.

Wissenschaftler und Therapeuten haben verschiedene Methoden entwickelt, um uns zu helfen, unsere Gefühle zu erkennen und auszudrücken. Das ist mitunter schwierig, weil Gefühle mit zahlreichen physiologischen, kognitiven und subjektiven Erfahrungen einhergehen. Der amerikanische Psychologe Dr. Robert Plutchik (1927-2006) hat zu diesem Zweck das »Rad der Emotionen« entwickelt (siehe die Abbildung).

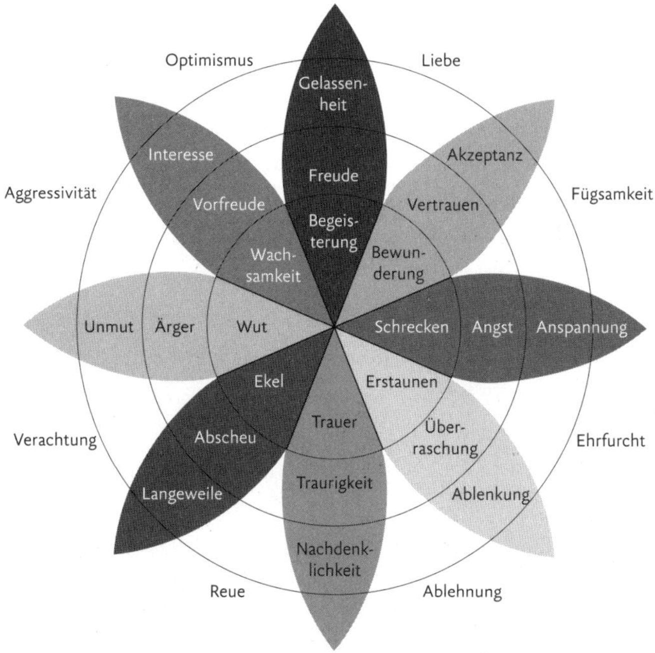

Abb. 6: Das Rad der Emotionen nach Plutchik

Unsere acht grundlegenden Emotionen bilden den innersten Kreis. Dazwischen gibt es aber auch andere Gefühle. Mithilfe dieses Rades kannst du genauer sagen, was du empfindest. So hast du auch in Zeiten, in denen die Gefühle hochkochen, mehr Kontrolle. Uns unserer Gefühle bewusst zu werden, ist wie gesagt ein wichtiges Tool, denn es sorgt dafür, dass wir nicht auf die Geschichten hereinfallen, die wir im Kopf ständig wiederholen. Sind wir in der Lage, unsere Gefühle zu verstehen, begreifen wir auch eher, auf welche Weise sie jene negativen Erzählungen fördern, die wir uns wieder und wieder vorbeten. So erkennen wir außerdem, dass der Grund für diese negativen Selbstgespräche ebenjene Gefühle sind, in die wir abtauchen. Und dass sie uns gerade nicht die Wahrheit erzählen.

Wenn wir im chronischen Stress stecken oder unser Emotionsgehirn die logischen Zentren überschreibt, dann versinken wir in Grübelschleifen und negativer Selbstansprache. Das wiederum verfestigt ein Netzwerk zwischen Gehirnarealen, die mit dieser Negativität dein ganzes Leben färben.

Vergiss nicht, dass Emotionen nicht deine Feinde sind. Sie sind Boten deiner inneren Welt. Dieser Innenwelt, die nur du zu sehen bekommst. Sie offenbaren dir Einsichten in deine Wünsche, Ängste und Bedürfnisse.

Innere Unruhe

Häufig werden die Begriffe »Stress«, »innere Unruhe« und »Sorge« gleichbedeutend verwendet, aber wenn wir hier nicht unterscheiden, können wir nicht auf unsere echten Gefühle eingehen.

Stress ist die physiologische Reaktion auf Angst, wenn Hormone den Körper fluten und uns so in die Lage versetzen, als Reaktion auf eine Gefahr wegzulaufen, zu kämpfen oder uns tot zu stellen.

Sorge wiederum ist der denkende Part der Unruhe. Das sind dann Gedanken wie »Haben die mich jetzt für schräg gehalten, weil ich XYZ gesagt habe?« oder »Ich weiß nicht, wie ich bis zum nächsten Ersten zurechtkommen soll«. Sorgen werden von den Frontallappen des Gehirns produziert, die Probleme lösen wollen. Schwierig wird es erst, wenn diese Gedanken sich ständig wiederholen. Das Grübeln wiederum steigert unsere Unruhe.

Innere Unruhe entsteht im limbischen System, dem emotionalen Teil unseres Gehirns. Gewöhnlich scannt die Amygdala die Umgebung nach Bedrohungen. Wenn sie Anzeichen einer Gefahr erkennt, dann signalisiert sie das dem Gehirn, damit dieses Stresshormone ausschüttet und wir auf die unmittelbare Bedrohung reagieren können. Manchmal aber schießt die Reaktion übers Ziel hinaus. Dann reagieren wir auf eine Gefahr, die gar nicht existiert. Wenn wir mit einer Situation konfrontiert sind, die Unruhe auslöst, arbeitet das Kontrollsystem im Gehirn zuerst die Reize ab, die unmittelbar mit der Bedrohung zu tun haben. Unsere kognitiven Ressourcen werden von konstruktiven Problemlösungen weggelenkt. Sehr nervöse und unruhige Menschen haben Schwierigkeiten, ihre Aufmerksamkeit auf rationales und problemorientiertes Denken zu richten.

Sorge

- Sorge ist ein kognitiver Prozess, bei dem die Gedanken mit bestimmten Problemen oder Situationen beschäftigt sind, die in Zukunft auftreten können oder auch nicht.
- Sie geht meist mit einem Gefühl des Unwohlseins, der Unsicherheit oder Angst vor dem einher, was geschehen könnte. Sorge bezieht sich meist auf konkrete Ereignisse oder Resultate.

Stress und Unruhe

AKUTER STRESS		UNRUHE
Kurzfristig	*Dauer*	Kann andauern
Äußerer Reiz	*Auslöser*	Kein klar identifizierbarer Auslöser
Äußerer Druck, auf den du angemessen reagierst	*Ursprung*	Bleibt bestehen, auch wenn der äußere Reiz aufhört

Innere Unruhe

- Unruhe ist ein allgemeiner und allgegenwärtiger emotionaler Zustand, gekennzeichnet von einem Gefühl der Anspannung, Nervosität oder Angst. Häufig wird sie von körperlichen Symptomen begleitet wie einer erhöhten Herzfrequenz, starker Muskelspannung und Rastlosigkeit.
- Unruhe kann eine Reaktion auf eine reale oder wahrgenommene Bedrohung sein. Sie muss nicht immer auf ein konkretes Ereignis zurückgehen. Sie kann sich als chronischer Zustand manifestieren oder anfallsweise als extreme Nervosität.

Und wie gehen wir nun mit Stress und Unruhe um?

Die Begriffe »Unruhe« und »Stress« unterscheiden sich zwar, überlappen sich aber häufig im Zusammenspiel. Ich höre immer wieder, dass Leute sagen, sie seien von etwas gestresst, wenn sie sich in Wirklichkeit Sorgen machen, wie bestimmte Entwicklungen ausgehen könnten. Sie sind weder nervös noch gestresst. Den Unterschied zwischen Stress oder Unruhe und Sorge (ohne körperliche Symptome) zu erkennen, ist wichtig, wenn wir das Problem, mit dem wir es zu tun haben, tatsächlich lösen wollen.

Stress und innere Unruhe gehen mit ähnlichen Symptomen einher, daher ist es mitunter schwierig, sie auseinanderzuhalten. Genau darauf aber kommt es an. Wir sollten uns unserer Gefühle bewusst werden, statt einfach nur pauschal »Ich bin eben gestresst« zu sagen. Nur dann können wir angemessen auf sie reagieren und uns sinnvoll unterstützen.

Drei Kriterien, die dir zeigen, ob du gestresst oder unruhig bist

1. *Innere Unruhe ist überwältigend.* Manche Situationen sind einfach stressig, und das gilt für alle Menschen. Wenn du dir aber zu viele und ständig Sorgen machst, wenn du dir stets das Schlimmste ausmalst, dann hast du es eher mit Unruhe als mit Stress zu tun.
2. *Stress hat mit der Außenwelt zu tun, Unruhe mit unserem Innenleben.* Stress wird gewöhnlich durch irgendetwas in der Außenwelt ausgelöst, zum Beispiel wenn deine

Chefin dich kritisiert, du vor einer Prüfung stehst oder viel Verantwortung auf dir lastet. Falls du die klaren Stressreize abstellen könntest, würde dann das Gefühl der Überforderung vergehen? Wenn ja, ist es Stress. Wenn nein, ist es Unruhe.

3. *Unruhe löst Angst aus in Hinblick auf Situationen, die noch nicht eingetreten sind.* Innere Unruhe stellt sich auch ohne äußeren Auslöser ein. Du bist vielleicht ängstlich oder angespannt, obwohl es eigentlich nichts gibt, worüber du dir Sorgen machen müsstest. Stress wiederum geht auf äußeren Druck zurück, der dich zu einer angemessenen Reaktion veranlasst.

Innere Unruhe wird oft zur Gewohnheitsschleife, zu einem neurologischen Muster aus Reiz, Routine und Belohnung. Der Auslöser kann ein Stressreiz sein, der eine gewohnheitsmäßige Reaktion verursacht, durch die das unangenehme Gefühl vermieden werden soll. Wer unter dieser Form nervöser Unruhe leidet, sucht routinemäßig bei Verhaltens- oder Denkmustern Zuflucht, die ein Gefühl der Kontrolle vermitteln, sodass man die wahrgenommene Bedrohung scheinbar im Griff hat. Die Belohnung verschafft Erleichterung, aber nur kurzfristig. In Wirklichkeit schreibt sie den Teufelskreis nur noch fort, weil sie die Verbindung »Unruhe - gewohnheitsmäßige Reaktion« verstärkt. Mit der Zeit wird dieser Zyklus dann zum Automatismus, was die Unruhe weiter verschlimmert und es erschwert, sich aus der Wiederholungsschleife zu befreien. Einsicht und das Durchbrechen solcher Gewohnheitszyklen ist entscheidend, wenn du mit innerer Unruhe kämpfst und gesündere Bewältigungsstrategien suchst.

Tools, um Gewohnheitsschleifen zu durchbrechen[18]

Mach einen »neurowissenschaftlichen Spaziergang«. Wenn du durch die Welt gehst, fliegt deine Umgebung an dir vorbei, und diese wechselnden Bilder lassen deinen Blick ständig von einer Seite zur anderen wandern.[19] Das merkst du vermutlich gar nicht, denn du bewegst deine Augen dabei nicht bewusst. Das geschieht ganz von selbst, wenn du so durch den Tag schlenderst – vorausgesetzt, du starrst nicht ständig nur auf dein Smartphone. Diese laterale Augenbewegung kann die Amygdala deaktivieren, jene Gehirnregion, die für die Furchtreaktion eine so große Rolle spielt. Wenn deine Augen sich hin und her bewegen, dann aktivieren sie im Gehirn eine Region namens frontoparietales Netzwerk, zuständig für Aufmerksamkeit, das Lösen komplexer Probleme und unser Arbeitsgedächtnis. Dieses Netzwerk ist der Gegenspieler der Amygdala, was heißt, dass es die Aktivität der Amygdala reduziert und unsere Unruhe lindert.

Wie wir bereits gesehen haben, können Unruhe und Stress gleichermaßen unsere Exekutivfunktionen behindern (die im frontoparietalen Kortex angesiedelt sind). Bist du gestresst, kannst du dich nicht darauf konzentrieren, Probleme zu lösen und Entscheidungen zu finden, und dein Urteilsvermögen ist eingeschränkt. Das Gegenteil geschieht, wenn du das frontoparietale Netzwerk aktivierst, indem du deinen Blick von einer Seite zur anderen wandern lässt und die Amygdala beruhigst. Das ist auch das Prinzip der EMDR-Therapie (Eye Movement Desensitization and Reprocessing Therapy). Mittels rhythmischer, von einem Therapeuten geführter Augenbewegungen verarbeiten Patientinnen und Patienten dabei traumatische Ereignisse und Gefühle, ohne Angst zu haben.

Hinzu kommt ein weiterer, sehr ursprünglicher Aspekt des Gehens: Wenn du draußen im offenen Gelände unterwegs bist, in der freien Natur, dann erkennt dein Gehirn, dass keine unmittelbare Bedrohung besteht, und fährt die Aktivität der Amygdala von selbst herunter. Unser Gehirn ist auf Überleben programmiert. Forschungsarbeiten zeigen, dass die Amygdala bei Stadtbewohnern aktiver ist als bei Menschen, die auf dem Land leben.[20] Unser Gehirn verarbeitet ständig Informationen, die die Sinne ihm liefern, und schätzt ein, ob eine Gefahr besteht oder nicht. In der Stadt zu leben, heißt, dass dein Gehirn mehr zu verarbeiten hat - Autos, Menschen, Lärm et cetera. Die Wissenschaft konnte auch zeigen, dass die Aktivität der Amygdala nachlässt, wenn man nur eine Stunde in der freien Natur spazieren geht.[21] Draußen zu sein, in der Natur, in offenen Räumen hat positive Auswirkungen auf das Gehirn, weil es Angst und Unruhe reduziert.

Wenn du dich gestresst oder beunruhigt fühlst, dann ist eines der besten Mittel, einen Spaziergang in der freien Natur zu machen. Dabei kannst du deine Gedanken und Gefühle sortieren, ohne dass Angst eine entscheidende Rolle spielt. Nun wissen wir also, warum wir »einen Spaziergang machen, um den Kopf frei zu kriegen«.

Mehr Tools, die innere Unruhe lindern

- Innere Unruhe erfordert ein kognitives Eingreifen. Es soll den Betroffenen helfen, ihre Wahrnehmung belastender Ereignisse zu verändern.
- Meditation lässt nachweislich die Amygdala schrumpfen.
- Selbsthypnose hilft durch die Visualisierung, wie man sich in diversen Situationen fühlen würde. Häufig weiß unser Gehirn nicht, wie wir uns in einem bestimmten Szenario fühlen sollten, daher greift es auf das zurück, was es am besten kennt. Eine Visualisierung kann Menschen helfen herauszufinden, was Gehirn und Körper in einer speziellen Situation empfinden sollten.

Neurochemische Botenstoffe und Emotionen

Ich habe schon Penguin Books gelesen, als ich ein kleines Mädchen war. Und im Juni 2023 sollte ich meine Lektorin im Londoner Büro von Penguin Random House treffen. Als ich auf die Tür zuging, sah ich ihn: den legendären Pinguin. Ich hatte ein Gefühl, als würde ich im schönsten Film aller Zeiten mitspielen. Ich marschierte auf den Empfang zu und strahlte von einem Ohr zum anderen. Ich konnte fast nicht glauben, dass das jetzt wirklich passierte. Voller Selbstvertrauen und mit erhobenem Haupt fragte ich, wo ich meine Lektorin fände. Ich war ja so stolz. Wow, so viele Gefühle wirbelten durch meinen Körper.

Ein paar Tage später schmiss ich eine Riesen-Geburtstagsparty, und es war der absolute Hammer! Ich hatte eine

Band, und ich sang sogar selbst für meine Gäste. Zu sagen, dass ich hin und weg war, wäre ein Understatement. Es war pures Glück und reinste Freude. Ich war euphorisch und liebte das Leben. Glückshormone rauschten durch meine Adern, und über allem tänzelte mein innerer sozialer Schmetterling.

Zwei Tage nach dieser Party war ich zurück in meinem Zuhause, meinem ruhigen Landleben in Portugal. Es war fünf Tage her, dass ich diesen filmreifen Moment vor den Pforten von Penguin erlebt hatte, das Gefühl, die Verbindung zwischen mir und meiner Lektorin sei wohl im Schriftstellerhimmel geschlossen worden. Und doch war ich deprimiert. Ich war reizbar und traurig. Dabei hätte ich glücklich sein sollen. Ich hätte dankbar sein sollen für diese fantastische Woche in London, in der ich all diese traumhaften Momente feiern konnte. Momente, an die ich mich mein Leben lang erinnern würde. Stattdessen war ich gereizt, meine Stimmung im Keller.

Es ist einfach eine Tatsache, dass jedem Hoch ein Tief folgt. Was ich erlebte, war der emotionale Abstieg von der Woge des Glücks und der Dankbarkeit, auf der ich eine Woche zuvor gesurft war. Wenn wir ein intensives Hoch erlebt haben, folgt darauf dieser Moment des Rückschwungs, damit unsere Neurochemie sich wieder einpendeln und regenerieren kann. Oft halten die Menschen ihre Stimmungsschwankungen, ihre Reizbarkeit und ihre depressiven Symptome für Anzeichen, dass mit ihnen etwas nicht stimmt. Dabei versucht der Körper nur, in den Zustand der Homöostase zurückzufinden.

Homöostase bedeutet, dass unser Körper sich selbst reguliert, um innere Zustände entsprechend anzupassen, wenn sie durch äußere oder innere Kräfte aus dem Gleichgewicht geraten sind. Wenn es zum Beispiel draußen heiß ist, fängt der Körper an zu schwitzen, um die Temperatur in seinem Inneren konstant zu halten.

Mein Körper kam also von dem Hoch der Vorwoche herunter. Das bedeutet nicht, dass ich ein undankbarer Mensch oder gar depressiv wäre, auch wenn das die Gefühle waren, die ich verspürte. Mein Gehirn erholte sich einfach nur.

Einige Wochen später verlor Novak Djokovic in Wimbledon das Endspiel im Herren-Einzel von 2023 gegen Carlos Alcaraz und sagte:

»Wenn sich alle Emotionen wieder gelegt haben,
kann ich immer noch sehr dankbar sein.«

Als der Moderator Djokovic nach dem Match interviewte und sagte, dass er ja trotzdem stolz sein könne auf das, was er erreicht habe, antwortete dieser: »Das werde ich auch. Morgen. Im Moment ist es jedoch einfach schwer zu verdauen.« In meinen Augen ist das perfekt. Er ist sich seiner Gefühle voll bewusst. Er weiß, dass die aktuelle Niederlage gegen Alcaraz einem Spannungsabfall gleichkommt. Aber tags darauf wird er zurück zur Dankbarkeit finden und stolz sein auf alle Siege, die er schon errungen hat. Djokovic fasziniert mich aufgrund seiner mentalen Einstellung und seiner Art, mit Sieg und Niederlage umzugehen. Natürlich haben all diese großartigen Tennisspieler einen Superaufschlag oder -schwung. Aufgrund von Übung und Wiederholung wissen sie genau, wie sie zu spielen haben. Aber was die Top Ten vom Rest unterscheidet, ist ihre innere Einstellung.

Die postolympische Depression, ein Begriff, den der Sportpsychologe Scott Goldman geprägt hat, ist Realität. Der Begriff beschreibt den Spannungsabfall von Sportlern nach einer Olympiade, unabhängig davon, ob sie gewonnen oder verloren haben. Die physiologischen und psychischen Ressourcen sind aufgebraucht, die Sportler sind stimmungsmäßig am Tiefpunkt.[22] Sie erleben nach einem so bedeutenden Ereignis emotional einen Abstieg. Auch andere Sportler berichten immer wieder von einer derartigen Erfahrung nach Wettbewerben. Mit diesem Spannungsabfall stellt sich leicht ein Gefühl der Sinnlosigkeit ein, begleitet von geringem Selbstwert, Verwirrung oder schweren Depressionen. Die postolympische Depression kann wochenlang dauern und sich zu einer ernsthaften Erkrankung auswachsen, wenn sie nicht behandelt wird.

Aber natürlich führe ich all das aus einem bestimmten Grund an. Denn wie die Spitzensportler erleben auch wir »gewöhnlichen Sterblichen« die Hochs und Tiefs der neurochemischen Stoffe. Sie sind befristet und dynamisch, das heißt, sie variieren. Aber sie bestimmen auch darüber, wie wir uns selbst wahrnehmen. Und häufig sind wir dann gefangen im Zyklus unseres Gedankenkarussells. Die klare Einsicht in diese und andere neurobiologischen Vorgänge trägt dazu bei, dass wir uns besser verstehen und diesen Zyklus durchbrechen können.

Natürlich kann es sein, dass Djokovic nur vor der Kamera so gelassen ist. Aber ich kenne auch andere Interviews mit ihm, bei denen er seine Niederlagen und die damit verbundenen Gefühle einfach akzeptiert. Diese innere Einstellung zum Spiel ermöglicht ihm, sie als Motor zu nutzen und aus ihnen zu lernen.

Emotional dysreguliert zu sein, heißt, dass wir mehr Stress, innere Unruhe und sogar Panik erleben, selbst wenn der Stressreiz schwach ausfällt. So sind wir in einem Zustand der Dauererregung gefangen, einer physiologischen Reaktion, die man gewöhnlich mit dem Burnout in Verbindung bringt. Diese emotionale Dysregulierung kann dazu führen, dass wir in unserem Umfeld häufiger Bedrohungen sehen, die objektiv gar keine sind. Wir wähnen uns also ständig Gefahren gegenüber, was uns zu einer permanenten Wachsamkeit anhält.

Natürlich bringt die emotionale Dysregulierung auch körperliche Probleme mit sich: Störungen von Schlaf, Verdauung und Immunreaktion. Was wiederum zu mehr Stress und überschießender Wachsamkeit führt. Wir wissen, dass chronischer Stress uns daran hindert, sinnvolle neuroplastische Veränderungen vorzunehmen. Aus ebendiesem Grund ist es so wichtig, unsere Emotionen zu regulieren, damit wir neue Narrative über uns selbst in unserem Gehirn neurologisch verankern können.

Wie du das am besten anpackst

Wenn du in diesem Zustand bist, solltest du vor allem an eins denken: Er wird wieder vergehen. Er geht immer vorüber - wie die Welle, die in sich zusammenfällt.

Verstehen wir unser Gehirn und seine neurochemischen Mechanismen, die ablaufen, wenn wir uns so fühlen wie eben beschrieben, erlangen wir die Kontrolle über die Situation zurück. Dann können wir die Welle reiten, bis sie abebbt.

In diesem Szenario kann es hilfreich sein, ein Narrativ für die Situation zu finden. Das gelingt, indem wir mit Freunden und der Familie darüber sprechen, wie wir uns fühlen. Du kannst natürlich auch Tagebuch schreiben.

Deine mentale Währung

Wie leicht ist es, zehn Minuten in den sozialen Medien zu verschwenden, ohne es auch nur zu merken? Für meine Masterarbeit forschte ich über die Frage, wie viel mentale Energie wir auf soziale Medien verwenden. Immerhin verbinden die meisten Menschen deren Konsum mit der Vorstellung, sich so geistig eine Auszeit von der Welt zu geben. Unser Gehirn hat aber nur bestimmte Kapazitäten für den täglichen Energieverbrauch. Es hat also nur begrenzte energetische Ressourcen zur Verfügung.[23] Aktivitäten wie Lernen, das Lösen von Problemen und Denkaufgaben höherer Ordnung führen zu erhöhtem Energieverbrauch und entsprechender mentaler Ermüdung. Wenn wir uns in den Arbeitspausen den sozialen Medien zuwenden, weil wir uns ablenken wollen, dann glauben wir vielleicht, dass wir unserem Gehirn Gelegenheit zur Erholung geben. In Wirklichkeit aber richten sich unsere energetischen Ressourcen immer noch auf etwas, was uns mental fordert - wir verschaffen uns durch Doomscrolling, das exzessive Konsumieren schlechter Nachrichten, einen Kick (engl. *doom* [Untergang]). Das führt zur kognitiven Überlastung. In diesem Zustand wird der Geist mit der steten Reizüberflutung nicht mehr fertig. Das Gehirn kann all die Informationen nicht mehr verarbeiten. Im Digitalzeitalter führt der ständige Datenfluss aus Quellen wie den sozialen Medien zu mentaler Übermüdung, die unsere Entscheidungsfindung ebenso behindert wie andere kognitive Funktionen.

Die sozialen Medien sind darauf ausgerichtet, unsere Aufmerksamkeit zu fesseln, und tragen daher massiv zu dieser Überlastung bei. Die nicht abreißende Flut von Meldungen, die Updates und ausgewählten Inhalte plündern unsere mentalen Ressourcen. Wenn du also in der Mittagspause durch die sozialen Medien scrollst, dann investierst du deine mentale Währung in die Onlinewelt. Kehrst du dann an deinen Schreibtisch zurück, ob du nun Schriftsteller, Studentin, Bürokraft, Architektin oder sonst jemand bist, der für seine Arbeit geistige Energie braucht, dann hast du davon weniger als zuvor, denn du hattest ja keine mentale Pause.

Stell dir vor, du gehst täglich für acht Stunden (beziehungsweise die Dauer deiner Arbeitszeit) aufs Laufband und läufst den ganzen Tag in gleichmäßigem Tempo. In der Mittagspause steigst du dann aufs Spinningrad (soziale Medien) und verzehrst sogar deinen Snack auf dem Gerät. Du hast also keine echte Pause. Es ist so wichtig, dir bewusst mentale Pausen zu gönnen. Wenn du vom Bildschirm aufstehst, Achtsamkeitsübungen machst oder anderen *Offline*-Aktivitäten nachgehst, kann der Geist sich wieder erholen.

Jetzt denkst du vermutlich: »Na, was soll ich denn dann tun?« Der Punkt ist, dass du nur zehn bis zwanzig Minuten lang eine strategische Pause einlegen musst, damit dein Gehirn Energie tanken kann. Bei meiner Masterarbeit habe ich mich speziell mit Achtsamkeitsmeditation beschäftigt. Die Resultate belegten eindeutig, dass sie die mentalen Energieressourcen wieder auffüllt. Legten die Probanden eine strategische Pause von fünfzehn Minuten ein, verbesserten sich sowohl ihre Aufmerksamkeit als auch die Entscheidungsfindung.

Ich bezeichne diese Pausen als »strategisch«, weil du dabei ganz bewusst entscheiden musst, was du mit deiner Pause anfängst. Idealerweise würdest du die ersten zehn bis fünfzehn Minuten mit geschlossenen Augen verbringen, sodass du dich vollkommen von allem abkoppeln kannst. Danach kannst du ruhig soziale Medien und Kaffee genießen. Wenn man mal darüber nachdenkt: Unser Geisteszustand wird doch ständig durch äußere Reize beeinflusst. Aber wie oft wenden wir schon den Blick nach »innen« und fragen uns, wie es uns eigentlich geht?

Für alle, die nicht meditieren wollen: Die strategische Pause verlangt nur, dass du dich von sämtlichen äußeren Einflüssen abkoppelst, die dein System betreffen, und zehn bis fünfzehn Minuten damit zubringst, deine Energieressourcen wieder aufzufüllen, damit du dein Gehirn nicht in die totale Erschöpfung treibst. Anderenfalls läufst du den ganzen übrigen Tag auf Sparflamme. Und wenn du nach Hause kommst, bist du vielleicht vollkommen erledigt und reizbar. Du lässt das möglicherweise an deinen Mitmenschen aus oder triffst andere schlechte Entscheidungen. Oder dein Gehirn nimmt sich eine Pause, wenn du es am wenigsten erwartest.

Kurz gesagt: Es ist in unserem eigenen Interesse, weniger Zeit mit »Social Media« zu verbringen und unserem Kopf mehr Erholung in der wirklichen Welt zu gönnen, indem wir uns tagsüber immer wieder kleine Auszeiten nehmen.

Die strategische Pause steigert im Übrigen deine Aufmerksamkeitsspanne. Mit der Zeit nehmen die Energiereserven deines Gehirns ab. Dann kommt es zur sogenannten »Vigilanzminderung«, einem Zustand nachlassender Aufmerksamkeit. Ich sehe das zum Beispiel ständig bei meinen Hunden. Wir machen irgendwelche Trainingsübungen, aber nach zehn Minuten sind sie abgelenkt, können sich nicht mehr auf die Aufgabe konzentrieren und machen »Fehler«. Mir geht es mit meiner Arbeit nicht anders. Ich komme mit dem Schreiben eher in den Flow, wenn ich »frisch« bin oder eine Pause eingelegt habe, die diese Bezeichnung auch verdient. Während der Mittagspause gucke ich nicht aufs Telefon. Manchmal schließe ich sogar die Augen und mache ein »Nickerchen« (ohne wirklich einzuschlafen), um meinem Gehirn neue Energie zuzuführen.

Wir können unsere Aufmerksamkeitsspanne mit der Zeit erhöhen, wenn wir dem Gehirn genug Zeit geben, um sich regelmäßig wieder aufzuladen. Das Problem mit der Vigilanzminderung ist, dass wir, wenn wir müde sind, mit mentalen Heuristiken arbeiten (unseren geistigen »Tastaturkürzeln«). So aber greifen wir ausgerechnet auf das zurück, was automatisch funktioniert und tief in uns eingebrannt ist. Und bevor du dich's versiehst, geht es wieder los mit den negativen Verhaltensweisen, mit Stressfuttern, Doomscrollen und Einschränken deiner geistigen Kapazitäten. Dein Gehirn sucht dann förmlich nach Abkürzungen, damit es nicht über die Veränderungen nachdenken muss, die du dir eigentlich wünschst, und es verstärkt die alten Muster. Es findet Mittel und Wege, Energie einzusparen, und nimmt den Weg des geringsten Widerstands, wo es nur geht. Wenn du müde und geistig erschöpft bist, verstärkt sich dieses Verhalten noch, denn warum sollte dein Gehirn ausgerechnet das noch Unbekannte wichtig nehmen, wenn es einen einfacheren Weg findet, um Energie für geistig anspruchsvollere Aufgaben zu sparen?

Außerdem greifst du eher zum Handy, wenn du müde bist, damit es dir den nötigen Dopaminschub verpasst. Das ist nur natürlich, aber alle wissenschaftlichen Resultate weisen darauf hin, dass wir uns für unsere Dopaminbelohnung schon ein wenig anstrengen sollten. Die sozialen Medien sind zu simpel. Sie lenken unseren Motivationsschub in falsche Bahnen und lassen uns noch mehr ausbrennen. Wenn wir viel Zeit mit ihnen zubringen, schießt unser Dopaminspiegel in die Höhe. Danach brauchen wir noch mehr Dopamin, um den nötigen Antrieb zu bekommen, wenn wir etwas anderes machen wollen.

Hier befinden wir uns auf dünnem Eis, denn natürlich glauben wir, dass wir das zusätzlich benötigte Dopamin durch noch mehr soziale Medien bekommen. Kurzfristig sind wir zwar motivierter, aber dieses Gefühl legt sich bald wieder. Je öfter wir den Dopaminspiegel hochjagen, desto mehr brauchen wir davon, damit wir uns besser fühlen. Paradoxerweise fällt uns die Dopaminfreisetzung nach solchen Spitzen immer schwerer. Und schon fangen wir an, für unsere Trägheit, unsere mangelnde Motivation und unsere »Aufschieberitis« unsere Persönlichkeit verantwortlich zu machen, als würde mit uns etwas nicht stimmen. Vielleicht nennen uns ja auch Menschen unmotiviert und faul, bis wir das selbst von uns glauben. Aber das lässt sich vergleichsweise leicht regeln, indem du deine Social-Media-Zeit ebenso reduzierst wie andere Formen von schnellen Kicks.

Die Literatur zum Thema »Dopamin« ist umfangreich und komplex. Aber letztlich zieht sich durch alle Veröffentlichungen die Erkenntnis, dass es zur wirklichen Dopaminbelohnung nur kommt, wenn man sich anstrengt. Hohe und zu häufige Ausschüttungen setzen die Wirksamkeit herab. Ist die Dopaminfreisetzung jedoch die Folge von Aktivitäten, die uns Arbeit und Anstrengung abverlangen, ergibt sich eine ganz andere Kurve, bei der wir weniger zwischen drastischen Hochs und Tiefs hin und her oszillieren. Bewegung, Atemübungen und das Erreichen beruflicher oder privater Ziele setzen Dopamin auf eine Weise frei, dass seine Wirkung den ganzen Tag über anhält. Das macht uns nicht etwa weniger motiviert, sondern ermöglicht uns, unsere Ziele schneller zu erreichen.

Dein Smartphone weniger zu benutzen, magst du anfangs vielleicht als schwierig empfinden. Aber je seltener der gewohnheitsmäßige Griff nach dem Handy wird, desto leichter fällt es. Heute sehne ich Pausen regelrecht herbei, weil ich spüre, dass mein Gehirn einen Moment der Ruhe braucht. Sobald sich diese Gewohnheit eingeschliffen hat, wirst du froh sein, dass du dir die Mühe gemacht hast.

Solche Auszeiten zu nehmen, gehört zu den am niedrigsten hängenden Früchten der Gehirngesundheit und ist eine der besten Möglichkeiten, wie wir unseren grauen Zellen noch genug Energie übrig lassen, damit wir nach einem langen Tag nicht nach Hause kommen und jede Kontrolle aus der Hand geben.

Die Augen zu schließen und sich eine Auszeit von der Welt zu nehmen, ist ein wertvolles Tool, das nicht kompliziert sein muss. Nur deine Umgebung einen Augenblick lang auszublenden, wirkt schon Wunder für deine Gehirnkapazität.[24]

Neuprogrammierung kurz und bündig: Durchbrich den Zyklus

- Stress ist nicht immer schlecht.
  - Als Alarmsignal hilft er dir, bei deinen Aufgaben aufmerksam und wach zu bleiben.
  - Akuter Stress sorgt für einen kurzfristigen Energieschub, der dazu beiträgt, Probleme zu lösen und hinter dir zu lassen.
- Sich regelmäßig vom Akutstress zu erholen, fördert unsere mentale Resilienz.
- Chronischer Stress tritt dann auf, wenn die an uns gestellten Anforderungen unsere Bewältigungsmechanismen überfordern. Und das ist schlecht.
- Chronischer Stress versetzt uns in den Niedrigenergiemodus und schränkt unsere Fähigkeit zum klaren Denken ein. Wir reagieren unangemessen auf Stressreize und geraten in einen Zustand übermäßiger Vigilanz (Wachsamkeit).
- Tools fürs Stressmanagement:
  - physiologisches Seufzen (Seite 49 ff.),
  - Hobbys (Seite 52 ff.),
  - Tools für chronischen Stress (Seite 56 ff.).
- Zwischen Stress, innerer Unruhe und Sorge unterscheiden zu lernen, ermöglicht es uns, mit jeder dieser Empfindungen besser umzugehen.
- Deine Emotionen exakt zu benennen, hilft, den präfrontalen Kortex zu aktivieren, der fürs logische Denken verantwortlich ist. Siehe auch das »Rad der Emotionen« auf Seite 67.
- Mentale Währung ist das, wofür du deine kognitive Energie einsetzt: Pass auf, wofür du sie ausgibst.

Formen strategischer Pausen

Beten
Singen
Tanzen
Stretching
Meditieren
Atemarbeit
Selbsthypnose
Spazieren gehen
Augen schließen und ausruhen

Wann sind sie sinnvoll?
Bei Müdigkeit
Zwischen Meetings
In der Mittagspause
Am Ende des Arbeitstags
Vor einem wichtigen Anruf
Nach einem stressigen Erlebnis
Vor einer wichtigen Präsentation

Dein Gehirn ist darauf programmiert,
sich auf das Negative zu konzentrieren.

Aber das kannst du ändern!

Die Negativitätsverzerrung

Die Neurowissenschaft zeigt, dass negative Emotionen im Gehirn eine stärkere Reaktion auslösen als positive. Wir achten also mehr auf schlechte Nachrichten und übersehen die guten. Das ist vermutlich evolutionär bedingt, weil es einen Überlebensvorteil bot und bietet.

Ich habe meine Follower gebeten zu posten, welche negativen Aussagen sie über sich selbst treffen. Einige der Antworten trieben mir Tränen in die Augen:

»Wenn ich vor einer beruflichen Herausforderung stehe,
bilde ich mir ein, dass ich scheitern werde und
mein Team meine Vorschläge nicht akzeptiert.«
»Mein Schwarm liebt mich nicht
um meiner selbst willen.«
»Ich habe Angst, mir etwas Positives
auszumalen und mir Hoffnungen zu machen,
weil ich nicht enttäuscht werden will.«
»Ich werde nie die Beste sein,
warum sollte ich es also versuchen?«
»Wenn ich mit einem Kollegen ein völlig
normales Gespräch geführt habe,
denke ich hinterher immer,
ich hätte etwas Dummes gesagt.«
»Für mich wird nichts gut ausgehen.«
»Ich bin ein alter Fettsack.«
»Ich bin fett und hässlich.«
»Ich bin nicht einzigartig.«
»Die Leute laden mich nur aus Höflichkeit ein.
Sie wollen gar nicht mit mir zusammen sein.«
»Ich verdiene nicht, was ich mir wünsche.«

»Wenn meine Partnerin schlecht gelaunt ist,
bilde ich mir ein, sie betrügt mich.«
»Wenn ich weniger Aufmerksamkeit erhalte und
er mit mir nicht redet, glaube ich,
dass er mich nicht mehr liebt.«
»Ich werde nie so geheilt sein,
dass ich mich wirklich lieben kann.«
»Ich bin etwas seltsam und kann nicht gut
mit anderen Leuten umgehen.«
»Wenn ich merke, dass andere sich Dinge
leisten können, die ich nie bezahlen könnte,
habe ich ein mieses Gefühl und glaube,
dass ich es nie so weit bringen werde.«
»Sie haben abgesagt. Das muss daran liegen,
dass sie mich nicht mögen.«

Die negative Einstellung uns selbst gegenüber kann auch in die Geschichten einfließen, die unser Selbstbild prägen, oder in unsere Verhaltensweisen. Da ist zum Beispiel die Mitbewohnerin, die jeden Abend in melodramatischem Tonfall all die kleinen und großen Katastrophen ihres Lebens schildert: »Und dann kam auch noch der Zug vier Minuten zu spät, wo ich doch sowieso schon spät dran war. Und der Typ im Zug hat schließlich das gemacht ... und meine Chefin meinte dann ... Von diesem Moment an ging es den ganzen Tag über nur bergab.«

Manchmal lege ich in geselliger Runde so einen kleinen Samen. Auf jeden Fall mache ich das bei meinen Klienten (und bei mir selbst). Ich frage: »Welche kleinen oder großen Erfolge hast du diese Woche gehabt?«

Normalerweise ist der erste Satz meistens: »Eigentlich nicht allzu viele.« Dann geht es los mit den Weltuntergangsszenarien: »Meine Woche war furchtbar.« Und wenn wir anschließend ins Reden kommen, mache ich meine kleinen Randbemerkungen: »Ach! Das ist aber doch ein kleiner Erfolg.«

»Nun ja ... Ich glaube schon.«

Interessanterweise merken die Leute dann so langsam, dass sie mehr Erfolge hatten, als sie dachten. Und schließlich lächeln sie übers ganze Gesicht und erzählen noch mehr über die tollen Sachen, die sie erlebt haben. Natürlich verleugnen wir das Negative nicht, aber das Licht, das nun ihre Wahrnehmung aufhellt, leuchtet stärker. Und das heißt, dass sie mir von den negativen Erlebnissen ihrer Woche in einem eher neutralen Ton erzählen, der weniger von Emotionen und Vorurteilen getrübt ist.

So wie das Universum sich nicht gegen mich verschworen hat, hat es das vielleicht auch bei dir nicht getan.

Ich frage meine Freunde auch gern: »Was war das Schönste an jenem Tag/jener Woche/jenen Ferien?«

Es heißt ja, die Menschen würden nie vergessen, welches Gefühl andere ihnen gegeben haben. Indem wir die Erfolge der Woche hervorheben, schaffen wir die Grundlagen für ein Leben voll glücklicher Erinnerungen und Gefühle. Und die bleiben auch erhalten, wenn diese Menschen aus unserem Umkreis verschwinden.

Was in deinem Gehirn vorgeht

Wir alle neigen zu negativen Schlussfolgerungen und beschäftigen uns viel zu sehr mit unerfreulichen Angelegenheiten. Man nennt das »Negativitätsverzerrung«. Wenn du zum Rad der Emotionen auf Seite 67 zurückblätterst, wirst du feststellen, dass von den acht Emotionen zweiter Ordnung nur zwei positiver Natur sind. Zwei andere sind je nach Kontext positiv oder negativ.

- ☒ Angst
- ☒ Traurigkeit
- ☒ Abscheu
- ☒ Ärger
- ☑ Freude
- ☑ Vertrauen
- • Überraschung
- • Vorfreude

Sicher hattest auch du schon einmal Tage, die gut begannen, doch dann ist etwas passiert, was dir die Laune verdorben hat. Die wissenschaftliche Forschung zur Negativitätsverzerrung ist, wie bereits erwähnt, zu dem Schluss gelangt, dass die psychischen Auswirkungen negativer Eindrücke die positiven überwiegen, selbst wenn sich positive und negative Erlebnisse die Waage halten. Des Weiteren konnte man zeigen, dass das Gehirn negativen Reizen einen höheren Informationswert beimisst als positiven. Das wiederum bedeutet, dass es ihnen mehr Aufmerksamkeit widmet und Verarbeitungskapazität bereitstellt. Dies wirkt sich im Übrigen auch auf das Urteilsvermögen und die Entscheidungsfindung aus. Wenn wir Entscheidungen treffen, gewichten wir die negativen Aspekte stärker als die positiven.

Die neurowissenschaftlichen Studien haben die unmittelbare Auswirkung bestimmter Sinneseindrücke auf unsere Gehirnreaktionen (evozierte Potenziale) beispielsweise untersucht,[25] indem sie den Probanden Bilder zeigten. Einer Gruppe präsentierte man eine Mischung aus positiven und negativen Darstellungen, der Kontrollgruppe hingegen neutrale Bilder.[26] Dabei lösten die negativen Bilder im Gehirn eine weit stärkere Reaktion aus als die positiven, obwohl beide Bilder gleich starke Reize zeigten.

Dies belegt nicht nur, dass wir negativen Erfahrungen und Emotionen mehr Gewicht beimessen und mehr Aufmerksamkeit schenken, sondern auch, dass unser Gehirn negative Reize eher als positive registriert. Wir erinnern uns leichter daran und lassen uns davon schneller beeindrucken, selbst wenn positive Elemente präsent sind.

In unserem Alltag macht sich dies auf verschiedene Weise bemerkbar. Wenn du auf einen Post in den sozialen Medien eine ganze Reihe positiver Antworten erhältst und nur eine einzige negative, ist die Wahrscheinlichkeit hoch, dass dich Letztere den ganzen Tag oder die ganze Woche beschäftigt. Das ist wie gesagt ein Resultat der Evolution. Als Art mussten wir uns auf potenzielle Bedrohungen und Gefahren einstellen. Das war überlebenswichtig. Wir haben gesehen, dass der Großteil unserer acht grundlegenden Emotionen negativ ist. Aber wir können diese Tendenz ändern. So wie sich Novak Djokovic bei dem Interview nach seiner Niederlage gegen Alcaraz für Dankbarkeit für frühere Siege entschied.

Ich höre immer wieder, wie Leute sich als negativ bezeichnen. Sie erzählen, ihre unmittelbare Reaktion auf Situationen sei Verbitterung, Selbstkritik oder die Kritik an ihren Mitmenschen. Sie vergleichen sich auch häufig mit anderen. Du hörst, dass dein Freund befördert wurde, und das Erste, was dir einfällt, ist, dass er es nicht verdient hat, ja, dass du schockiert bist, weil er jetzt diese Position innehat. Oder du denkst, dass es einfach unfair ist, weil niemand weiß, wie er sich privat benimmt. Aber bei dieser Einschätzung übersiehst du vermutlich seine positiven Eigenschaften, die ihm zu der Beförderung verholfen haben. Oder du siehst ein Foto von der Ex deines Partners und fängst an, nach Gründen zu suchen, warum du besser bist als sie oder besser aussiehst. Unser Gehirn stürzt sich nun mal gern aufs Negative. Wenn dir das bekannt vorkommt, dann bist du damit nicht allein.

Der schädlichste Teil dieser »Negativitätsverzerrung« ist, dass wir alle ja ein Narrativ haben, welches wir ständig wiederholen. Das ist wie gesagt die Geschichte, die wir uns selbst und anderen über uns erzählen. Bei einigen Menschen ist diese Story gut und nützt ihnen. Bei anderen wird das Narrativ durch die Brille der Negativität und der Selbstkritik gefärbt. Vielleicht hast du es ja von deinen Partnern oder von Freunden übernommen. Oder du leitest es von deinem sozioökonomischen Status ab. Oder du hast es von deinen Eltern geerbt und von ihrer Art, sich in der Welt zu bewegen. Nur dass es dich mittlerweile bei deinem Umgang mit der Außenwelt behindert. Vielleicht war deine Mutter überkritisch, was ihren Körper anging, und jetzt hat sich diese Einstellung auf dich übertragen. Nun schleppst du diese Überzeugungen mit dir herum, die dich davon abhalten zu sein, wer du sein möchtest, und zu erreichen, was du dir wünschst. All das nur, weil du nicht an dich glaubst.

Aber das Gehirn kann sich ändern, und das gilt auch für deine Überzeugungen.

Die Rückabwicklung (langfristige synaptische Depression – das Schwächen von Synapsen)

Neuronen, die nicht zusammen feuern,
gehen keine Verbindung ein.

Die Erkenntnis, dass unser Gehirn zur Negativitätsverzerrung neigt, ist ein großer Schritt vorwärts, wenn wir verstehen wollen, warum wir immer auf unerfreulichen Themen herumreiten. Nun können wir uns damit beschäftigen, wie wir dies künftig unterlassen können.

Nehmen wir mal an, du bist nicht im Kampf-oder-Flucht-Modus (hoher Adrenalinspiegel). Wenn du dich dann auf das Positive konzentrierst, kannst du deine Sicht auf die Situation ändern, deine innere Einstellung. Und das führt auf Dauer dazu, dass dich negative Erlebnisse weniger stark beeinflussen. Du weißt ja noch, was wir im letzten Kapitel über Selbstregulierung gesagt haben. Wir müssen in einem Zustand der Ruhe sein, wenn wir unsere innere Einstellung ändern wollen. Bist du übermäßig erregt, solltest du zuerst einige der Selbstregulierungstools anwenden, bevor du dich an die Veränderung deiner Denkweise machst.

Nutze das physiologische Seufzen, um dein Nervensystem zu regulieren. Nur kurz zur Erinnerung:

- Atme zweimal nacheinander kurz ein (idealerweise durch die Nase; wenn das nicht geht, dann auch gern durch den Mund).
- Halt eine Sekunde inne.
- Atme dann lang und langsam durch den Mund aus.

Vergiss nicht: Welche Gedanken und Reaktionen auch immer du wiederholst, sie verstärken die neuronalen Pfade in deinem Gehirn. Wenn du also ständig über negative Erlebnisse nachgrübelst, werden die neuronalen Pfade für Sorge und negatives Denken stärker. Doch wir können diese programmierte Einstellung unseres Gehirns ändern, sodass unsere automatische Reaktion dann einer positiven Einstellung entspringt.

Ein praktisches Beispiel

Du erlebst etwas, was eine negative Reaktion auslöst
Du hast eine Unterhaltung mit einem deiner Kollegen. Danach glaubst du, etwas Dummes gesagt zu haben.

↓

Selbstregulierung (durch physiologisches Seufzen, wenn nötig)

↓

Die Neuausrichtung (Reframing)
Deine Verunsicherung sagt dir, dass du vermutlich auch auf andere Leute mit Nervosität reagierst. Aber du weißt, dass du nichts Dummes gesagt hast, denn in dem Gespräch ging es um berufliche Themen und damit um dein Fachwissen. Du sorgst dich nur, dass deine Äußerung nicht klug gewesen sein könnte.

Mit der Zeit wirst du nicht mehr automatisch negative Schlussfolgerungen ziehen, weil die neuronalen Pfade dafür langsam immer schwächer werden.

Abb. 7: Die Negativitätsverzerrung

Neuausrichtung (Langzeitpotenzierung - die Verstärkung der Synapsen)

Neurons that fire together,
wire together.
(Neuronen, die gemeinsam feuern,
gehen eine Verbindung ein.)

Donald O. Hebb (1904-1985), der »Vater der Neuropsychologie«, war einer der ersten Wissenschaftler, die verstanden, wie die Funktion der Neuronen zu psychischen Prozessen wie zum Beispiel dem Lernen beiträgt. Er fand heraus, dass das Gehirn immer dieselben Neuronen aktiviert, wenn du eine Erfahrung, einen Gedanken oder eine Handlung oft wiederholst. Je häufiger du etwas tust, desto stärker wird die Verbindung zwischen den Neuronen. In der Neurowissenschaft nennen wir dies »Langzeitpotenzierung« - das Verstärken der Verbindungen.

Und wie gesagt: Neuronen, die *nicht* zusammen feuern, gehen auch keine Verbindungen ein. Ja, wir können bestimmte Verhaltensweisen verlernen. Wir können das gemeinsame Feuern von Neuronen unterbrechen, sodass sie sich nicht mehr gegenseitig aktivieren. Diesen umgekehrten Vorgang nennen wir »synaptische Depression«, was mit der depressiven Erkrankung nichts zu tun hat. Es geht dabei letztlich darum, dass wir unsere automatischen Reaktionen auf etwas ändern. Hebbs Gesetz »What fires together, wires together« impliziert: Wenn Neuronen sich nicht gegenseitig aktivieren oder miteinander kommunizieren, dann wird die Verbindung zwischen ihnen mit der Zeit immer schwächer. Wenn du von etwas getriggert wirst, aber zwischen Reiz und Reaktion viel Zeit vergeht, dann regen sich die beteiligten Neuronen nicht mehr gegenseitig an, und du reagierst nicht mehr automatisch auf diesen Reiz.

Nehmen wir ein anderes Beispiel. Wenn du immer Lust auf eine Zigarette hast, sobald du im Stress bist, dann liegt das daran, dass dein Gehirn Rauchen als beruhigend betrachtet. Die Neuronen, die in diesem Moment in deinem Gehirn zusammenarbeiten, sagen: Die Lösung für Stress ist das Rauchen. Das ist eine automatische Reaktion, die bei den meisten Menschen unbemerkt abläuft. Nun wissen wir aber, dass sich dies ändern lässt. Das heißt, wir können eine Alternative zum Rauchen wählen. Je öfter dies passiert, umso weniger bringt dein Gehirn künftig Stress automatisch mit Rauchen in Verbindung. Genauso funktioniert es mit deinen Gedanken. Jetzt sagst du vielleicht, es sei leichter, sein Denken zu ändern, als das Rauchen aufzugeben, weil die Zigarette süchtig macht. Aber dein Gehirn verfällt ja auch nur deshalb in negatives Denken, weil du es wieder und wieder getan hast.

Das Tolle an der neuronalen Plastizität ist also wie gesagt, dass sie in beide Richtungen funktioniert. Wir können neue Verbindungen schaffen, aber wir können auch alte abschwächen. Wir können alte, ständig wiederholte Narrative verlernen und durch positive ersetzen. Du kannst das gemeinsame Feuern von Neuronen unterbinden, indem du einem Gedanken nicht automatisch einen anderen folgen lässt. Je mehr Zeit du zwischen den beiden Gedanken vergehen lässt, desto schwächer wird diese automatische neuronale Verbindung.

Dieses Wissen ist wichtig, wenn wir uns genauer ansehen, wie man bestimmte neuronale Verschaltungsmuster abbauen kann.

Das erste Gesetz der Neuroplastizität

Mein Partner hat kürzlich diesen schicken Milchaufschäumer erworben. Er sieht aus wie ein Mixstab mit einem Kranz, der vibriert und kreist, damit du aus der Milch einen samtigen, nun ja, Schaum machen kannst. Ich weiß seit gut einer Woche, dass man bei der Zubereitung eines Cappuccinos oder Milchkaffees zuerst nur ein bisschen Milch in die Tasse geben soll, um sie aufzuschäumen, bevor man die restliche zugibt. Ich wartete also, bis die Milch warm genug war, damit ich ein bisschen davon in meine Riesentasse geben konnte. Dann würde ich das Aufschäumwunder in Gang setzen, um den besten Caffè Latte aller Zeiten zu machen ... aber natürlich sorgte meine Automatik dafür, dass ich, während ich noch darüber nachdachte, die Tasse ganz mit Milch füllte. Verflixt noch mal! Ich wusste doch, dass ich das nicht machen soll. Und habe es trotzdem getan. Kennst du das vielleicht auch von dir?

Das erste Gesetz der Neuroplastizität besagt, dass die wiederholte Aktivierung eines präsynaptischen Neurons, das die Signale sendet, und eines postsynaptischen Neurons, das die Signale empfängt, zu einer besseren oder effektiveren Kommunikation zwischen diesen beiden Neuronen führt.[27] Meine Unfähigkeit, nur ein kleine Menge Milch in die Tasse zu geben, ist das Resultat meiner Neuronen, die jahrelang auf eine bestimmte Weise gefunkt haben. Das wiederum bedeutet, dass ich gehandelt habe, ohne nachzudenken, also automatisch. Die wiederholte Aktivierung zusammen feuernder Neuronen führt zu einer effektiveren Kommunikation zwischen ihnen. Ich war so sehr daran gewöhnt, meinen Kaffee auf diese bestimmte Weise zu machen, dass mein Unbewusstes übernahm, obwohl ich mir bewusst vorsagte, dass ich es anders machen wollte.

Warum ich dir das alles erzähle? Weil dieses Phänomen ausnahmslos alle Bereiche unseres Verhaltens betrifft. Wir gehen nämlich größtenteils auf Autopilot durchs Leben, ohne wirklich über das nachzudenken, was wir gerade tun. Dabei kommen auch negative Gedanken auf, weil das immer schon so war und weil deren Pfade sich durch ständige Wiederholung eingeschliffen haben. Und so nehmen wir - einmal mehr - den ausgetretenen Pfad.

Das erste Gesetz der Neuroplastizität besagt weiter, dass die Abfolge und das Timing der Spitzen (in der neuronalen Kommunikation) Größe und Stärke der Verbindung bestimmen, ob sie nun verstärkt oder geschwächt werden. Ich habe meinen Kaffee immer so gemacht, in dieser speziellen Abfolge, und das gut zwölf Jahre lang: zwölf Jahre, in denen ich die Tasse mit warmer Milch füllte, bevor ich den Espresso dazugab. Dieser Vorgang ist ein gut eingeschliffener neuronaler Pfad. Er läuft ab, ohne dass ich darüber nachdenken muss. Was auch auf die negativen Geschichten zutrifft, die du dir schon seit Jahren über dich selbst erzählst.

Ich sage dir das, weil ich möchte, dass du Mitgefühl mit dir selbst hast. Wir werden das gemeinsam ändern, aber zuerst möchte ich, dass du verstehst, warum dein Gehirn tut, was es tut. Wir müssen es umprogrammieren und die Software updaten, damit du aufhören kannst, auf eine bestimmte Weise mit dir selbst zu reden. Damit du nicht mehr ständig negative Schlussfolgerungen ziehst. Damit du aufhörst, in allem, was du tust, nur das Negative zu sehen. Damit du dich nicht mehr nur auf das konzentrierst, was du *nicht* geschafft hast. Ich möchte, dass du erkennst, was auf diesem Weg des Wandels alles noch vor dir liegt. Das Problem mit Veränderungen ist, dass es schwierig ist, auf den Prozess zu vertrauen, weil du ja nicht weißt, ob es funktionieren wird. Ich weiß das mittlerweile, und aus ebendiesem Grund gibt es Leute wie mich, die dich mit wissenschaftlich untermauerten Ratschlägen begleiten. Wenn du also dem Prozess noch nicht so ganz traust, dann - so hoffe ich - vertraust du ja vielleicht mir und diesem Buch, auch wenn du befürchtest, dass du keine Fortschritte machen wirst.

Die Information, die du brauchst, damit der Groschen fällt

Kennst du das vielleicht? Du machst dich selbst ununterbrochen runter, weil du hoffst, dass es so zu einer Veränderung kommt. Das klassische Beispiel dafür ist, dass du dir Vorwürfe machst, nachdem du einen Schokokeks gegessen hast. Oder du wirfst dir alle möglichen Fehler vor, die du irgendwann mal gemacht hast, und hoffst, dass du dich dadurch änderst. Nur dass wir Menschen nicht durch Hiobsbotschaften lernen (außer sie sind so gravierend, dass eine starke Emotion uns zur Veränderung treibt: Angst). Zum Beispiel wenn man dir sagen würde, dass dein nächster Schokokeks dein Ende sein wird.

Wir wollen nur Dinge hören und sehen, die in unser aktuelles Glaubenssystem passen. Wir nehmen nur jene Informationen auf, die wir hören wollen, und ignorieren den Rest. Wenn ein Freund dir sagt, dass dein Auto zum Klimawandel beiträgt, dann ist es unwahrscheinlich, dass du es auf der Stelle gegen ein umweltfreundlicheres Modell eintauschst. Wenn du Raucher bist: Haben dich die Schreckensbilder auf der Schachtel schon jemals vom

Rauchen abgehalten? Wir sind recht gut darin, Informationen auszublenden, die nicht in unser Glaubenssystem passen oder uns ein schlechtes Gefühl geben. Vielleicht zweifeln wir manchmal, aber gewöhnlich tun wir das eher, weil wir selbst das eine oder andere hinterfragen, und nicht, weil jemand anders uns auf die Nebenwirkungen hinweist. Wenn du also ständig auf dir herumhackst, löst das keinerlei Wandel aus. Wenn du dir sagst, dass du nicht gut genug bist, fühlst du dich kein bisschen besser. Dich als fett zu beschimpfen, wenn du Schokokekse isst, verhindert nicht, dass du später wieder in die Tüte greifst.

Wissenschaftliche Untersuchungen zur Motivation von Verhaltensänderungen zeigen, dass wir Menschen Warnungen eher ignorieren, auf positive Verstärkung hingegen gut reagieren.[28] So untersuchte man beispielsweise, wie sich Anleger in der Zeit von 2006 bis 2008 verhielten.[29] Man stellte fest, dass sie häufiger in ihr Depot schauten, wenn die Kurse hoch waren. Befanden die Aktienindizes sich im Sinkflug, loggten sich weniger Anleger in ihre Konten ein. Sie steckten ihre Köpfe lieber in den Sand, weil sie die negative Erfahrung scheuten, die ein Blick auf ihre sinkenden Depotwerte ihnen bescheren würde. Erst als der Markt 2008 vollkommen zusammenbrach, sahen die Leute panisch immer wieder in ihr Depot.

Das sagt uns: Wenn die Situation nicht wirklich sehr, sehr ernst ist, dann reagieren wir nicht auf negative Informationen. Und sie lösen in uns auch nicht den Wunsch nach Veränderung aus. Daher steckst du schon so lange in diesem Zyklus fest. Wir sind auf diese Negativitätsverzerrung hin programmiert. Daher sehen wir das Negative eher als das Positive. Gleichzeitig aber können wir das nicht als Motivation für eine Verhaltensänderung nutzen.

Die Gedanken umformulieren:
Wie du dein Narrativ änderst (Reframing)

Ich bin nicht gut genug.	→	Ich kann lernen und mich anpassen.
Mein Trauma bestimmt meine Identität.	→	Ich werde wieder heil.
Mir gefällt nicht, wie ich aussehe.	→	Dieser Körper ist meine Heimat.
Ich habe keine Energie.	→	Ich muss mich ausruhen.
Ich bin einsam.	→	Ich kann in die Natur eintauchen.
Ich kann nicht.	→	Ich kann.
Niemand mag mich.	→	Ich mag mich selbst.
Ich bin gelangweilt.	→	Es gibt so viel zu lernen.

Dankbarkeit

Wie wir bereits gesehen haben, hat das Gehirn mit seiner unglaublichen Plastizität die Fähigkeit, sich neu zu organisieren und anzupassen, indem es neue neuronale Verbindungen anlegt und bereits existierende verändert. Aus neurowissenschaftlicher Sicht hat Dankbarkeit den Vorteil, dass sie verschiedene Gehirnregionen und Botenstoffe (Neurotransmitter) aktiviert. Sie lassen dich Dankbarkeit gegenüber dem Leben fühlen und ausdrücken, wenn es dir Zitronen auftischt. Natürlich ist Dankbarkeit an sich eine gute Fähigkeit, doch das Tolle daran ist: Je öfter du sie praktizierst, desto mehr verstärkt sie positive Gedanken, Emotionen und Verhaltensweisen. Sie schafft quasi eine positive Rückkopplungsschleife.

Diese Feedbackschleife verstärkt sich, wenn du Dankbarkeit zur regelmäßigen Übung machst. Mit der Zeit wird dein Gehirn sich so verschalten, dass es von Haus aus eine positive Sichtweise pflegt. Damit fällt es dir leichter, all das Gute in deinem Leben zu sehen. Dankbarkeit wird zur natürlichen, ja gewohnheitsmäßigen Reaktion, die zu einem erfüllenderen und zufriedeneren Leben führt.

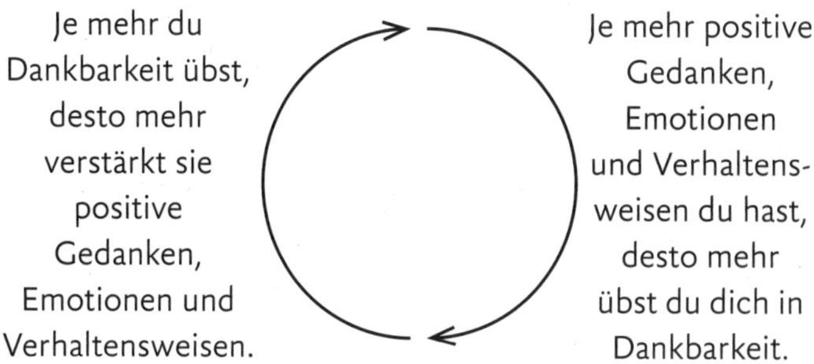

Abb. 8: Feedbackschleifen

Drei Wege zur Dankbarkeit

Das Dankbarkeits-Tagebuch

Nimm dir jeden Tag ein paar Minuten Zeit, um alles aufzuschreiben, wofür du dankbar bist. Das können mehr oder weniger alltägliche beziehungsweise einfache Gelegenheiten sein wie ein schöner Sonnenuntergang, eine köstliche Mahlzeit, ein nettes Gespräch oder eine persönliche Leistung. Lass den Tag vor dir Revue passieren, und halte jene Augenblicke fest, die dich mit Gefühlen der Freude und der Dankbarkeit erfüllt haben.

Anderen mit Dankbarkeit begegnen

Nimm dir die Zeit, den Menschen um dich herum zu sagen, warum du ihnen dankbar bist: einer Freundin, einem Familienmitglied oder Kollegen. Sag ihnen, weshalb du sie schätzt. Eine handgeschriebene Karte, ein kurzer Telefonanruf oder ein Gespräch in der wirklichen Welt bewirken gewöhnlich viel und verstärken eure Beziehung.

Notiere dir die großen und kleinen Erfolge der Woche

Das kannst du jede Woche tun. Es gibt dafür verschiedene Gelegenheiten:

- im Dankbarkeits-Tagebuch,
- während der Meditation,
- als Spiel beim Abendessen mit der Familie,
- am Sonntag, zum Wochenabschluss,
- am Montag, zum Wochenanfang.

Neuprogrammierung kurz und bündig: Negativitätsverzerrung

- Negative Emotionen lösen im Gehirn eine stärkere Reaktion aus als positive.
- Das heißt, dass wir dazu neigen, schlechten Nachrichten mehr Aufmerksamkeit zu schenken und die guten zu übersehen.
- Zu den negativen Grundüberzeugungen im Hinblick auf die eigene Person gehören folgende:
  »Wenn ich vor einer beruflichen Herausforderung stehe, bilde ich mir ein, dass ich scheitern werde und mein Team meine Vorschläge nicht akzeptiert.«
  »Mein Schwarm liebt mich nicht um meiner selbst willen.«
  »Ich habe Angst, mir etwas Positives auszumalen und mir Hoffnungen zu machen, weil ich nicht enttäuscht werden möchte.«
  »Für mich wird nichts gut ausgehen.«
  »Ich bin nicht einzigartig.«
- Wenn wir die »kleinen Gewinne« unseres Tagesablaufs bemerken, fangen wir an, unsere Geschichte anders zu sehen. Wir entdecken, dass es bei allem Negativen doch auch viel Positives gibt.
- Der schädlichste Teil der Negativitätsverzerrung ist, dass sie die Geschichte verdreht, die wir uns über uns selbst erzählen. Sie macht sie schlechter, als sie in Wirklichkeit ist.
- Die Fähigkeit der Neuroplastizität hilft uns, unsere automatischen Reaktionen zu verändern, sodass sie weniger negativ ausfallen. So können wir uns eine schönere Geschichte über uns selbst erzählen.
- Es ist wichtig, die eigenen Gedanken umzuformulieren (Reframing).

- Dankbarkeit trägt dazu bei, dass unser Gehirn neu verschaltet wird. Dann sieht es die Dinge in einem besseren Licht und setzt Botenstoffe frei, die uns ein gutes, ja, glückliches Gefühl vermitteln.
- Sich in Dankbarkeit zu üben, ist eine selbsterfüllende Prophezeiung: Je mehr du übst, desto mehr verstärkt dies positive Gedanken. Und je mehr positive Gedanken du hast, desto dankbarer bist du.

Die Neurowissenschaft zur Macht des Glaubens

Studien zeigen, dass unsere Gedanken in unserem Gehirn Pfade legen, um unsere Überzeugungen zu verstärken und letztlich unsere Wahrnehmung zu prägen.

Die Macht deiner Gedanken

Hast du je den Spruch gehört: »Wenn du wüsstest, welche Macht deine Gedanken besitzen, dann würdest du nie wieder negativen Gedanken nachhängen«?

Lass jetzt einmal deine Vorstellungskraft spielen: Es ist ein heißer Sommertag, und du machst Limonade. Du holst dir ein paar Zitronen aus dem Kühlschrank, ihre wächserne Schale glänzt und strahlt in hellem Gelb. Du schneidest eine Frucht auf, der Saft läuft heraus. Du presst sie aus, der zitrische Duft erfüllt die Luft.

Stell dir nun vor, du würdest in eine Zitrone hineinbeißen, deine Zähne dringen in das frische Fleisch, der Saft rinnt dir übers Kinn ...

Ist dir das Wasser im Mund zusammengelaufen? Wenn ja, dann hast du soeben gedanklich eine physiologische Reaktion ausgelöst, als würdest du wirklich in eine Zitrone beißen. Das zeigt, wie wichtig unsere Gedanken sind. Wir können mit ihnen unsere physiologischen Reaktionen beeinflussen. Indem du dir also immer die gleichen negativen Geschichten über dich selbst erzählst, verstärkst du diese Pfade im Gehirn und damit auch diese negativen Überzeugungen.

Wenn ich vor Managern und Managerinnen spreche, bleibt ihnen manchmal der Mund offen stehen, sobald ich betone, wie wichtig unsere Gedanken sind. Du weißt ja, dass die meisten Menschen mit einer Hintergrundstimme im Kopf durchs Leben gehen, die ihnen eine Geschichte über sich selbst erzählt. Diese Geschichten müssen nicht negativ sein. Aber wenn sie es sind, dann belasten sie uns und verstärken unser schlechtes Selbstbild. Wir müssen also darauf achten, welche Worte wir in unserem Kopf und draußen in der Welt verwenden.

Josh ist einer meiner Klienten. Er macht immer Witze darüber, dass er nicht so viel verdient wie seine Frau. Er spöttelt, es sei nur eine Frage der Zeit, bis sie merke, was für ein Loser er sei (seine Worte, nicht meine!), und ihn verlasse. Ich erinnere ihn immer wieder daran, wie wichtig die Worte sind, die er wählt.

Unsere Worte prägen unsere Art zu denken. Und die Art, wie wir denken, prägt unser Fühlen. Wie wir fühlen, bestimmt, was wir tun. Und was wir tun, beeinflusst, was wir glauben. Die Worte, die wir verwenden, entfalten so einen Dominoeffekt. So gering ihre Wirkung zu sein scheint, wenn wir sie aussprechen, so finden sie doch ihren Weg bis tief in unser Innerstes. Wenn unsere Worte unser Denken prägen, dann können sie auch unsere Stimmung verändern. Sie verändern die neurochemischen Stoffe in unserem Gehirn, die unsere Emotionen beeinflussen. Unsere Worte sind wirkmächtig, doch wir vergessen das immer wieder ... oder wir haben uns nie klargemacht, wie wichtig sie sind.

Wenn Josh über diese Dinge Witze macht, dann verstärkt er eine innere Überzeugung, die er in seinem tiefsten Grund sicher auch glaubt; sonst würde er diese Art Scherze nicht machen. Seine Worte zeichnen den Weg seines Handelns vor, was sich in einer Form von Scham und dem fehlenden Versuch widerspiegelt, etwas an seiner Situation zu ändern. In vielerlei Hinsicht ist es einfacher, dort zu verharren, wo wir sind, denn für unser Gehirn ist dies ein Ort der Sicherheit, auch wenn es uns nicht unbedingt guttut.

Sobald ich Josh erklärt hatte, wie wichtig unsere Worte sind und wie sie sich auf unser Denken auswirken, veränderte sich sein Verhalten. Je weniger er diese negativen Narrative fortschrieb, desto mehr Selbstwertgefühl baute er auf. Unsere Worte sperren uns mitunter hinter Mauern ein. Erst wenn wir diese Verhaltensmuster durchbrechen, merken wir, dass wir so sein können, wie wir wollen, sobald wir unser selbst errichtetes Gefängnis verlassen haben.

Unsere herumschweifenden Gedanken haben ihren Ausgangspunkt gewöhnlich in unserem Inneren, ohne einen Reiz von außen. Aus Material, das der Vergangenheit, Gegenwart und erwarteten Zukunft entstammt, stricken sie einen inneren Dialog, der völlig unstrukturiert im Hintergrund abläuft, und das ständig. Diese Gedanken entstehen innerhalb eines Netzwerks von Gehirnstrukturen, das man »Default Mode Network (DMN)« oder »Ruhezustandsnetzwerk« nennt. Wie der englische Ausdruck besagt, beschreibt das DMN den *Standardmodus* unseres Denkens. In diesem Zustand lassen wir unseren Geist schweifen, sind kreativ, Gedanken blitzen auf. Wir denken über uns selbst nach. Hier wurzelt unsere Innenschau, die abläuft, wenn wir über nichts Besonderes nachdenken.

Das DMN hat mit autobiografischen Erinnerungen zu tun, mit sozialer Kognition und der Verarbeitung emotionaler Zustände. Gleichzeitig ist dieses Netzwerk auch für unsere Grübeleien verantwortlich. Studien zeigen, dass das DMN bei Menschen, die zum Grübeln neigen oder sich immer wieder in negative Selbsteinschätzungen verbohren, besonders aktiv ist.[30] Diese Hyperaktivität verengt den Blickwinkel auf ebenjenes negative Selbstbild und schreibt den Zyklus der Grübelei fort, sodass sich Unruhe und depressive Symptome immer mehr verstärken.

Aber was können wir da tun?

Metakognition

Metakognition heißt wie gesagt, dass wir unsere Denkprozesse beobachten und hinterfragen, Kontrolle über sie ausüben können. Sie ist ein starkes Instrument, um mit unseren negativen Gedanken umzugehen. Sie ermöglicht uns nämlich, unsere Denkmuster zu erkennen, zu verstehen und zu regulieren:

- *Bewusstwerdung des negativen Denkens:* Indem wir unsere negativen Gedanken erkennen, können wir effektiv mit ihnen umgehen.
- *Umformulieren (Reframing):* Wenn wir uns unserer nega-

tiven Gedanken bewusst sind, können wir sie unter die Lupe nehmen und umformulieren.

- *Denkmuster entdecken:* Metakognition hilft uns, häufig wiederkehrende negative Muster aufzudecken. Wenn wir deren Wurzeln und Auslöser verstehen, können wir uns aktiv damit auseinandersetzen und gesündere kognitive Gewohnheiten entwickeln.

Meditation und Natur

Meditation deaktiviert nachgewiesenermaßen das DMN.[31] Sie durchbricht den gewohnheitsmäßigen Zyklus negativer Gedanken und schwächt dadurch die damit verbundenen grüblerischen Pfade. Mit Meditation booten wir den voreingestellten Denkmodus neu und lenken ihn vom Negativen hin zu innerem Frieden.

Auch wenn wir Zeit in der freien Natur verbringen, wird das DMN positiv beeinflusst. Sich in der Natur aufzuhalten, fördert die Entspannung und reduziert die Hyperaktivität des Netzwerks, die ausgelöst wird, wenn wir über uns selbst nachdenken. Da Meditation und Natur das DMN positiv beeinflussen, lässt sich beides gut kombinieren, um negatives Denken auszulöschen und mentales Wohlbefinden zu erzeugen.

Wenn du mit Meditation anfängst, kommt es vor, dass du dir deines ständigen Gedankenstroms überhaupt erst richtig bewusst wirst. Das ist mitunter nicht sehr angenehm. Aber lass dich nicht aus der Ruhe bringen, denn je länger du deine Gedanken Schritt für Schritt durchgehst, umso mehr verändert sich dein Verhältnis zu ihnen.

Warum du ständig beschäftigt bist

Mit dem DMN arbeitet das Central Executive Network (CEN) zusammen, das für Gedanken über die Außenwelt sowie kognitiv anspruchsvolle Aufgaben und Problemlösungen verantwortlich ist. Das Central Executive Network ist sozusagen der Chief Executive Officer (CEO) deines Gehirns. Es überwacht den Informationsfluss, es steuert die Aufmerksamkeit ebenso wie die Entscheidungsfindung. Letztlich geht es darum, wo unsere Aufmerksamkeit bewusst eingesetzt wird.

Diese beiden Netzwerke arbeiten zusammen. Wenn eines aktiv ist, fährt das andere seine Aktivität herunter. Bist du mit einer Aufgabe beschäftigt, die deine volle Konzentration erfordert, dann ist das CEN dominant und das DMN macht Pause. Und dies ist auch ganz logisch, wenn man sich das mal überlegt. Du würdest ja schließlich auch nicht über peinliche Erfahrungen aus deiner Teenagerzeit nachdenken, wenn du eine E-Mail an deine Chefin schreibst. Hoffe ich zumindest.

Am besten stellst du dir die beiden vor wie eine Wippe.[32] Wenn das eine aktiv ist, ist das andere in der Ruhephase. Das Gehirn schaltet in der Verarbeitung innerer und äußerer Gegebenheiten ständig hin und her. Das ist einer der Gründe, weshalb sich Menschen, die zur Rumination und zu negativen Selbstgesprächen neigen, gern beschäftigt halten. Die meisten glauben, sie seien halt Workaholics, aber sie wollen einfach nur ihrem inneren Dialog entkommen.

Dabei müssen wir uns klarmachen, dass das Bild der Wippe nur sehr allgemein zu verstehen ist. Es gibt durchaus Momente, in denen die beiden Netzwerke zusammen aktiv sind. Gerade beim kreativen Denken arbeitet einerseits das CEN, weil es ja eine Aufgabe lösen möchte, andererseits ist auch das DMN aktiv, weil wir beim kreativen Denken unseren Ideen freien Lauf lassen. Auch für eine effektive und kreative Problemlösung ist es häufig nötig, zwischen den beiden Netzwerken hin und her zu wechseln. Die beiden sind in gewisser Weise getrennt, andererseits überschneiden sich ihre Aufgaben, und sie arbeiten zusammen.

Das dritte große Network ist das Salienz-Netzwerk (SN), das zwischen CEN und DMN wechselt (lat. *salire* [springen]). Es regelt die Salienz, das heißt, es taxiert, wie bedeutsam Reize aus der Umwelt sind. Aufgrund dieser Gewichtung äußerer und innerer Reize wird dann zwischen den beiden anderen Netzwerken hin und her geschaltet.

Ein Beispiel: Du sitzt an deinem Computer und hörst ein lautes Geräusch. In diesem Moment lenkt das SN deine Aufmerksamkeit auf dieses Geräusch. Unterhältst du dich hingegen mit einer Freundin, rückt das SN sie in den Mittelpunkt deiner Aufmerksamkeit. Doch das SN kann die Aufmerksamkeit ebenso auf grüblerische Gedanken und die damit verbundenen Emotionen lenken. Dann fördert es die Konzentration auf negative Denkmuster. Im Zusammenspiel mit unserem negativen Gedankenkarussell heißt das: erhöhte Konzentration auf unsere negative Selbstwahrnehmung und Verstärkung unserer kreisenden grüblerischen Gedanken.

Ist das SN dysreguliert, drehen wir noch mehr Runden auf dem Gedankenkarussell, weil es den negativen Dialog im Kopf in den Mittelpunkt der Aufmerksamkeit rückt. Bei Depressionen und Angststörungen ist das SN übermäßig aktiv, weil ihm dadurch negative emotionale Reize zugeführt werden, die das Grübeln weiter verstärken.

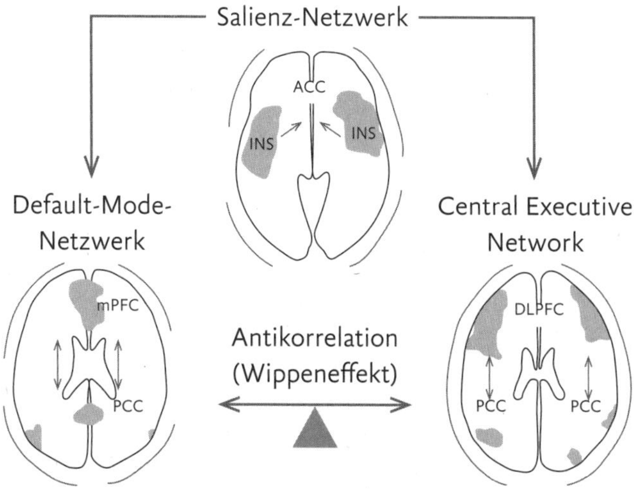

Beteiligte Gehirnregionen
ACC: anteriorer cingulärer Kortex (Cortex)
INS: insulärer Kortex
mPFC: medialer präfrontaler Kortex
PCC: posteriorer cingulärer Kortex
DLPFC: dorsolateraler präfrontaler Kortex
PCC: posteriorer Parietalkortex

Abb. 9: Das Salienz-Netzwerk

Die Lösung?

Nun, beim DMN ist es so, dass Gedanken quasi auf Autopilot laufen. Üblicherweise sind sie bedeutungslos, unstrukturiert und frei fließend, ohne Anfang oder Ende. Aber wir können unsere Gedanken in einen besser strukturierten Fluss bringen. Stellen wir uns mal vor, dein innerer Dialog nimmt folgende Motive negativer Selbstwahrnehmung auf:

- »Ich bin nicht gut genug.«
- »Ich kann das nicht.«
- »Niemand mag mich.«
- »Ich kann nichts richtig machen.«
- »Es ist immer mein Fehler.«
- »Ich mache mich viel zu wichtig.«

Der Mensch hat ja die Fähigkeit, dem Fluss seiner Gedanken eine sinnvollere Richtung zu geben. Wir können sie in bestimmte Bahnen lenken, um uns aus unseren Grübeleien zu lösen, sodass sie weniger Aufmerksamkeit beanspruchen.

Häufig rotiert das Gedankenkarussell im Hintergrund beständig um seine eigene Achse, einfach weil das Gehirn das so gewohnt ist. Wie gesagt: Das Gehirn neigt nun mal automatisch zu dem, was es am besten kennt, selbst wenn das unfruchtbare Grübeleien sind. Wenn wir unsere Gedanken umdirigieren, sie anders formulieren, dann können wir im Gehirn neue Pfade anlegen und das neuronale Muster unseres Denkkarussells langsam abbauen. Schließlich werden deine automatischen Gedanken ganz anders aussehen:

- *Schritt 1:* Metakognition erlaubt uns, uns dieser Gedanken gewahr zu werden und sie zu beobachten.
- *Schritt 2:* Wenn wir verstehen, dass negative emotionale Reize einen größeren Einfluss auf uns ausüben, erhalten wir unsere Autonomie zurück und fühlen uns bestärkt.
- *Schritt 3:* Tagebuchschreiben oder Gespräche mit Freunden helfen dir, deine Gedanken in konstruktivere Bahnen zu lenken. Einmal mehr zeigt sich, dass es hilfreich ist, um deine Gedanken herum ein neues Narrativ zu spinnen. Dann erhalten sie eine neue Struktur, statt wie bisher ohne Punkt und Komma weiterzulaufen.

Mittlerweile mehren sich die Belege dafür, dass destruktive Gedanken deutlich weniger Raum in unserer Erinnerung beanspruchen, wenn wir sie beruhigen und uns vom negativen Karussell im eigenen Kopf ablenken. Sie verlieren an Kraft und stiften weniger innere Unruhe.

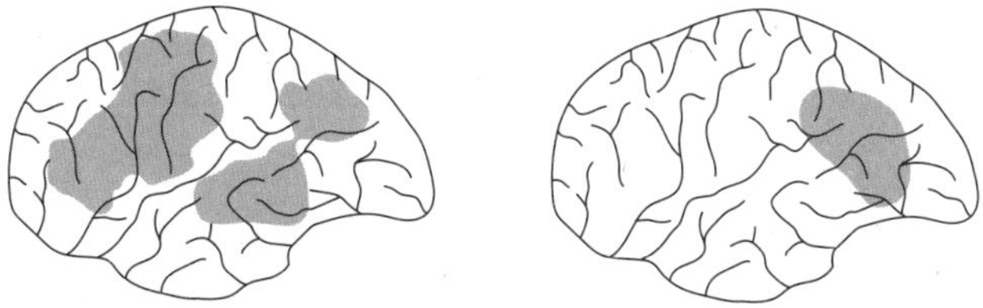

Abb. 10: Die beteiligten Gehirnareale

Abbildung 10 zeigt dir, dass viele Gehirnareale beteiligt sind, wenn wir uns bestimmte Worte ins Gedächtnis rufen. Stellen wir sie jedoch in einen sinnvolleren Zusammenhang als bisher, für den wir die Worte vielleicht erst finden müssen, wird der frontale Kortex aktiv.

Wie bereits gesagt, ist der frontale Kortex für das logische Denken verantwortlich. Logisches Denken spricht den vernunftgebundenen Teil des Gehirns an, im Gegensatz zum limbischen System, das für unsere Emotionen zuständig ist. Auch wenn wir Worte aussprechen, müssen wir auf andere Gehirnareale zugreifen, was wiederum heißt, dass unsere Worte nicht frei auf dem Karussell reiten und uns verwirren können. Sie sind schlüssiger und zielgerichteter.

Lass mich dir zeigen, wie du deinen Mitmenschen eine bessere Geschichte über dich selbst erzählen kannst als bisher. Was wir uns selbst und anderen über die eigene Person mitteilen, kann uns drastisch einschränken. Daher solltest du dein Narrativ so umschreiben, dass du dein Potenzial voll ausleben kannst.

Unsere Gedanken sind unglaublich mächtig. Sie prägen, was wir tun, wie wir uns verhalten und wie wir mit uns selbst umgehen. Unsere Selbstwahrnehmung hängt direkt mit unserer Selbstdarstellung zusammen, folglich auch damit, wie andere Menschen uns sehen. Durch ständige Selbstkritik schränken wir uns zum einen selbst ein. Andererseits vermitteln wir anderen Menschen auf diese Weise auch ein negatives Bild von uns. Doch wir alle verdienen ein Leben, in dem wir kompromisslos wir selbst und stolz auf uns sein können. Ich möchte, dass du herauskommst aus der dunklen Kammer in deinem Kopf und anfängst, die Welt zu erkunden. Wenn wir uns ständig Gedanken über unser Erscheinungsbild machen, darüber, wie wir wahrgenommen werden oder angeblich sind, verlieren wir die Fähigkeit, die Welt um uns herum zu sehen und unserem Geist Flügel wachsen zu lassen.

Einer der spannendsten Beiträge zur Erforschung der Macht unserer Gedanken ist das Piano-Experiment von Dr. Alvaro Pascual-Leone.[33] Bei dieser Studie teilte man die Versuchspersonen in drei Gruppen ein: eine Kontrollgruppe und zwei weitere Gruppen, die ein bestimmtes Klavierstück einstudieren sollten. Die eine Gruppe übte dabei real an einem Klavier, die andere aber nur *in der Vorstellung.* Bei beiden Gruppen zeigte sich eine ähnliche Plastizität im Gehirn. Dies belegt einmal mehr, wie das Gehirn Veränderungen bewirken kann, indem es lediglich über etwas nachdenkt. Die Gruppe, die nur mental übte, hatte ebenfalls neue neuronale Pfade ausgebildet - nur durch Denken.

Das Problem an den Geschichten, die du über dich selbst erzählst, ist also, dass sie nicht bloß Worte in deinem Kopf sind. Sie diktieren einen Großteil deines Lebens und wirken sich auf alles aus, was du tust. Frag dich deshalb:

- Welche Narrative erzählst du dir immer wieder, obwohl sie dich davon abhalten, die beste Version deiner selbst zu sein?
- Welche gedanklichen Gefängnismauern hast du errichtet, innerhalb deren du jetzt dein Leben führst?

Wie du mit dir selbst sprichst, beeinflusst:

deine Zukunft
deinen Alltag
deine Wahrheit
deine Stimmung
deinen Selbstwert
deine Außenwirkung
deine Gewohnheiten
deine Körpersprache
die Art deiner Kleidung
den Einfluss auf deine Mitmenschen
deinen Eindruck von deinen Freunden
und deiner Familie

Das Milchshake-Experiment

Im Jahr 2011 führte Alia Crum, Professorin für Psychologie an der Stanford University, ein faszinierendes Experiment durch, bei dem innere Einstellungen und Überzeugungen untersucht wurden.[34] Sie teilte ihre Versuchspersonen in zwei Gruppen. Die eine erhielt einen Schoko-Milchshake plus ein Informationsblatt mit Nährwertangaben. Darin hieß es unter anderem, dass der Milchshake ebenso üppig wie genussreich sei und 620 Kalorien enthalte. Den Leuten in der zweiten Gruppe hingegen sagte man, dass sie einen Milchshake mit nur 140 Kalorien konsumierten, den man ohne Reue genießen durfte.

Die Nährwertangaben waren geschickt gestaltet. Die eine Gruppe glaubte, sie nehme einen extrem kalorienhaltigen Drink zu sich, die andere ging davon aus, dass ihr Milchshake zucker- und fettfrei sei. In beiden Gruppen war zu beobachten, dass die Nährwertangaben die physiologische Reaktion auf das Getränk änderten, und zwar bis hin zur Hormonausschüttung. Das heißt, dass die physiologische Reaktion sich je nach Überzeugung wandelte.

Bei der Gruppe, die davon ausging, einen kalorienreichen Shake zu trinken, fand sich eineinhalb Stunden nach dem Verzehr weniger Ghrelin im Körper. Ghrelin ist ein Hormon, das dem Gehirn signalisiert, ob du Hunger hast oder nicht. Der Ghrelinspiegel steigt, wenn du eine Zeit lang nichts gegessen hast. Das ist ein Hinweis darauf, dass du bald einen Imbiss nehmen solltest. Dieser Spiegel sinkt, wenn du ordentlich gegessen hast, und sagt dem Körper, dass du satt bist und er mit der Verdauung anfangen kann. Weniger Ghrelin im Körper heißt also, dass die Probanden aus der Kalorienbombengruppe satt waren beziehungsweise weniger Hunger verspürten. Die Probanden, die angeblich einen kalorienarmen Drink bekommen hatten, wiesen dagegen eineinhalb Stunden nach dem Verzehr einen höheren Ghrelinspiegel auf. Das zeigt ganz klar: Ihre Einschätzung des Kaloriengehalts beeinflusste, wie schnell sie nach dem Konsum des Shakes wieder Hunger verspürten.

Ich glaube, du weißt, was ich dir als Nächstes verraten werde ... ja, genau. Natürlich hatten beide Shakes exakt gleich viele Kalorien, nämlich 380.

Wahrnehmung und Glaube beeinflussen, wie wir die Welt um uns herum erleben

Den Teilnehmern an einer Studie wurde per Hypnose eingeredet, ihr Zeigefinger sei fünfmal kleiner als in Wirklichkeit.[35] Dann wurde ihnen suggeriert, dass der Zeigefinger fünfmal größer sei. In beiden Fällen stachen die Versuchsleiter die Probanden nach der Hypnose je zweimal in den Zeigefinger. Wenn die Versuchspersonen dachten, ihr Zeigefinger sei größer, empfanden sie die Stiche weiter außen und nicht an der Stelle, wo sie gestochen wurden. Glaubten sie aber, ihr Zeigefinger sei kleiner, konnten sie die Stellen, an denen sie gestochen wurden, nicht unterscheiden. Ihre Fähigkeit, die Einstiche jeweils korrekt zu lokalisieren, verschlechterte sich mit der Wahrnehmung ihrer Hand.

Unser Glaube kann unsere Wahrnehmung und Interpretation der Welt um uns herum verändern.

Ich hoffe, dies zeigt dir, dass du Macht über deine Gedanken hast. Alles, was du bis jetzt ständig wiederholt hast, ist vielleicht nur ein zufälliges Stolpern durch deine kindlichen Programmierungen oder die äußeren Einflüsse. Die Folge davon war, dass du eine Reihe von Überzeugungen verinnerlicht hast, die nicht unbedingt das sind, was du wirklich glaubst oder für dich wünschst. Deine Überzeugungen können die Wahrnehmung und Interpretation der Welt um dich herum verändern. Auf dem Weg durch dieses Buch wirst du lernen, dir eine bessere Wirklichkeit zu schaffen. Wir werden dein Narrativ neu verschalten.

Neuprogrammierung kurz und bündig: Die Macht deiner Gedanken

- Gedanken legen neue Pfade in deinem Gehirn. Das kann deine Überzeugungen über dich selbst stärken oder schwächen.
- Wenn du dir ständig eine negative Geschichte über dich selbst erzählst, verstärkst du diese Überzeugungen.
- Um das zu verändern, können wir uns die Metakognition zunutze machen: die Fähigkeit, über unsere Gedanken nachzudenken und sie zu beobachten.
- Auf diese Weise lernen wir, unsere Gedanken umzuformulieren.
- Gedanken nehmen viel Raum in unserem Geist ein. Worte zu formulieren, ist mühsamer, weil uns dazu nur ein kleiner Teil unseres Gehirns zur Verfügung steht.
- Aus diesem Grund ist das Tagebuchschreiben so ein sinnvolles Instrument, um die emotionale Ladung von Gedanken und Überzeugungen abzubauen.
- Wie du mit dir selbst sprichst, beeinflusst deine Stimmung, deine Gewohnheiten, deine Körpersprache und dein Auftreten in der Welt.
- Du kannst das ändern: Es mag um ein mittlerweile eingeschliffenes erlerntes Verhalten gehen. Aber wir wissen ja, dass wir mithilfe der Neuroplastizität Kommunikationswege im Gehirn verändern und damit diese Denkmuster auflösen können.

Der Tod durch tausend kleine Schnitte: die sich einschleichende Normalität

Eine Veränderung zum Negativen, die akzeptiert wird, weil sie so langsam vor sich geht, dass man sie nicht bemerkt

Die sich einschleichende Normalität

Ich möchte hier auf etwas hinweisen, über das meiner Ansicht nach viel zu wenig gesprochen wird: Es geht um die sich einschleichende Normalität und um Mikrotraumata. Ich habe in meinem Leben viele Menschen kennengelernt, die etwas sagen wie »So übel war meine Kindheit gar nicht; ich habe eigentlich gar keinen Grund, mich so schlecht zu fühlen«. Dabei sind sie in einer Familie aufgewachsen, in der ihre emotional unreifen Eltern ständig miteinander gestritten haben, in der ihre Gefühle nie berücksichtigt wurden und in der sie nur Zurückweisung erfahren haben - ausgerechnet von jenen Menschen, deren vordringliche Aufgabe es war, sie zu beschützen.

Mikrotraumata sind Ereignisse, die auf den ersten Blick relativ unbedeutend wirken und deshalb vielfach ignoriert oder verdrängt werden. Doch mit der Zeit akkumulieren sich solche Erfahrungen und können uns durchaus negativ beeinflussen. Das kann zum Beispiel vorkommen, wenn jemand dich ständig kritisiert oder abfällige Bemerkungen über dein Äußeres macht.

Das Problem mit diesen Mikrotraumata ist, dass der einzelne Seitenhieb nie so schlimm zu sein scheint, dass du glaubst, dich dagegen wehren zu müssen. Diese oft subliminal verletzenden Muster bleiben lange Zeit unbemerkt, aber sie wirken sich nachhaltig auf unser Selbstwertgefühl, unsere Ängste und unsere Stressreaktionen aus. Wenn wir den Begriff »Trauma« hören, dann denken wir normalerweise an ein schreckliches Erlebnis, zum Beispiel eine Gewalttat, die unser Leben für immer verändert. Aber ein psychisches Trauma kann auch von vielen kleinen, scheinbar harmlosen Nadelstichen verursacht werden. Wenn diese sich wiederholen, verstärkt sich ihre Wirkung dadurch weiter. Sie beeinflussen unser Wohlbefinden und unsere Art zu denken. Und sie machen uns anfällig für psychische Krankheiten, schwach ausgeprägtes Selbstwertgefühl und ungesunde Bewältigungsstrategien.

Du musst also gar nicht *das* Supertrauma erlebt haben. Du musst nicht aus einer völlig zerrütteten Familie kommen. Manchmal ist es auch nur die empfundene Ablehnung durch deine stets abwesenden Eltern, die dir das Gefühl geben, ständig um dein Überleben kämpfen zu müssen, einfach weil niemand dir ein Gefühl der Sicherheit vermittelt hat. Oder du leidest darunter, dass deine Eltern immer streiten, selbst wenn sie dabei nicht laut werden. Vielleicht ist es ja auch ein dauerhaftes Gefühl, nicht zu genügen, wenn man dich zu deinem Nachteil ständig mit deinen Geschwistern vergleicht.

Ich hatte eine Freundin namens Samantha, die aus einer Arbeiterfamilie stammte. Ihre Eltern liebten sich sehr, sie stritten so gut wie nie und waren immer glücklich. Sie waren nicht wohlhabend, aber es reichte, um einmal im Jahr in Urlaub zu fahren. Sie mussten nur eine niedrige Hypothek abbezahlen, weil ihre Eltern von Kindesbeinen an gelernt hatten, mit Geld umzugehen. Aber Samantha hatte eine Schwester namens Martha. Martha war immer besser in der Schule als sie. Samantha hatte das Gefühl, mit Martha im Wettbewerb zu stehen, weil ihre Eltern die beiden Mädchen dauernd verglichen. Außerdem steckten die Eltern sie ständig in Schubladen. Sie sagten zum Beispiel: »Samantha wird bestimmt einmal Tänzerin. Sie ist so athletisch. Aber Martha ist die Klügere. Sie wird bestimmt einmal studieren.«

Samantha war eine gute Tänzerin, aber auch sie wollte

an die Universität und Architektur studieren. Sie hatte immer das Gefühl, man erwarte von ihr, dass sie Tänzerin wurde, auch wenn sie das lieber als Hobby betrieben hätte. All diese Vorstellungen darüber, wer sie war, wurden ihr schon von klein an eingeimpft. Dabei war ihre Familie durchaus nicht »böswillig«. Ihnen war auch nicht bewusst, dass sie mit solchen Aussagen Samanthas Zukunft prägten. Aber sie sprachen sie immer wieder aufs Tanzen an, und wenn Samantha sich dagegen zur Wehr setzen wollte, hörte man ihr nicht zu. Sie wollten unbedingt eine Ballerina in der Familie haben, sodass sie sich gar nicht mehr die Frage stellten, ob Samantha damit glücklich sein würde. Dementsprechend baute Samantha ihr Leben um die Überzeugung herum auf, dass sie nicht gut genug für etwas anderes war. Dass sie nicht klug genug war, um zu studieren, und dass sie »nur« als Tänzerin etwas taugte. Das nahm ihr viel von ihrem Selbstvertrauen und ihrer Unabhängigkeit. Sie fühlte sich zu etwas gezwungen, was sie nicht wollte, und am Ende saß sie in diesem Bilderkorsett fest.

Ich hatte auch andere Klienten mit ähnlichen Problemen. Eine von ihnen bekam von ihrer Mutter ständig zu hören, dass sie nicht gut in der Schule und nicht besonders klug sei. Sie wurde Hausfrau und Mutter. Sie hatte sogar Angst, an meiner Gruppentherapie teilzunehmen, weil sie fürchtete, dass es eine Art Abschlussprüfung gebe und sie sich an nichts mehr erinnern würde. Schlimmer noch: Sie argwöhnte, ob die anderen Teilnehmer »besser« sein könnten als sie, obwohl das Programm überhaupt nicht auf Lernfortschritte oder Leistungsnachweise angelegt war. Meine Klientin war glücklich verheiratet und hatte mehrere Kinder. Sie liebte ihr Leben, hatte aber immer das Gefühl, dass sie zu mehr nicht fähig sei.

Glücklicherweise regte sie das nicht sonderlich auf, aber es ist doch verrückt zu denken, dass ihr Leben auf einem Kurs blieb, zu dem ihre Mutter bewusst oder unbewusst das Ziel vorgegeben hatte. Wie oft hast du das schon gemacht? Einen Weg eingeschlagen, weil du unbewusst bestimmte Vorstellungen von dir hattest?

Ein anderes Beispiel von wiederholtem Verhalten, das unser Selbstbewusstsein unterminiert und uns im Überlebenskampf einfriert, sind emotionale Herabsetzungen vonseiten des Partners oder der Partnerin. Es geht vielleicht nicht um körperliche Misshandlung, daher bleibt solch ein Verhalten oft unter dem Radar. Es ist nie so schlimm, dass du wirklich etwas unternehmen müsstest, aber dein Partner sagt fiese Sachen zu dir oder über dein Äußeres, sodass du dich klein fühlst. Oder er akzeptiert deine Gefühle nicht, indem er dir vorwirft, dass du überreagierst. Dabei fühlst du dich schwach und verlierst an Selbstbewusstsein.

Auf die Dauer kann herabsetzendes Verhalten seitens des Partners deine Fähigkeit zu einer gesunden Beziehung voller Vertrauen arg verschlechtern.

Manchmal ist dieses Verhalten so subtil, dass du dich fragst, ob du dir das Ganze nicht einbildest. Denn diese problematischen Erfahrungen sind nie so gravierend, dass sie gefährlich wirken. Aber das Ganze sickert langsam ein, wie bei einem Venenzugang, über den Gift in dein System fließt. Und eh du dich's versiehst, hat es dein Gehirn erreicht.

Wenn ein derartiges Verhalten sich einschleicht und zur Normalität wird, dann glaubst du, was dir gesagt wird.

Diese Veränderung geht so langsam vor sich, dass du sie nicht als negativ erlebst. Deine Sicht aufs Leben ändert sich allmählich, ohne dass du merkst, wie du selbst dich verändert hast. Ein winziger Schnitt tut nicht allzu weh. Eintausend winzige Schnitte können dein Tod sein.

Wenn dir das bekannt vorkommt, hast du vielleicht eine Menge Überzeugungen mitbekommen und sie in dein Narrativ eingebaut, obwohl sie nicht zu dem passen, wer du bist, wer du sein möchtest oder wer du deiner Ansicht nach sein könntest. Du hast dieses Narrativ aufgrund frühkindlicher Erfahrungen gesponnen, die sich auf deinen Lebenslauf ausgewirkt haben, weil sie ein bestimmtes Selbstbild durch Wiederholung verstärkt haben. Vielleicht hast du diese Erzählung auf das gegründet, was andere Menschen früher über dich gesagt haben. Auf Lügen, Beleidigungen und Scham. Aber das bist nicht du.

Die Story, die du über dich selbst spinnst,
wurde von anderen Menschen vorkonstelliert,
aber entspricht sie dir wirklich?
Wer willst du denn sein?

Überleg dir nur mal: Wir können sein, wer wir sein wollen, wenn wir uns von den automatischen Verhaltensweisen lösen, die unsere Lebensgeschichte uns aufnötigt. Glücklicherweise liegt - tief in den Falten des zerebralen Kortex verborgen, zwischen dem Temporal- und dem Frontallappen - eine erbsengroße Struktur namens Insula (Inselrinde), die für bewusste Wünsche zuständig ist. Ein winziger Teil des Gehirns, und doch kann er eine ganze Kaskade von Emotionen freisetzen, die in uns verschiedene Reaktionen auslösen kann: den Wunsch, sich aufzuraffen und das eigene Leben zu ändern, oder den Herzschmerz, während du es selbst zerstörst. Du bist hier, weil du den Wunsch hast, etwas an dem Narrativ zu ändern, das du dir über dich selbst erzählst. Du willst deinen Geist verändern und die Erzählung neu gestalten, damit du die Person sein kannst, die du letztendlich sein möchtest.

Woher aber kommt dieser Wunsch? Welche Schwelle muss überschritten werden, damit die Insula dich dazu kriegt, dein Leben ändern zu wollen? Ich kann dir das nicht sagen, und ich vermute, dass niemand das kann. Ein einzelner Sinnesreiz, der eine ganze Flut von Reaktionen nach sich zieht? Ein Song? Ein Film? Oder nur das allgemeine Chaos, das wir als Wahrscheinlichkeit kennen? Wenn du religiös bist, schreibst du diesen Impuls vielleicht Gott zu. Was auch immer, ich hoffe, es inspiriert dich, der Mensch zu werden, der du werden möchtest. Dieses Buch und die dahinterstehenden wissenschaftlichen Erkenntnisse werden dir helfen, deine neuen Narrative im Gehirn zu verankern. Dann kannst du dir selbst und der Welt eine bessere Geschichte erzählen.

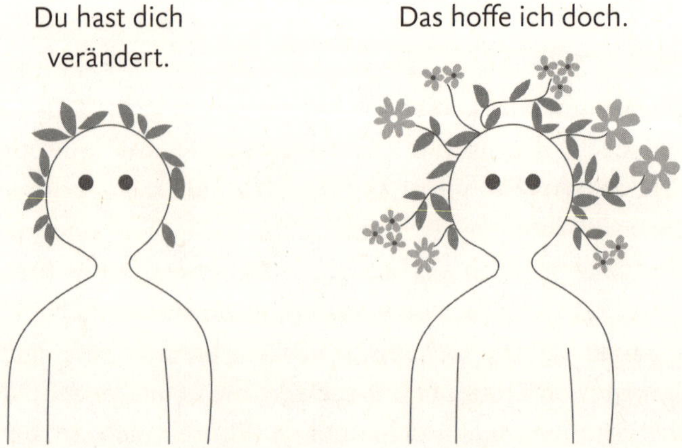

Abb. 11: Ein neues Narrativ

Was du über die Jahre als Normalität akzeptiert hast

»Ich bin träge.«
»Ich bin schüchtern.«
»Ich kann das nicht.«
»Ich bin nicht liebenswert.«
»Ich bin nicht gut genug, um …«

Wir müssen diese Narrative auf den Prüfstand stellen, indem wir uns unsere Werte bewusst machen. Das, was wir wirklich über uns glauben.

Übung: Was du tun kannst

Was sind deine grundlegenden Werte? (Beispiele: Tapferkeit, Spaß, Großzügigkeit, Integrität, Loyalität, Kreativität, Neugier, Optimismus und so weiter.)

Wie definierst du die »ideale Person«?

Was hast du mit dieser Person gemeinsam?

Vertritt diese Person die gleichen grundlegenden Werte wie du?

Was sind die größten Unterschiede zwischen euch?

Nun, die Sache ist die: Wenn Leute diese Übung machen, stellen sie meistens fest, dass die Person, die sie als ihr Ideal beschreiben, ebender Mensch ist, der sie gern wären - oder sogar schon sind. Dann macht es klick, und sie merken, dass sie ihre Werte bereits mehr vertreten, als sie dachten.

Du hast dieses programmierte Leben geführt, weil du dachtest, es müsse so sein. Schließlich wurde dir das von anderer Seite immer wieder eingetrichtert. Was wäre, wenn du dich von diesen Überzeugungen lösen würdest? Wenn du ein Leben führen könntest, das mit dem übereinstimmt, was du in Wirklichkeit bist und sein willst?

Vergiss, was die anderen gesagt haben. Vergiss die Unwahrheiten, die du in deinem Kopf weitergesponnen hast. Wer bist du ganz für dich selbst? Wer willst du sein?

Du kannst dich selbst neu erschaffen, wenn du das möchtest. Sein, wer immer du sein willst.

Neuprogrammierung kurz und bündig: Die sich einschleichende Normalität

- Mit »sich einschleichender Normalität« sind die winzigen Veränderungen zum Negativen gemeint, die wir akzeptieren, weil sie sich so langsam vollziehen, dass wir sie meist gar nicht bemerken.
- Manchmal machen wir Erfahrungen, die uns im Augenblick unbedeutend erscheinen, weshalb wir uns nicht groß um sie kümmern.
- Mit der Zeit aber häufen sich diese Dinge. Damit wächst auch ihr Potenzial, uns negativ zu beeinflussen.
- Mitunter geht so etwas auch von einem Menschen aus, der uns ständig kritisiert oder regelmäßig herabsetzende Bemerkungen über unser Aussehen macht.
- Diese subtilen Erlebnisse werden manchmal zu einzelnen Aspekten unseres Selbstbilds. Und schon fangen wir an zu glauben, dass wir schüchtern sind, faul oder nicht gut genug.
- Mach dir deine grundlegenden Werte bewusst, um herauszufinden, wer du wirklich bist.

Dein Gehirn liegt gern richtig, aber es hat einen Bestätigungsfehler

Wenn du dir sagst, dass du einen miesen Tag hast, wirst du den ganzen Tag über Gründe dafür finden, dass deine Einschätzung stimmt.

Das Gleiche gilt natürlich für alles, was wir über uns selbst sagen, zum Beispiel:

»Niemand mag mich.«
»Ich bin nicht genug.«
»Ich bin nicht attraktiv.«
»Ich bin nicht intelligent.«

Der Bestätigungsfehler: Du siehst es, wenn du es glaubst

Caroline: »Schau nicht hin, aber siehst du den Typen an der Bar? Ist der nicht süß?«

Lucia wirft einen nicht allzu dezenten Blick in die angedeutete Richtung, und der süße Typ sieht es. Die Mädels kichern, nachdem sie beide rübergeguckt haben ... weil er eben süß ist.

Tom, der süße Typ, denkt sofort, dass mit ihm etwas nicht stimmt. »Hab ich was im Gesicht, worüber die lachen?«, fragt er seinen Freund.

Tom ist sich sicher, dass die Mädchen nicht lachen, weil sie ihn bewundern, sondern weil sie ihn komisch finden. Für ihn ist es unvorstellbar, dass sie ihn als Partner in Betracht ziehen.

Kennst du das Gefühl, wenn du einen Raum betrittst und den Eindruck hast, jeder würde dich verurteilen oder über dich reden? Oder wenn du mit Kollegen zusammensitzt und dann aufstehst mit dem Gefühl, dass sie dich nicht mögen? Oder wenn dein Partner sich einen Tag für sich allein nimmt und du dauernd denkst, das müsse was mit dir zu tun haben? Das sind deine inneren Überzeugungen, die deine Sicht der Welt steuern.

Auf der anderen Seite ist da die Erfahrung, dass du plötzlich aus etwas heraustrittst und es komplett anders siehst als vorher. Die berühmten Aha-Momente. Wenn du auf einmal merkst, dass du dein Leben lang Clowns gedatet hast, obwohl deine Freundinnen dir gesagt haben, die Kerle seien nicht lustig. Kennst du? Oder wenn du auf einen Schlag wieder zu Verstand kommst und dich fragst: »Was habe ich mir nur dabei gedacht?« Nun, kein Grund, dir Vorwürfe zu machen. Wir sehen die Dinge nun mal genau so, wie sie unserem Glauben entsprechen. Das ist das Tolle an deinem Gehirn. Es erlaubt dir, im Lala-Land zu leben, bis du eine Erkenntnis hast. Und an dieser kannst du künftig nicht mehr vorbeisehen.

Was in deinem Gehirn vorgeht

Unser Gehirn hat »Formatvorlagen« aus früheren Erfahrungen, Erinnerungen und Erlebnissen. Und wenn wir unseren Alltag leben, dann prüft es neue Eindrücke anhand der gespeicherten Muster ähnlicher Situationen daraufhin, ob die momentane Lage deine bewusste Aufmerksamkeit erfordert. Dieses Abchecken wird von dem bereits erwähnten Salienz-Netzwerk gesteuert. Passt das Geschehen in das gleiche automatische Muster, dann wird einfach das gewohnte Verhalten abgespult, außer du besinnst dich anders und sagst dir, dass diese bestimmte Sache wichtig ist. Sinn solcher Erinnerungsvorlagen ist es, dem Gehirn Energie zu sparen. Sie sagen ihm, dass es keine neuen Erinnerungen abspeichern muss, wenn es bereits etwas Vergleichbares erlebt hat.

Wenn du deine Umgebung ständig daraufhin überprüfen müsstest, ob alles seine Richtigkeit hat, und das Tag für Tag, dann wärst du mittags schon völlig erledigt. Die Formatvorlagen der Erinnerungen prüfen dies unbewusst und präsentieren dir nur dann etwas, sofern deine Aufmerksamkeit tatsächlich gefordert ist. Wenn du etwas durch die Brille einer ganz bestimmten Formatvorlage betrachtest, dann wirst du die Dinge dementsprechend gefärbt wahrnehmen. Wenn deine Ex dich betrogen hat, dann hast du künftig eine Formatvorlage für Beziehungen im Kopf, die dir sagt, dass deine neue Freundin dies auch tun könnte. Also fängst du möglicherweise an, ihr Handy zu kontrollieren, und erkennst überall Beweise, dass du recht hattest.

Sehen wir uns diese Formatvorlagen noch einmal an einem anderen Beispiel an. Wenn du auf dem Gehsteig zu deinem Arbeitsplatz unterwegs bist, achtest du nicht darauf, was die anderen Fußgänger tun. Du achtest auch nicht darauf, was es auf deinem Weg sonst noch zu sehen gibt, zum Beispiel Bäume, Mülltonnen, Vögel und Autos, an denen du vorbeikommst. Natürlich könntest du all das bewusst wahrnehmen, aber dann müsstest du deinem Gehirn sagen, dass sämtliche dieser Dinge von Bedeutung sind.

Höchstwahrscheinlich legst du deinen üblichen Weg zur Arbeit auf Autopilot zurück und achtest nicht groß darauf, was sich rundherum abspielt. Dein Gehirn speichert auch keine neuen Erinnerungen ab, wenn alles, was du auf deinem Weg zur Arbeit erlebst, das ist, was dir dort täglich begegnet. Das Muster der neuronalen Aktivität, das mit deinem Arbeitsweg verknüpft ist, wird von den vorhandenen Erinnerungsvorlagen abgedeckt, sofern du nichts Neues erlebst, was dies ändern würde. Da keine neuen Erinnerungen gespeichert werden, verharrt deine Aufmerksamkeit darauf, dass du jetzt zur Arbeit musst. Oder du schaust auf dein Smartphone beziehungsweise überlegst, wie du nach dem Streit mit deinem Partner vom Vorabend die Wogen wieder glätten kannst.

Würde jedoch ein riesiger Strandball über die Straße rollen, mitten im Verkehrsgewühl, dann würde dein Gehirn das bemerken, weil es nicht zu einer der Formatvorlagen in deiner Erinnerung passt. Das Salienz-Netzwerk würde anspringen, und dein Gehirn würde die entsprechende Information über die Schwelle des Bewusstseins heben und dich darauf aufmerksam machen: »Das ist ja komisch. Wieso rollt ein Strandball mitten in der Stadt über eine stark befahrene Straße?« Auch wenn die Mülltonnen an einem anderen Tag vor den Häusern stünden als sonst oder dir plötzlich eine wunderschöne Deutsche Dogge auffiele, dann würde dich das aus deinem Gedankenkarussell reißen. Du würdest deine Umwelt bewusst wahrnehmen und neue Erinnerungen im Gehirn ablegen, vor allem, wenn der Ball zu einem Unfall führen würde. Das wäre ein vollkommen unübliches Bild, was hieße, dass mehr Noradrenalin und Acetylcholin ausgeschüttet würde. Dann würde sich die neuroplastische Entsprechung der Erinnerung schneller verfestigen, weil dieses Bild und das Szenario von höchster Bedeutung wären.

Das retikuläre Aktivierungssystem

Ich habe dir bereits kurz das retikuläre Aktivierungssystem (RAS) vorgestellt. Wir haben uns das Szenario mit deinen Freunden im Café angesehen und festgestellt, dass du dich entweder ganz auf deine Freunde konzentrieren kannst oder auf die Gespräche am Nachbartisch. Du besitzt die Fähigkeit zu entscheiden, was dir wichtig ist, und deine Aufmerksamkeit wie einen Scheinwerfer darauf zu richten. Ist es dir schon mal passiert, dass du etwas kaufen wolltest, und dann siehst du es plötzlich überall? Zum Beispiel möchtest du einen royalblauen BMW erwerben. Anfangs denkst du noch, dass das eine absolut seltene Farbe ist. Aber sobald du dich dafür entschieden hast, siehst du plötzlich überall BMWs in dieser Farbe. Wie beim Treffen mit deinen Freunden im Café oder deinem langweiligen Weg zur Arbeit blendet dein Gehirn alle Bilder und Umgebungsgeräusche aus, denen du keine besondere Bedeutung zumisst.

Man hat die Theorie aufgestellt, dass Eltern, die in Flughafennähe wohnen, von nachts startenden Maschinen nicht aus dem Schlaf gerissen werden. Aber wenn sich ihr Baby im angrenzenden Raum einmal umdreht, wachen sie auf. Ihr RAS hat aus Erfahrung gelernt, dass ein Flugzeug ihnen nicht wichtig ist, das möglicherweise wach gewordene Baby aber schon.

Ich weiß noch, wie ich einmal bei meiner Schwester im Londoner Stadtteil Hackney übernachtet habe. Mit Londoner Wohnungen ist das immer so eine Sache. Man kann sich drauf verlassen, dass sie irgendeinen Haken haben. Bei ihr war es der Rauchmelder, der alle fünf Minuten zweimal piepte. Aber als ich das störende Geräusch ihr gegenüber erwähnte, hatte sie keine Ahnung, wovon ich sprach. »Wie bitte? Ich kann die ganze Nacht nicht schlafen wegen diesem Gepiepe, und sie weiß nicht, wovon ich spreche?« Also machte ich sie auf das Geräusch aufmerksam. »Ach ja, *das* Ding. Das habe ich ganz vergessen.«

Faszinierend. Wenn ihr Kind mitten in der Nacht pupst, wacht sie panisch auf, aber das regelmäßige Piepen vor ihrer Schlafzimmertür hört sie gar nicht. Das ist eben der Punkt: Das Piepen erklingt *regelmäßig*. Der Rauchmelder piept, solange sie denken kann. Daher hat ihr Gehirn gelernt, das Geräusch auszublenden.

So wie auch du im Laufe des Tages bestimmte Dinge ausblendest. Du lebst sozusagen »in deiner eigenen Blase«. Deine Partnerin ist nicht untreu, du kannst das nur nicht anders sehen. Wir können dem Gehirn signalisieren, was wichtig ist, und das gilt natürlich auch für andere Dinge. Wenn du beispielsweise einen miesen Morgen hast und dir versicherst, dass dir ein schlechter Tag bevorsteht. Das Gehirn liegt gern richtig. Wenn wir ihm Dinge sagen wie »Das ist der mieseste Tag aller Zeiten« oder »Ich bin nicht gut genug«, dann wird dies zur selbsterfüllenden Prophezeiung. Und vermutlich machst du das noch nicht mal bewusst, aber du machst es. So wie du nach Gründen suchst, die beweisen sollen, dass dein Partner etwas hinter deinem Rücken treibt.

Der Bestätigungsfehler

Mit dem Begriff »Bestätigungsfehler« ist also die Neigung gemeint, Dinge so zu interpretieren, dass sie unsere bereits vorhandenen Überzeugungen und Werte konstatieren. In dem Szenario, in dem du an einen Betrug durch deine Partnerin glaubst, heißt das, dass du ständig nach

Belegen dafür suchst: Sie ist so abwesend. Sie interessiert sich nicht für dich.

In den Achtzigerjahren führten Wissenschaftler eine Reihe hochinteressanter Experimente durch, die zeigten, wie unser Körperbild und unsere Voreingenommenheit unsere Selbstwahrnehmung prägen. Die Versuchsteilnehmer an einer dieser Studien bekamen eine Narbe ins Gesicht gemalt und sollten damit in ein Vorstellungsgespräch gehen.[36] Sie wussten nicht, dass die aufgemalte Narbe vor dem Gespräch wieder entfernt worden war. Dennoch gaben sie an, sich in der sozialen Situation nicht wohlzufühlen.

Die Studie untersuchte die psychische Auswirkung von wahrgenommenen Schönheitsfehlern auf Selbstachtung und Verhalten. Die Probanden gaben an, sich hilflos zu fühlen. Sie litten unter Stress und verringertem Selbstwertgefühl. Darüber hinaus gaben sie an, dass ihr Gesprächspartner ihnen gegenüber voreingenommen war, dass er auf ihre Narbe gestarrt und sie unfreundlich behandelt hätte. Die Ergebnisse unterstreichen einmal mehr, dass unser Denken unsere Wahrnehmung bestimmt. Wir sehen, was wir glauben.

Meistens bleibt unser Handeln unbewusst. Erst wenn wir uns unser Tun bewusst machen, merken wir mitunter, dass sich etwas ändern sollte. Falls du also mit geringem Selbstvertrauen und hängenden Schultern in ein Meeting gehst, wirst du das auch das nächste Mal so machen. Wenn du eine bestimmte Überzeugung gedanklich ständig wiederholst, dann kramt das Gehirn unbewusst ebenjene Formatvorlagen zusammen, die diese Idee bestätigen. Und du wirst im Alltag nach entsprechenden Beweisen suchen, einfach weil das Gehirn gern recht hat.

Wenn du dir sagst,
dass du einen miesen Tag vor dir hast,
wirst du den ganzen Tag über Gründe dafür finden,
dass dies so ist.

Dasselbe gilt für negative Glaubenssätze über dich selbst. Wenn du glaubst, dass du nichts wert bist, wenn du kein Selbstvertrauen oder insgeheim eine schlechte Meinung von dir hast, dann schlagen sich diese Überzeugungen in deiner Körpersprache nieder. Außerdem nimmt das Gehirn dein Verhalten als den Normalfall wahr und hört auf, ihm Aufmerksamkeit zu schenken. Und schon verstärkst du diese Überzeugung bei allem, was du tust.

Wenn du durchs Leben gehst in der Überzeugung, dass du nicht attraktiv oder klug bist, dann wirst du dafür auch Beweise finden.

Interessanterweise zeigen Studien, dass Menschen mehr geschätzt werden, als sie glauben, auch wenn sie denken, dass sie in Gesprächen immer irgendwie schräg rüberkommen oder keiner sie leiden kann.[37] Nachdem wir unser Narrativ geändert haben, sehen wir die Dinge vielleicht in einem anderen Licht. Das ist der Aha-Moment, von dem wir bereits gesprochen haben. Vielleicht hat sich ja doch nicht die ganze Welt (und die Menschen, die sie bewohnen) gegen dich verschworen.

Das kognitive Dreieck

Das kognitive Dreieck bildet die Grundlage der Kognitiven Verhaltenstherapie (KVT). Diese therapeutische Methode hilft den Klienten, ihre Probleme dadurch zu bewältigen, dass sie ihre Art des Denkens und ihr Verhalten ändern. Das kognitive Dreieck zeigt, wie Gedanken, Emotionen und Verhaltensweisen aufeinander einwirken. Was wir denken, beeinflusst unser Fühlen, und dieses beeinflusst wiederum unsere Reaktion auf die Situation, mit der wir konfrontiert sind.

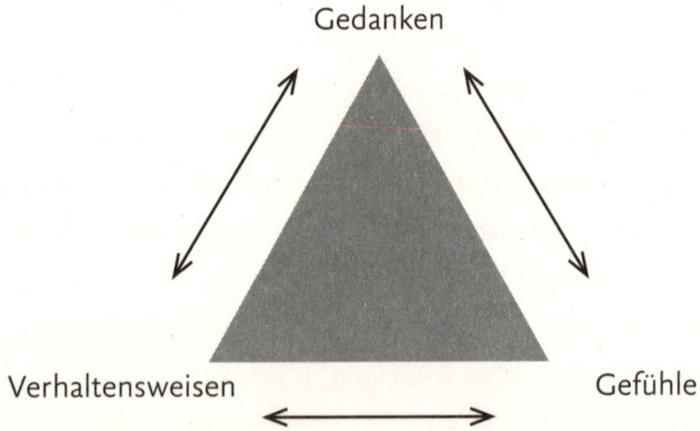

Abb. 12: Das kognitive Dreieck

Ein Beispiel: Du glaubst, dass du nicht gut genug bist für die Präsentation, die du gleich halten wirst. Du bist verunsichert, nervös und ängstlich. Deine Körpersprache drückt genau das aus, und deine Präsentation kommt tatsächlich schlecht an. Das wiederum verstärkt deine Überzeugung, weil deine Umwelt ja sieht, dass es dir in dieser Hinsicht an Selbstvertrauen fehlt. Das hat einen Dominoeffekt, weil deine Überzeugung dadurch aufs Neue bestätigt und verstärkt wird.

Die Gesetze der Neuroplastizität besagen, dass wir ein bestimmtes Verhalten oder eine bestimmte Assoziation schnell erlernen. Wenn du dir wieder und wieder Storys erzählst wie »Ich bin nicht gut genug«, »Niemand mag mich« oder »Ich bin eine Versagerin!«, verstärkst du die entsprechenden Neuronenpfade. Wir haben bereits gesehen, wie diese Gedanken und Glaubenssätze sich auf dein Verhalten und deine Körpersprache auswirken. Auf die Dinge, die du anziehst, auf deine Wahrnehmung der Welt. Der Bestätigungsfehler lässt dich sodann ständig nach neuen Belegen dafür suchen. Solche Narrative bremsen dich aus. Sie diktieren den Großteil deines Lebens, weil dein Unbewusstes sie immer wieder manifestiert.

Du siehst etwas, wenn du es glaubst. Wenn du es tief in deinem Inneren glaubst, beeinflusst es deine Wahrnehmung der Welt, deine Reaktion darauf und auf deine Mitmenschen. Was du glaubst, bestimmt, was in dein Leben tritt, weil es deine Körpersprache prägt, die Art, wie du der Welt begegnest. Du wirst es sehen, wenn du es glaubst, einfach weil das, was wir glauben, beeinflusst, was wir sehen. Ist dir je der Gedanke gekommen, dass du vielleicht gar keine Versagerin bist? Dass du durchaus all das zuwege bringen kannst, wovon du träumst?

Was wäre, wenn du das Narrativ veränderst und Belege dafür suchtest, dass die Welt sich *mit* dir, nicht gegen dich verschworen hat? Damit du glücklich bist und alles bekommst, was du willst. Du wirst es sehen, wenn du daran glaubst: Die Welt hat sich nicht gegen dich verschworen. Du und dein Gehirn, ihr habt euch gegen dich verschworen, weil ihr euch Lügen erzählt und dann nach Beweisen sucht, die sie bestätigen. Es wird an der Zeit, dir selbst die Wahrheit zu sagen. All diese Dinge an die Oberfläche zu holen, sie über die Bewusstseinsschwelle zu heben, damit sie nicht im Hintergrund alles automatisch steuern. Von nun an übernehmen wir das Steuerruder. Wir werden die Formatvorlagen ändern. Wir werden unserem Gehirn sagen, dass wir über neue und wichtige Dinge nachdenken müssen: über den Wandel und unsere alten Muster.

In dem Abschnitt über die Negativitätsverzerrung hast

du gelernt, diese Muster zu identifizieren und darüber nachzudenken. Welche Lügen hast du dir erzählt, damit sie in dein Narrativ passen? Um zu beweisen, dass du dieses schönen Lebens nicht würdig bist?

»… wenn ein innerer Tatbestand nicht bewußtgemacht wird, dann ereignet er sich als Schicksal außen …«

C. G. Jung

Neuprogrammierung kurz und bündig: Du siehst es, wenn du es glaubst

- Wenn du dir sagst, dass du einen miesen Tag haben wirst, sucht dein Gehirn nach Beweisen dafür.
- Das retikuläre Aktivierungssystem in deinem Gehirn filtert die Informationen heraus, die wichtig sind.
- Die Worte, die du verwendest, und deine Überzeugungen bringen dich dazu, nach Belegen dafür zu suchen, dass du recht hast.
- Wenn du also verkündest, dass heute der schlechteste Tag aller Zeiten sein wird oder du nicht gut genug bist, dann wird dies zur selbsterfüllenden Prophezeiung.
- Der Bestätigungsfehler ist unsere Neigung, Informationen so zu interpretieren, dass sie unsere vorhandenen Überzeugungen und Werte bestätigen.
- Deine Gedanken, Gefühle und Verhaltensweisen beeinflussen sich gegenseitig. Was du denkst, wirkt sich auf dein Fühlen aus. Was du fühlst, bestimmt deine Reaktion auf die aktuelle Situation.
- Wenn du tief im Innern von etwas überzeugt bist, prägt es deine Sicht auf die Welt und die Art, wie du mit ihr und den Menschen in deiner Umgebung umgehst.

- Ändere das Narrativ, und suche nach Belegen, dass die Welt sich *mit* dir verschworen hat und *nicht* gegen dich. Damit du glücklich bist und alles bekommst, was du dir wünschst.

Abschied und Verlust

Wir alle haben schon einmal einen Verlust erlebt. Ob nun Tod oder Trennung einen Menschen von uns genommen haben oder einen Traum. Manchmal heißt Verlust auch, dass wir um das Leben trauern, das wir uns gewünscht hätten.

Bei Verlust und Abschied erleben wir eine Form der Trauer, die viele Probleme mit sich bringen kann, zum Beispiel Schlaflosigkeit, Depressionen und ein geringes Selbstwertgefühl.

Abschied, Verlust und Trauer

Vielleicht hast du schon einmal das Gefühl gehabt, dass du einen Herzanfall hast und gleich sterben wirst? Dass dein Herz so wehtut, dass du nicht weißt, ob du diesen Schmerz überleben wirst? Man nennt dies das Broken-Heart-Syndrom, eine kurzfristige Störung am Herzen mit Symptomen, die einem Herzinfarkt ähneln. Doch so plötzlich, wie sie auftritt, so schnell erholt man sich davon auch wieder.

Ich kann mich noch gut daran erinnern, wie ich zusammengekrümmt auf dem Boden des biomedizinischen Labors an meiner Universität lag und meinte, sterben zu müssen. Ich hatte noch nie vom Broken-Heart-Syndrom gehört, aber ich wusste, dass das, was ich erlebte, mehr war als ein Panikanfall. Glücklicherweise war ich in einem Physiologieseminar, und der Doktorand, der die Erstsemester in Neurowissenschaft betreute, schrieb seine Doktorarbeit gerade über die Auswirkungen von Stress aufs Herz.

»Du liegst nicht im Sterben«, erklärte er mir auf meine Frage, ob jetzt mein letztes Stündlein geschlagen hätte.

Ich weiß noch, dass ich dachte, ich wäre ja auch viel zu jung für einen Herzinfarkt. Schließlich klang das Gefühl ab, und ein Arzt untersuchte mich und klärte mich über das Broken-Heart-Syndrom auf. Es kann eine plötzliche Schwäche des Herzens verursachen, die jedoch wieder vergeht. Die Symptome gleichen denen eines Herzinfarkts.

Das Broken-Heart-Syndrom wird gewöhnlich von Stress ausgelöst. Minuten vor meinem »Herzanfall« hatten wir als Teil des Unterrichts unsere Ruheherzfrequenz gemessen. Die meine lag bei mehreren Messungen stets bei 110 Schlägen pro Minute (*beats per minute* [BPM]). Eine Freundin aus unserer Gruppe feixte, ich würde wohl gleich spontan explodieren. Meine normale Ruheherzfrequenz liegt bei 55 BPM.

Man muss nicht viel über Herzgesundheit wissen, um zu begreifen, dass 110 BPM ziemlich viel ist. Nicht gerade normal für eine fitte Sechsundzwanzigjährige. Ich war eben erst in eine neue Stadt gezogen, um Neurowissenschaft zu studieren, und mein Freund hatte zwei Tage nach meinem Umzug mit mir Schluss gemacht. Eigentlich hätte er mitkommen sollen. Ich war in Trauer. Schließlich hatte ich gerade einiges am Hals: eine neue Uni, ein neues

Umfeld und ein Vollzeitstudium, nachdem ich acht Jahre pausiert hatte. Die Beziehung mit meinem Ex war toxisch und das Ende traumatisch. Ich wollte meine Geheimnisse von ihm zurückhaben, aber das ging natürlich nicht, und so gab mein Herz kurzzeitig auf. Ich war schon rein körperlich total unruhig und trauerte um das Leben, das ich vor diesem Neuanfang gehabt hatte. Mein Leben in London, meine Freunde, meine Träume und natürlich der Hund, den ich mir mit meinem Ex eigentlich anschaffen wollte. Dass ich meinen Ex verlor, war ein Glück, allerdings war ich damals überhaupt nicht dankbar dafür.

Ich fing an, über all meine Verluste nachzudenken: Angehörige, verpasste Gelegenheiten oder die Tatsache, dass ich an der medizinischen Fakultät nicht angenommen worden war. Mein Leben lang hatte ich geglaubt, ich würde Medizin studieren. Darüber redete ich seit dem Tod meines Vaters, der starb, als ich elf war. Ich hatte es ihm schließlich versprochen. Und dann hatte ich mich immer wieder beworben und wurde jedes Mal abgelehnt. Elf Mal insgesamt.

Wenn du mal wieder einen miesen Tag vor dir liegen siehst, erinnere dich an meine elf Absagen. Denn eines Nachts lag ich im Bett und hatte eine Erkenntnis: Tief in meinem Inneren wollte ich gar nicht Ärztin werden. Ich kann es nicht mit Bestimmtheit sagen, aber ich habe so eine Vorstellung, dass ich dieses Narrativ so lange wiederholt hatte, dass mir mehr an Titel und Karriere gelegen war als an dem Beruf als solchem. Denn wäre ich Ärztin geworden, wäre ich am Ende doch in der Psychiatrie oder Neurologie gelandet. Und ich hätte trotzdem Gehirne studiert.

Ich dachte an meine beste Freundin und unser unheilbares Zerwürfnis. Es war schrecklich für mich, dass wir nun keine Freundinnen mehr waren. Man spricht ja so selten über das Auseinanderbrechen von Freundschaften, dabei kommt das gar nicht selten vor. Als ich dann anfing, mit anderen darüber zu reden, wie solche Abschiede einen beeinflussen können, stellte ich fest, dass die meisten über etwas trauerten. Manche über den Verlust von Menschen, andere über verpasste Gelegenheiten. Sie betrauerten auch, dass sie nicht wurden, was sie sich immer vorgestellt hatten, dass sie ihren Traumberuf nicht erlernen konnten. Solch ein Ende tut jedem weh. Und je nachdem, was du verloren hast, kann dieser Schmerz ganz unterschiedlich tief gehen. Manche Verluste kann man nicht begreifen, gerade wenn es um einen geliebten Menschen geht. Mit anderen kommt man leichter zurecht. Dennoch ist ein Ende immer schmerzhaft.

Abschied und Verlust können extremen Stress auslösen. Trauer zieht Probleme nach sich wie Schlafstörungen und Depressionen. In meinem Fall bescherte sie mir sogar besagtes infarktähnliches Gefühl. Studien haben gezeigt, dass das Gehirn auf Verlustschmerz genauso reagiert wie auf körperlichen Schmerz.[38] Manche Untersuchungen zeigen, dass sogar Ähnlichkeiten mit Knochenbrüchen bestehen.[39]

Wir alle haben schon etwas verloren, einen Menschen, einen Traum, einen Job. Manche Leute wie Djokovic verlieren ein Wimbledon-Match, und seine Fans erleben den Verlust mit. Es fühlt sich an, als sei man in der Hölle gelandet. Wir alle erleben die Hölle in der ein oder anderen Form: unterschiedliche Teufel auf ihren jeweiligen Ebenen.

Trauer heißt auch, dass wir dem Leben und der Zukunft nachweinen, die wir hätten haben sollen.

Aus der Perspektive der Neuroplastizität heißt das: Wenn du einen Menschen verlierst, muss dein Gehirn sich auf eine völlig neue Lebensweise einstellen. Im Laufe der Zeit wurde die Person, die du liebst, tief in das Netzwerk deiner Neuronen integriert. Deine Neuronen haben verschiedene Aspekte deines Lebens mit ihr in Verbindung gebracht. Du hast Feierabend, und dein erster Impuls ist, den Partner oder die Partnerin anzurufen. Du erhältst gute Nachrichten und willst sie natürlich sofort mit diesem Menschen teilen. Deine Neuronen feuern also auf eine Art, die sie gut kennen. Wenn wir jemanden verlieren, sei es durch Tod, Trennung oder Streit, kann das sehr schmerzhaft sein, weil wir diese Person nie mehr sehen, nicht mit ihr reden oder sie berühren können. Die feuernden Neuronen können nicht mehr so arbeiten wie bisher. Das Muster funktioniert nicht mehr, und das kann für das Gehirn sehr anstrengend sein.

Dasselbe gilt für andere Formen des Verlusts. Wenn du daran arbeitest, dir einen Traum zu erfüllen - ein Medizinstudium, die Ausbildung zum Soldaten einer bestimmten Einheit oder ein Seminar, für das du dein ganzes Sozialleben geopfert hast -, und das klappt nicht, tut das sehr weh.

Etwas oder jemanden zu verlieren, führt häufig zu Schlaflosigkeit. Dann bist du die ganze Nacht wach und grübelst nach, was du hättest anders machen können. Solch ein Verlust erhöht dein Stressniveau und versetzt dich in einen dauerhaften Kampf ums Überleben. Das erhöht deine innere Unruhe und lässt dich deprimiert zurück. Wenn du im Moment in solch einer Situation steckst, dann - und ich weiß, das ist schwer zu glauben - kann ich dir versprechen, dass du das überstehst. Hier lernst du, mit Verlusten umzugehen, damit du neu anfangen und dein Narrativ umschreiben kannst.

Was in deinem Gehirn vorgeht

Wenn du einen Verlust erlebst, dann passieren im Gehirn auf der neuronalen Ebene so einige Dinge. Zunächst musst du verstehen, dass dein Schmerz real ist. Studien zeigen, dass die Gehirnareale, die für die Schmerzwahrnehmung und -modulierung zuständig sind, auch bei einer Verlusterfahrung aktiv sind.[40] Dies zeigt uns, dass der Schmerz, den wir fühlen, nicht nur im Kopf besteht, sondern auch im Körper. Wenn wir Schmerzen empfinden, dann ist ein Teil des Gehirns aktiv, der sich »periaquäduktales Grau« nennt (gr. *perí* [um - herum]). Diese »Manschette« grauer Substanz umgibt den Aquaeductus mesencephali. Das periaquäduktale Grau setzt Noradrenalin frei, das die Schmerzsignale dämpft, die vom Körper kommen. Es wirkt also schmerzlindernd. Noradrenalin macht uns aber auch wach, und das kann zur Schlaflosigkeit beitragen, darüber hinaus zur Erschöpfung durch den Schmerz. Daher arbeitet dein Gehirn auf Hochtouren, um die Schmerzsignale zu dämpfen und dir das Leben leichter zu machen.

Auch der posteriore cinguläre Kortex ist am Geschehen beteiligt.[41] Er ist für autobiografische Gedächtnisinhalte verantwortlich. Das ist schon deshalb interessant, weil es zu den auffälligsten Merkmalen von Trauer und Verlust gehört, dass wir die Erinnerungen an das, was wir verloren haben, immer wieder durchgehen. Da dieses Gehirnareal bei der Verarbeitung von Verlust und Abschied dominant ist, ist es nur zu verständlich, weshalb wir solche Ereignisse in unserem Kopf immer wieder abspielen wie einen Film, der uns wach hält. Unsere Erinnerungen werden lebhafter. Wir tauchen ein in einen Kaninchenbau von Erinnerungen und fragen uns dabei ständig zwanghaft, was wir anders hätten machen können. Und wir erinnern uns auch noch an die winzigsten Details. Das kann schmerzhaft sein. Andererseits kann es auch eine kathartische Erfahrung sein, die uns hilft, den Schmerz zu überwinden (gr. *kátharsis* [Reinigung]).

Wir sollten froh sein,
dass unser Gehirn den Pfad der Erinnerung geht,
weil es dort Momente vorfindet, die anders
vielleicht dem Vergessen anheimfallen würden.

Der anteriore cinguläre Kortex ist unser Fehlermeldesystem.[42] Er kontrolliert unsere Leistung, indem er analysiert, wo wir im Leben und beim Lösen von Aufgaben etwas falsch gemacht haben, damit wir künftig Probleme besser bewältigen. Das heißt, dass dein Gehirn dauernd versucht, eine Lösung für den Verlust zu finden, den du erlitten hast. Vielleicht denkst du ununterbrochen darüber nach, was hätte sein können oder sollen. Wenn wir das erkannt haben, können wir unser Verhalten ändern, was uns in der Zukunft vielleicht nützlich ist. Djokovic sagt ja auch, dass er aus Niederlagen und seinen Erfahrungen lernt, um in Zukunft besser gerüstet zu sein. Wenn dein Gehirn auf frühere Erfahrungen zurückgreift, um deine Welt zu formen, nennen wir dies »erfahrungsabhängige Plastizität«. Haben wir einmal eine Verlusterfahrung durchlebt, sind wir für die nächste besser gewappnet.

Die Hyperaktivität der Amygdala ist eine weitere neuronale Schlüsselreaktion bei Trauer. Das hängt vor allem damit zusammen, dass die Fähigkeit, Emotionen zu verarbeiten, eingeschränkt ist. Depressionen spielen hier ebenfalls eine Rolle. Die Amygdala ist zuständig für die Verarbeitung von Emotionen, von Angst beispielsweise, und für das Erkennen von Gefahr. Eine hyperaktive Amygdala kurbelt natürlich die Produktion von Stresshormonen an, die dann unseren Körper fluten. Das verstärkt die emotionale und psychische Reaktion auf Trauer und führt zu Schlafstörungen, Appetitverlust und emotionaler Erregung. Darüber hinaus überschreibt das emotionale Gehirn dann das logische Denken, sodass wir uns von unseren spontanen Impulsen leiten lassen. Auf diese Art wird unsere Fähigkeit zur Entscheidungsfindung beeinträchtigt. Wir haben Probleme, uns zu konzentrieren oder uns zu erinnern. Dazu kommt noch, dass folgende Gehirnareale aktiv werden: das ventrale tegmentale Areal (VTA), das zum Belohnungssystem gehört, und der Nucleus accumbens, der uns quälende Sehn*süchte* beschert.[43] Im Falle einer Trennung heißt das: Du handelst nach deinen Impulsen und schickst deinem Ex eine Textnachricht oder stalkst ihn in den sozialen Medien. Oder schlimmer noch: Du belügst dich selbst und redest dir ein, ihr solltet unbedingt wieder zusammenkommen.

Wie gesagt: Verlust und Abschied sind schmerzhaft. Zum einen, weil wir ja etwas verlieren, zum anderen, weil wir damit auch unsere Gewohnheiten, automatischen Reaktionen und Verhaltensweisen einbüßen. Wie zum Beispiel sofort den Partner anzurufen, wenn man gute Neuigkeiten hat. Oder den gemeinsamen Kaffee am Morgen. Und das gilt auch für Verluste, die nichts mit Personen zu tun haben. Wenn du deinen Job verlierst, fällt dein Weg zur Arbeit weg, der Teil deiner täglichen Routine war. Du bist komplett von der Rolle, weil du plötzlich zu Hause hockst und die Stellenangebote im Internet studierst.

Wenn wir einen Verlust erleiden, wird das Aktivitätsmuster unserer Neuronen massiv verändert. Das Gehirn greift auf Gedächtnisinhalte zurück, um vorherzusagen, wie wir unseren Tag angehen sollen. Nun aber muss es sich auf eine ganz neue Wirklichkeit einstellen. Es läuft den Ereignissen in unserem Leben sozusagen hinterher.

Unsere Automatismen sorgen dafür, dass wir morgens aufstehen, Kaffee machen und zur Arbeit gehen. Es fühlt sich komisch an, wenn all das plötzlich nicht mehr funktioniert wie vorher. Da wir dieses Gefühl der Vertrautheit nicht mehr haben, steigt Angst in uns auf. Wir müssen die neuen Verhältnisse erst erkunden und gleichzeitig mit unserem Schmerz fertigwerden. Aber mit der Zeit passt das Gehirn sich an. Es verschaltet sich neu, damit du mit einem Leben zurechtkommst, aus dem das Verlorene unwiederbringlich verschwunden ist. An diesem Punkt fangen wir an, die Erfahrung zu akzeptieren. Sei nachsichtig mit dir. Danke dir dafür, dass du ein Mensch bist und Gefühle hast. Ich halte deine Hand. Wir kommen da schon durch.

Neurochemische Lösungen für Verluste

Wenn wir etwas oder jemanden verlieren, dann sinkt gewöhnlich der Spiegel der Wohlfühlhormone in unserem Gehirn: Oxytocin, Dopamin, Serotonin und Endorphine. Deshalb fühlen wir uns angespannt, depressiv und isoliert. Unser Gehirn wird Wege finden, diese Stoffe zu ersetzen. Aber die Art und Weise, wie wir unsere Ressourcen wieder auffüllen, ist für den Weg zur Heilung ausgesprochen wichtig. Wir können eine aktive, gesunde Bewältigungsstrategie verfolgen, oder wir verlängern unser Elend, indem wir uns auf ungesunde Verhaltensweisen einlassen, mit denen wir nie Klarheit und Befreiung erfahren.

In der Folge sehen wir uns ein paar der Hürden und Helfer an, die uns auf dem Weg der Heilung durch Verlust und Abschied begleiten.

Dopamin

Wenn wir einen Verlust erlitten haben, erscheinen uns Dinge, die wir früher genossen haben, möglicherweise weniger attraktiv, weil das Belohnungssystem im Gehirn nicht mehr so gut arbeitet. Je nach Schwere des Verlusts kann dies in einen Zustand führen, den man »Anhedonie« nennt (gr. *anhēdonos* [ohne Vergnügen]). Damit ist die Unfähigkeit gemeint, Freude zu empfinden. Das kann sich auch auf den inneren Antrieb und die Wachheit auswirken, sodass wir unsere alltäglichen Aufgaben nicht mehr bewältigen können, selbst wenn wir wissen, dass wir uns danach besser fühlen würden. Aber wir schaffen es einfach nicht, die Wohnung zu verlassen. Hier ist entscheidend, dass wir verstehen: Diese Gefühle werden ein Ende haben. Mit entsprechender therapeutischer Unterstützung können wir den Verlust überwinden und dann von Neuem Dinge tun, die uns Spaß machen.

Eine verringerte Dopaminausschüttung verführt uns zu impulsivem Verhalten. Wir stalken unsere Ex in den sozialen Medien oder suchen ständig nach neuen Informationen, um sie wie Einzelteile in ein Puzzle einzupassen, das wir zu lösen versuchen. Zum Beispiel willst du wissen, wie ernst es deiner Ex mit dem neuen Partner ist, und versuchst deshalb herauszufinden, ob der vielleicht immer noch mit seiner Familie in Urlaub fährt. Wenn du eine Trennung hinter dir hast, dann lassen dich die für Motivation verantwortlichen neuronalen Pfade glauben, dass du den oder die Ex jetzt unbedingt kontaktieren musst, weil du einen Dopaminkick brauchst. Oder wenn du deinen Traumjob nicht bekommst, versuchst du womöglich dahinterzukommen, wen die Firma stattdessen eingestellt hat.

Das alles ist nur zu verständlich. Mach dir also klar, dass dafür deine Dopamin-Maschinerie verantwortlich ist. Du suchst nach diesen Informationen, um dich besser zu fühlen. Dein Gehirn durchlebt hier einen kalten Entzug. Daher sollten wir nach Wegen suchen, wie wir diese Wohlfühlhormone ersetzen können. Viele Menschen greifen zu Drogen, Alkohol und anderen Suchtmechanismen, um ihren Dopaminbedarf zu decken. Auch das ist verständlich, denn Alkohol und Drogen helfen uns, uns von unseren Gefühlen und der wirklichen Welt abzukoppeln, um den Schmerz zu betäuben und zumindest für kurze Zeit etwas anderes zu empfinden als unseren inneren Aufruhr. Bis wir wieder nüchtern werden, das Dopamin zu wirken aufhört und wir merken, dass wir immer noch Schmerz empfinden. Und schon sind wir im nächsten Kreis der Hölle angelangt, in dem wir nichts als Niedergeschlagenheit und Verzweiflung empfinden. Die nachlassende Wirkung von Drogen und Alkohol sorgt in Verbindung mit der Trauer dafür, dass wir dieses Verhalten wiederholen, bis es zu einem Teufelskreis wird: Wir suchen Erleichterung, indem wir uns in eine unkontrollierbare Sucht flüchten.

Möglicherweise findest du es schwierig, dich für etwas zu motivieren, was das Belohnungssystem positiv anspricht, zum Beispiel Sport zu treiben oder mit Freunden auszugehen. Doch es wäre klug, mit der Dopaminausschüttung anders umzugehen als beim Online-Shopping oder der Informationssuche. Sport setzt auf jeden Fall

Dopamin frei. Das kann gerade in Zeiten der Trauer eine gesunde Bewältigungsstrategie sein. Sport verbessert die Stimmung und baut Stress ab. Auch wenn du dir das im Moment nicht vorstellen kannst, es stehen dir unzählige bessere Alternativen zur Verfügung.

Am besten fängst du mit etwas an, womit du dich gut fühlst. Wie wäre es mit ein wenig Stretching zu Hause oder einem Video-Work-out? Oder du legst dir ein Hobby zu, das dich erfüllt. Vielleicht lernst du Klavierspielen oder Stricken. Auch Kochen und Backen ist eine schöne Freizeitbeschäftigung. Wenn du es ein bisschen lebhafter magst, dann geh in einen Kampfkunstkurs oder zum Wandern. Was auch immer es ist, ich möchte dich ermutigen, etwas zu tun, was deine Stimmung ebenso hebt wie deine Dopaminausschüttung. Denn ich glaube nicht, dass du dich gut fühlst, wenn du dauernd nachschaust, was der neue Partner deiner Ex so treibt.

WIE DU DEN DOPAMINSPIEGEL ANHEBST

SUCHE DIR BEFRIEDIGENDE AKTIVITÄTEN,
AUCH WENN DU ANFANGS KEINE LUST DAZU HAST.
DAS LIEGT EBEN DARAN, DASS DEIN DOPAMINSPIEGEL
NIEDRIG IST. WAS DICH WIEDERUM ZU WENIGER
POSITIVEN VERHALTENSWEISEN TREIBT,
WEIL DU DIESEN ZUSTAND ABSTELLEN MÖCHTEST.

Serotonin

Serotonin ist für die Regulierung der Stimmung verantwortlich. Es hilft, extreme Stimmungsschwankungen zu vermeiden. Wenn wir einen Verlust erfahren, wirkt sich das negativ auf unseren Serotoninspiegel aus. Das kann zu Störungen wie übermäßiger Traurigkeit führen. Vor allem aber entstehen dadurch Zwangsgedanken, Reizbarkeit und negatives Denken. Wir fahren auf dem grüblerischen Gedankenkarussell und erleben dabei eine scheinbar unkontrollierbare Erregung.

Serotonin regelt die Kommunikation zwischen verschiedenen Teilen des Gehirns. Wenn diese aus dem Gleichgewicht gerät, werden verschiedene Gehirnareale, die unsere Gedanken und Gefühle regulieren, in ihrer Funktion eingeschränkt. Dann verdrängt unser Emotionsgehirn das logische Denken. Auch hier neigen wir zu impulsivem Verhalten und empfinden das als Kontrollverlust.

Wenn wir schwere Zeiten durchmachen, ist vermutlich auch unser Schlaf gestört. Ich habe dir empfohlen, immer für einen gesunden Schlaf zu sorgen, aber mir ist bewusst, dass dies manchmal schwierig sein kann. Denn wenn wir einen Verlust und Abschied erleben, dann bleiben wir auch nachts länger auf und unterminieren so unsere Schlafhygiene. Es ist ein erster Schritt zurück zur Kontrolle, wenn wir gesunden Schlafgewohnheiten folgen. Mehr dazu findest du in Phase 3 unseres Good-Habits-Programms.

Serotonin wird im Übrigen aus Tryptophan hergestellt. Das wiederum können wir über die Nahrung aufnehmen. Wenn du also Lebensmittel verzehrst, die einen hohen Tryptophangehalt haben (wie Kuhmilch, Cashewkerne oder Haferflocken), lieferst du deinem Körper die Bausteine, aus denen Serotonin entstehen kann.

Wie du den Serotoninspiegel anhebst
Sport
Sonnenlicht
Gute Schlafhygiene
Zeit in der freien Natur
Achtsamkeit und Meditation
Nahrungsmittel mit hohem Tryptophangehalt
Sanfte Aktivitäten, die dir ein gutes Gefühl geben

Oxytocin

Oxytocin wird häufig als »Liebes-« oder »Bindungshormon« bezeichnet. Es hat mit vielen sozialen und emotionalen Prozessen zu tun wie Bindung zwischen Paaren, Vertrauen und Empathie. Dieses Hormon sorgt für das warme Gefühl in deinem Herzen, wenn du mit deinen Liebsten kuschelst. Und damit sind nicht nur Liebespartner gemeint. Oxytocin beeinflusst auch die Bande zwischen Gruppenmitgliedern beziehungsweise die Abgrenzung zu einer anderen Gruppe. Oxytocin bestimmt also, wer zu deinen »Nächsten« gehört und wer mit deiner Gruppe nichts zu schaffen hat.

Obwohl Oxytocin als »Liebeshormon« gilt, zeigen Forschungsarbeiten mittlerweile, dass es eher ein »Krisenhormon« ist. So belegt eine Studie, dass der Oxytocinspiegel in Zeiten von Beziehungsstress und -instabilität ansteigt.[44] Andere Forscher haben entdeckt, dass die Partner, die emotional mehr in eine Beziehung investieren, eine höhere Oxytocinausschüttung erleben, wenn sie an ihre Partner denken, als die Menschen, die weniger an der Beziehung interessiert sind. Das erklärt auch, warum wir nach einer Trennung unbedingt an einer Beziehung festhalten wollen. Das Hormon vermittelt dir das Gefühl, bei der Person bleiben zu wollen, die du nicht mehr erreichen kannst. Wenn wir eine Trennung erlebt haben, dann wird die innere Verarbeitung verlangsamt, falls wir den Partner oder die Partnerin ständig verfolgen oder gar Kontakt zu ihnen aufnehmen.

Oxytocin ist das Bindungshormon.
Der einzige Weg zur Heilung ist die Zeit.
Das Gehirn braucht eine ganze Weile,
um die Bindung aufzulösen, die es zuvor hergestellt hat.

Hast du einen lieben Menschen durch den Tod verloren, dann willst du natürlich nicht auf alle Bindungen verzichten. Aber du brauchst Zeit, um wieder jemanden in dein Leben lassen zu können. Es dauert eine Weile, bis sich die Bedeutung dieser Bindung ändert. Wenn du gerade einen Menschen auf diese Weise verloren hast, ist es kaum vorstellbar, dass der Schmerz je verschwinden wird. Aber du wirst allmählich neue Erfahrungen machen, die auf der Erinnerung an diesen Menschen beruhen. Du wirst diese Person nie vergessen, und du solltest auch nicht versuchen, dich so zu verhalten, als handle es sich um eine Trennung. Aber es wird eine Zeit kommen, in der es dir besser gehen wird. Du wirst in deinem Leben weiter wachsen, und die Erinnerung an jenen Menschen, den du verloren hast, wird durch neue Erfahrungen bereichert. Dein Gehirn wird neue Pfade anlegen. Es wird Assoziationen schaffen, die das Leben der verlorenen Person würdigen. Und du wirst dennoch wieder Freude und Glück erfahren. Mit der Zeit schaffst du dir ein neues

Narrativ, das du um den Verstorbenen spinnst. Und dein Lebenssinn wird dir helfen, mit dem Verlust und der Trauer fertigzuwerden. Dieses Narrativ bestimmt, wohin du im Leben unterwegs bist und was diese Person dir bedeutet hat. Du wirst die Vergangenheit schätzen und doch weitergehen in deine Zukunft. Jemanden zu verlieren, heißt, dass du einen kleinen Teil deiner selbst verlierst. Aber mit der Zeit kannst du dir eine neue Geschichte und eine neue Identität aufbauen.

Hast du einen Traum aufgeben müssen, wird es eine Zeit dauern, bis du dich auf ein neues Ziel ausrichten kannst. Auch wenn dein Gehirn jetzt leidet, baut es doch deine künftige Resilienz auf. Lass nicht zu, dass dich dieser kurze Stich in dein Selbstbewusstsein ausbremst. Dein Gehirn ist eine bemerkenswerte und wandelbare Maschinerie, die weit mehr zuwege bringt, als du glaubst.

Und ganz unabhängig von der Art deines Verlustes müssen wir dir, wenn wir deinen Heilungsprozess vorantreiben wollen, ein Gefühl der Sicherheit und des Trostes verschaffen. Verlassen wir uns dabei auf die Unterstützung durch andere Menschen - Freunde, Familie, Selbsthilfegruppe oder Therapeuten und Therapeutinnen -, verstärkt dies unsere Oxytocinausschüttung, was uns ein Gefühl der Verbundenheit gibt. Das wiederum lindert unsere Einsamkeit und unseren Schmerz. Ich sehe das so: Wir schaffen dir ein weiches Unterstützungskissen, auf das du dich verlassen kannst. Dein Gehirn wird anfangen, sich neu zu »verkabeln«, weil du mit der Zeit neue Erfahrungen machst und deinem Leben eine neue Bedeutung zuschreiben kannst, während du gleichzeitig mit deiner Trauer umzugehen lernst.

Wir möchten uns begehrt und gebraucht fühlen. Da kann es helfen, sich auf Freunde und andere liebe Menschen zu verlassen. Aber mach nicht den Fehler, bedeutungslose Beziehungen einzugehen, nur weil du dich begehrt fühlen möchtest. Das schenkt dir vielleicht im Moment ein wenig Erleichterung, aber am Ende wirst du dich wieder leer fühlen. Mein Vorschlag ist, jeden Kontakt zu dem oder der Ex oder deinem ehemaligen Chef abzubrechen und auch alle anderen Beziehungen aufzugeben, die dir nichts mehr bringen. Halte dich an solche Bindungen, die für dich wertvoll sind. Sie können romantischer Natur sein oder auch nicht. Aber sie sollten dir ein gutes Gefühl vermitteln und dir helfen, dich weiterzuentwickeln, statt immer nur starren Blickes auf die Vergangenheit zu schielen.

WIE DU DEN OXYTOCINSPIEGEL ANHEBST
DURCH SINNVOLLE BEZIEHUNGEN UND TIEFGRÜNDIGE GESPRÄCHE.

Endorphine und Endocannabinoide

Endorphine und Endocannabinoide sind natürliche Schmerzmittel, die der Körper selbst herstellt (gr. *éndon* [innen, innerhalb]). Sie werden frei bei Stress und Sport, bei Schmerzen, aber auch beim Lachen und Weinen. Der Begriff »Endorphin« steht für »endogenes Morphin«, also für vom Körper selbst produzierte Stoffe, die dieselbe Wirkung haben wie Morphin. Sie lindern Schmerz und Stress, fördern aber auch Wohlbefinden und Euphorie. So entsteht ein Gefühl von Genuss, Belohnung und Erleichterung.

Eines der großen Themen in der Trauerbewältigung ist es, dass unser Körper dabei in den Energiesparmodus umschaltet. Daher würde ich vorschlagen, dass du neben den Tipps, die ich hier gebe, auch die Übungen aus dem Abschnitt »Durchbrich den Teufelskreis« machst. Du wirst feststellen, dass die Übungen sehr gut zueinander passen. So habe ich in diesem Kapitel vorgeschlagen, dass du ein neues Hobby anfängst oder Sport treibst. Ich weiß, dass gerade der Sport für viele Menschen ein Problem darstellt. Sport und Bewegung sind sehr hilfreich, aber wenn du so gar keine Lust darauf hast, dann such dir halt soziale Aktivitäten, die dir ein Lächeln ins Gesicht zaubern. Vielleicht kannst du dir ja ein Feel-Good-Movie anschauen oder einen Dokumentarfilm über die Natur und den Planeten. Sir David Attenborough zum Beispiel bringt einen unweigerlich zum Lächeln.

Wie du Endorphine und Endocannabinoide freisetzt

Sport
Laufen
Stretching
Tanzen und Singen
Lachen und soziale Kontakte
Hitze (in Sauna und Dampfbädern)

Mit Abschied und Verlust umgehen

Eine der besten Möglichkeiten, um mit derartigen Erfahrungen fertigzuwerden, ist, deinen Gefühlen Ausdruck zu verleihen. Studien zeigen, dass der Selbstausdruck durch Kunst oder andere Formen der Kreativität uns bei der Bewältigung von Trauer helfen kann.[45]

Ich war vierundzwanzig, als ich zum Ballett zurückkehrte. Ich musste von vorn anfangen. Ich hatte schon in der Schule Ballettunterricht, hörte aber damit auf, als man anfing, mich zu mobben. Mit sechsundzwanzig war meine Begeisterung für den Tanz noch größer geworden. Das war die Zeit, als ich in eine neue Stadt zog, meine Beziehung verlor, mein Leben in London und meinen Traum, Ärztin zu werden. Das Tanzen lieferte mir ein Ventil. Ich konnte alles ausdrücken, was ich verloren hatte, während ich gleichzeitig etwas Neues aufbaute.

Kennst du diese Filmszenen, wenn die Hauptfigur Mittelpunkt eines traurigen Dramas ist, aber am Ende doch alles gut wird? Genauso fühlte ich mich. Kunst gibt uns die Gelegenheit, eine Pause von grüblerischen, finsteren Gedanken und heftigen Gefühlen einzulegen. Und sie ermöglicht uns, die Dinge aus einer anderen Perspektive zu betrachten.

George Michael (1963-2016) veröffentlichte sein Album »Older«, nachdem er seinen Lebensgefährten Anselmo Feleppa an Aids verloren hatte und seine Mutter an Krebs erkrankt war. *Older* war eines der stärksten Statements, die Michael in seiner Laufbahn je abgegeben hatte, denn er bekannte sich in den Texten zu seiner Sexualität. Als Feleppa 1993 starb, glaubte Michael, nie wieder zu Kreativität und Inspiration zurückfinden zu können, weil er so intensiv trauerte. Aber nicht einmal ein Jahr nach Feleppas Tod setzte Michael sich in seiner Wohnung in Notting Hill ans Klavier und schrieb die Ballade *Jesus to a Child* in weniger als zwei Stunden. In dem Text ging es auch darum, dass er seine Beziehung zu Feleppa immer hatte geheim halten müssen. Nur etwa eine Woche später trug er den Song bei den MTV Europe Music Awards vor.

Das Interessante an dem Album ist, dass es unter den

melancholischen und traurigen Songs auch welche gibt, die unglaublich freudvoll klingen wie *Fastlove* und *Spinning the Wheel*. Was uns zeigt, dass es in Ordnung ist, spielerisch einen anderen Aspekt der Trauer zu erforschen.

Ich glaube, in jedem von uns lebt ein Künstler. Sicher können wir nicht alle so talentiert sein wie George Michael, aber wir können versuchen, aus unserer Trauer heraus etwas zu erschaffen. Ob du nun zeichnest, malst oder einen Song schreibst. Ich habe mich aufs Ballett verlegt und mich durch meinen Kummer hindurchgetanzt.

WIE DU DICH KREATIV AUSDRÜCKEN KANNST

MALEN | SINGEN | TANZEN | HOBBYS | DICHTEN | ZEICHNEN | KRITZELN | TAGEBUCH SCHREIBEN | EIN INSTRUMENT SPIELEN | EIN INSTRUMENT ERLERNEN

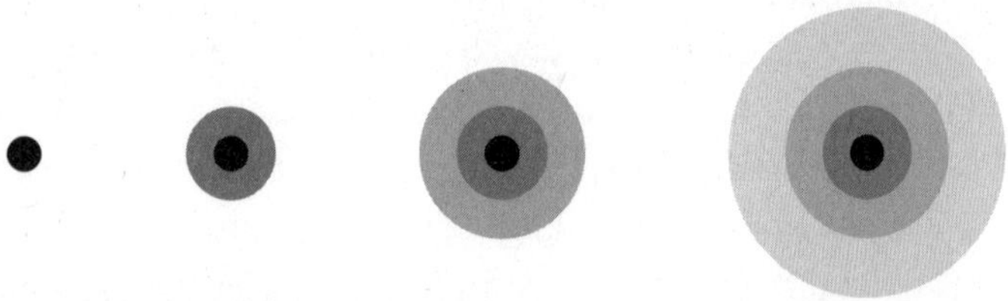

Abb. 13: Mit der Zeit verschaltet sich das Gehirn rund um die Trauer neu, und du akzeptierst, ohne das zu leben, was du verloren hast

Ein Trost

Wir brauchen ein Gefühl der Sicherheit. Sicherheit ist eines unserer menschlichen Grundbedürfnisse. Wenn diese nicht erfüllt werden, kann das unser körperliches, emotionales und psychisches Wohlbefinden massiv beeinträchtigen. Die Erfüllung unserer Grundbedürfnisse ist die entscheidende Voraussetzung für unser Überleben und unsere Gesundheit. Wenn wir uns in unserem Umfeld weder körperlich noch emotional sicher fühlen, bringt dies eine hohe Belastung durch Stress, Unruhe und Angst mit sich. Das wiederum führt zu chronischem Stress und den damit verbundenen gesundheitlichen Problemen.

Verlust und Abschied können uns das grundlegende Gefühl der Sicherheit rauben. Daher ist mein Ratschlag, all das zu tun, was dieses Gefühl in dir bestärkt:

- Umgib dich mit Menschen, die Verständnis und Mitgefühl haben, vor allem mit Freunden und dir wohlgesinnten Familienmitgliedern.
- Such dir Unterstützung in deinem sozialen Umfeld.
- Such dir jemanden, der deine geistige Gesundheit wiederherstellen hilft, nimm gegebenenfalls professionelle Hilfe in Anspruch, oder geh zu einer Selbsthilfegruppe.
- Bleib überwiegend zu Hause in deiner Komfortzone.
- Sorg für finanzielle Sicherheit.
- Hol dir auch Unterstützung für die Trauerarbeit.
- Führe ein Tagebuch.
- Bleib bei deinen routinemäßigen Abläufen.
- Und last but not least: Beschränke den Kontakt zu Menschen, die kein Verständnis haben und dir keine Hilfe sind, auf das notwendige Minimum.

Vergiss nicht: Damit die Wunde eines Verlusts heilen kann, braucht es Zeit. Und bei Gefühlen gibt es kein Richtig oder Falsch. Suche dir Hilfe, um gut mit deinen Emotionen zurechtzukommen und dir wieder ein Gefühl der Sicherheit zu verschaffen.

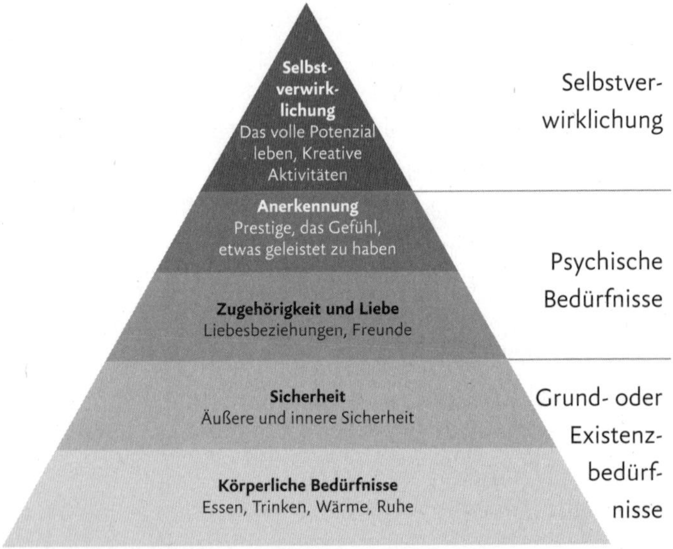

Abb. 14: Die Maslow'sche Bedürfnispyramide[46]

Dein Gehirn wird sich neu verschalten,
um der neuen Wirklichkeit gerecht zu werden.
Mit der Zeit wirst du deinen Verlust akzeptieren können.

Neuprogrammierung kurz und bündig: Verlust, Abschied und Trauer

- Studien zeigen, dass das Gehirn auf einen Verlust genauso reagiert wie auf körperlichen Schmerz. Forschungsarbeiten belegen, dass Ähnlichkeiten mit dem Schmerz eines Knochenbruchs bestehen.
- Verlust kann heißen, dass wir um Menschen trauern, aber auch um verpasste Gelegenheiten.
- Abschiede können enormen Stress und tiefe Trauer auslösen. Das führt häufig zu Problemen wie Schlaf-

störungen, depressiver Verstimmung und sogar Suizidgedanken.

- Aus neuroplastischer Perspektive gesehen, muss dein Gehirn sich auf eine ganz neue Art zu leben einstellen.
- Etwas oder jemanden zu verlieren, raubt uns den Schlaf. Dann liegen wir nachts wach und grübeln, was wir hätten anders machen können.
- Eine hyperaktive Amygdala beeinträchtigt die Verarbeitung von Gefühlen und verstärkt die depressive Stimmung.
- Hyperaktivität in den emotionalen Zentren im Gehirn verdrängt das logische Denken, sodass wir eher impulsgesteuert handeln.
- Während einer Trennung sind jene Gehirnareale, die für Antrieb und Sehn*sucht* zuständig sind, aktiver als sonst. Dann willst du deinen Impulsen einfach nur nachgeben und deinem Ex schreiben, ihn ausspionieren oder - noch schlimmer - dir einreden, dass du ihn unbedingt zurückhaben musst.
- Verlust und Abschied tun weh, weil wir jemanden oder etwas verloren haben und damit auch unsere üblichen Abläufe, unsere Gewohnheiten, automatischen Reaktionen und Verhaltensweisen.
- Wie du die Symptome von Verlust und Abschied angehen kannst, siehst du auf Seite 158 ff.

Wie du das Negative abschüttelst

Die Gesetze der Neuroplastizität besagen: Wenn ein Neuron innerhalb eines gewissen zeitlichen Rahmens ein anderes aktiviert, werden die beiden miteinander verbunden beziehungsweise die Verschaltung wird verstärkt. Das bedeutet, du hast vermutlich gelernt, bestimmte Gedankengänge zu verknüpfen, sodass dich Impulse und Ereignisse mittels dieser neuronalen Verknüpfungen auf ein Gedankenkarussell katapultieren können, das in einem schwindelerregenden Tempo rotiert.

Welche neuronalen Grundlagen unsere Moralvorstellungen haben, ist immer noch nicht vollständig geklärt. Doch ob bestimmte Verhaltensweisen nun als sozial und moralisch richtig oder falsch angesehen werden: Dein Gehirn wird sich auf jeden Fall der Pfade bedienen, die durch Wiederholung verstärkt wurden. Dabei müssen diese Reize gar nicht negativ sein. Zum Beispiel gehen wir eher ins Fitnessstudio, wenn wir uns direkt von der Arbeit dorthin begeben, ohne vorher noch zu Hause vorbeizuschauen. Vielleicht hast du ja Freunde, die dich positiv beeinflussen und dir ein richtig gutes Gefühl vermitteln.

Ein Trigger ist letztlich ein Impuls, der uns daran erinnert, etwas zu tun. Diese Impulse können völlig verschieden sein: umweltbedingt, sozial, sinnlich, zeitabhängig, von einem vorausgegangenen Ereignis ausgelöst und so weiter.

Für diese Übung werden wir negative Trigger aufdecken. Aber zuvor möchte ich dir in puncto Wiederholung und neuroplastischer Veränderung noch eine grundsätzliche Idee vermitteln:

Wenn wir die Neuroplastizität auf ihre elementarste Form herunterbrechen, sieht das folgendermaßen aus: Wiederholung + Aufmerksamkeit + Absicht = dauerhafte Veränderung.

Ich habe meinen Hund nach Kobe Bryant (1978-2020) benannt, einen der größten Basketballspieler aller Zeiten. Wie Bryant spielt mein Hund Kobe gern Ball, daher der Name. Kobe Bryant war und ist eine starke Inspiration, nicht nur für mich, sondern auch für andere Menschen aus allen möglichen Lebensbereichen. Er war bekannt für sein Arbeitsethos. Sein Engagement galt stets der Verbesserung seines Spiels. Er soll während seiner aktiven Laufbahn täglich Hunderte, ja Tausende von Würfen gemacht haben. Vor allem, wenn keine Saison war oder als er noch sehr jung war. Die Angaben, wie viel genau es waren, variieren je nach Quelle und Karriereabschnitt. In einer Geschichte erzählt Bryants Trainer, dass er ihn eines Tages vor dem eigentlichen Training durchgeschwitzt auf dem Court sah. Erstaunt fragte er ihn, wann er sein Training abgeschlossen habe. Bryant antwortete: »Gerade eben. Ich wollte achthundert Treffer schaffen. Also ja, gerade eben.« Kobe wollte achthundert Treffer erzielen, noch bevor das Training überhaupt angefangen hatte!

In einem anderen Interview meinte Bryant, er habe als Teenager täglich tausend Würfe gemacht. Vielleicht hat er ja mit zunehmender Erfahrung sein Routinetraining angepasst. Wenn das der Fall sein sollte, begann er mit tausend Würfen *pro Tag* und visierte später achthundert Treffer an. So wurde er zu einem der erfolgreichsten Basketballer aller Zeiten.

Das sagt doch alles über die Macht der Wiederholung. Bryant warf die Bälle so lange in den Korb, bis sein Gehirn das Ganze zum Automatismus machte. Dadurch schuf er mentale Heuristiken, die ihm die Entscheidung abnahmen, wann und wie er werfen sollte. Damit waren bewusste Entscheidungsprozesse überflüssig. Dieses Muster war tief in seinen Neuronen verankert: Situation abschätzen, entscheiden, wie weit weg der Korb ist, und zuletzt die motorische Reaktion, die den Ball mit der richtigen Geschwindigkeit und im richtigen Winkel auf die richtige Flugbahn schickt, damit er im Korb landet. Wenn wir ein Phänomen wie Kobe Bryant betrachten, denken wir nicht an all diese Prozesse. All diese in Lichtgeschwindigkeit ablaufenden neuronalen Botschaften, die sicherstellen, dass seine Beine genug Schritte machen, damit seine Arme den Ball mit dem richtigen Quantum Kraft und Präzision so werfen, dass sie einen weiteren Korb erzielen.

Ich habe stets nur so nebenher Basketball gespielt, aber wann immer der Ball bei mir ankommt, gerate ich in Panik, vor allem wenn ich auf den Korb werfen soll. Natürlich landet der Ball dauernd daneben. Ich habe das Gefühl, hundert verschiedene Entscheidungen treffen zu müssen, bevor ich auch nur einen Wurfversuch mache.

Vor Kurzem habe ich angefangen, Tennisstunden zu nehmen, um die Fehler auszumerzen, die ich mir als Amateurin angewöhnt habe. Und da sieht es ganz ähnlich aus. Es gibt so vieles, was ich vorher überlegen muss, damit ich den Ball richtig übers Netz befördere und mir mein Trainer nicht schon wieder enttäuscht zuruft: »Jetzt mach schon, Nicole.« Ich weiß, dass irgendwann all diese Entscheidungen, die ich treffe, während der Ball auf mich zufliegt, zur Heuristik werden, ich also nicht mehr bewusst entscheiden muss, was ich mache. Mein Gehirn und mein Körper treffen die Entscheidungen dann automatisch aufgrund meiner vorherigen, gut eingeschliffenen Erfahrungen. Bis dahin aber ist Tennis für mich fast mehr Geistes- als Körpertraining. Und das sagt schon einiges, denn wenn mein Trainer mich durch die Stunden peitscht, krieche ich förmlich den Weg zurück nach Hause, und kaum habe ich die Tür aufgesperrt, warte ich auf den Zusammenbruch …

Bryant musste über all das nicht mehr nachdenken, weil seine Gehirnautomatik wusste, wie sie zu reagieren hatte, wenn sich Gelegenheit für einen Wurf bot. Er machte diese Würfe in einer bestimmten Absicht. Er stand jeden Tag auf, weil er trainieren wollte (Aufmerksamkeit). Und er wiederholte Tag für Tag die gleiche Plackerei. Kobes Erfolgsformel war: Wiederholung (achthundert Treffer am Tag) + Aufmerksamkeit (tägliches Training) + Absicht (jeden Wurf dem Erfolg weihen) = ein unglaublich guter Spieler.

Und jetzt überleg mal, wie oft du täglich negative Gedanken hegst. Eine Studie aus dem Jahr 2020, die in einer hoch angesehenen Zeitschrift veröffentlicht wurde, geht davon aus, dass wir rund sechseinhalb Gedanken pro Minute haben.[47] Wenn man mal acht Stunden für den Schlaf abrechnet, macht das gut sechstausend Gedanken pro Tag. Natürlich kann diese Zahl variieren. Sie taucht ja auch nur in einer einzigen Studie auf, aber die war der Türöffner für weitere einschlägige Untersuchungen.

Wie auch immer, wir haben jedenfalls täglich viele, viele Gedanken. Wenn Kobe Bryant also mindestens achthundert Treffer täglich machte und einer der größten Basketballspieler aller Zeiten wurde, dann kannst du dir vielleicht vorstellen, wie gut du mittlerweile darin bist, dir Vorwürfe zu machen und dich auf all das Negative in deinem Leben zu konzentrieren, wenn es das ist, was du ständig tust. Ich sage das nicht, weil ich dir das Gefühl vermitteln möchte, dass die Neuprogrammierung eine Herausforderung ist. Ich hoffe vielmehr, diese Vorstellung motiviert dich dazu, weniger negative Selbstgespräche zu führen, und sie inspiriert dich, dein Augenmerk nicht immer auf das Negative in deinem Leben zu richten, damit du nicht permanent dasselbe Muster wiederholst und verstärkst.

Wenn du darauf programmiert bist, auf bestimmte Trigger immer negativ zu reagieren, dann kann ich nur eines wiederholen: Dein Gehirn fragt nicht nach Richtig oder Falsch. Es weiß nur, dass diese speziellen Pfade durch ständige Wiederholung entsprechend ausgetreten sind. Bestimmte Reize und Reaktionen sind momentan bei dir vielleicht noch negativ. Doch so, wie wir einen starken Assoziationspfad für Negativität ausgebildet haben, können wir starke Verbindungen zwischen positiven Reaktionen schaffen. Damit wir mehr wie Kobe leben können und unseren Weg zum Erfolg zu einer breiten Straße machen.

Deine Trigger zu identifizieren, ist wichtig, weil dein Gehirn gern in seiner Komfortzone bleiben und die Kontrolle behalten will. Wenn wir Trigger im Moment ihres Auftretens bewusst wahrnehmen und auf sie vorbereitet sind, können wir konstruktiver damit umgehen, statt reaktiv immer nur in die gleichen automatischen Verhaltensmuster zu verfallen. Jene Verhaltensmuster, die wir uns danach zum Vorwurf machen.

»Zwischen Reiz und Reaktion liegt ein Raum.
In diesem Raum liegt unsere Freiheit und
unsere Macht zu entscheiden, wie wir reagieren wollen.
In unserer Reaktion liegt unser Wachstum und unser Glück.«
Anonym

Normalerweise ist ein Reiz etwas in deiner Umgebung – also etwas, was du siehst oder fühlst und was dann ein gewohnheitsmäßiges Verhalten auslöst. Dieses Verhalten wird bestärkt, wenn danach eine Belohnung erfolgt. Das ist die normale Gewohnheitsschleife. Aber diese Reize triggern in uns auch eine bestimmte Gefühlslage, was dann häufig besagte negative Gedankenschleife in Gang setzt. Für die nächste Übung brauchen wir also Reize, die uns gewöhnlich zu negativen Gewohnheiten oder negativem Denken und Grübeln verführen.

Wie du die Gesetze der Neuroplastizität nutzt, um das Gedankenkarussell zu stoppen

Wir werden das nun durchbrechen:

1. SIGNALE AUS DEINER UMWELT (REIZE)

Deine Umwelt bestimmt über deine Gewohnheiten, Verhaltensweisen und Handlungen. So magst du normalerweise keine Limo, aber wenn du ein Restaurant betrittst, denkst du zuerst an eine Diätcola. Vielleicht trinkst du aber auch im Büro mehr Kaffee als sonst, weil er dort nichts kostet. Deine Umgebung sorgt also dafür, dass dein Gehirn Reize empfängt, die dich Appetit auf etwas entwickeln lassen, was du zu Hause nicht unbedingt zu dir nehmen würdest.

Kannst du die Umgebungsreize identifizieren, die dich ins Grübeln bringen?

2. DAS SOZIALE UMFELD

Soziale Reize kommen von den Menschen, mit denen du dich umgibst. Vielleicht hast du zum einen Freunde, die dich positiv beeinflussen, und zum anderen solche, die mit dir eigentlich nur einen trinken gehen wollen. Vielleicht hast du auch eine toxische Freundin, die dich zum Tratsch verleitet oder mit der du dich mies fühlst.

Kannst du die sozialen Reize identifizieren, die dein Gedankenkarussell zum Laufen bringen?

3. EMPFINDUNGEN UND SINNESREIZE

Vielleicht triggert dich auch etwas, was du siehst. Zum Beispiel, wenn du im Internet Fotos von den Körpern anderer Leute entdeckst oder Bilder von ihren Reisen. Dann erfolgt ein negativer Vergleich, der dich erneut ins Grübeln bringt. In einer Welt, in der die sozialen Medien allgegenwärtig sind, in der die Bilder immer nur zu sagen scheinen, wie viel besser es anderen Leuten geht, ist dieser Reiz vermutlich einer der stärksten und katapultiert dich unmittelbar aufs Gedankenkarussell.

Kannst du die Sinnesreize identifizieren, die dich zum Grübeln verleiten?

4. FALSCHE ZEIT, RECHTER ORT (ZEITABHÄNGIGE REIZE)

Dieser Reiz tritt vergleichsweise häufig auf. Viele Menschen, die ich kenne, sagen, sie würden kurz vor dem Einschlafen am meisten grübeln. Ähnlich ist es bei Leuten, die das Rauchen oder Trinken aufgeben wollen. Kaum schlägt es 18 Uhr, wird der Drang, beides zu tun, schier übermächtig. Dein Gehirn hat angesichts dieser zeitlichen Reize bestimmte Assoziationsketten gebildet, die dich zum gewohnheitsmäßigen Grübeln verleiten, das sich nun auf diesen Reiz einstellt. Wie gesagt: Die gute Nachricht ist, dass wir ein neuroplastisches Gehirn haben und diese Assoziationen und das Gedankenkarussell wieder abbauen können, indem wir die neuronalen Muster auflösen.

Wie du das neuronale Muster auflöst: dein Neuro-Toolkit

Nun, da wir mögliche Trigger für deine Grübeleien identifiziert haben, können wir uns daranmachen, die neuronalen Muster abzubauen. Meistens stellen sich diese Gedanken automatisch ein. Sie werden also unbewusst oder unwillkürlich ausgelöst wie ein Reflex, eine eingeschliffene Gewohnheit. Das heißt, dass deine Neuronen in einer Abfolge feuern, die so oft eingeübt wurde, dass sie nun einfach abläuft, ohne dass du es merkst. Das schreibt deine Überzeugungen und Gedanken fort, die wiederum darüber bestimmen, wie du ans Leben herangehst.

Schritt 1: Klarsehen und das Gehirn verstehen

Wenn du ins Grübeln verfällst, dann ist der erste Schritt der, das zu merken und dir klarzumachen, dass mit dir und deinem Gehirn alles in Ordnung ist. Dein Gehirn tut einfach nur, was es am besten kann.

Auf der neurologischen Ebene brauchen wir zweierlei, wenn wir als Erwachsene Änderungen herbeiführen wollen: *Aufmerksamkeit* und *Absicht.* Wir haben bereits besprochen, dass das Gehirn eines Kindes sich ganz leicht ändern kann. Dem Erwachsenengehirn aber müssen wir erzählen, was wichtig ist. Dafür sind die Gehirnregionen des RAS (retikulären Aktivierungssystems) und des SN (Salienz-Netzwerks) zuständig. Sie richten den Scheinwerfer der Aufmerksamkeit auf die Dinge, die uns wichtig sind. Aufmerksamkeit heißt in diesem Fall: Wir sagen dem Gehirn, dass dieses Verhalten unerwünscht ist und wir es ändern wollen. *Absicht* bedeutet, wir machen uns die ganze Arbeit, damit wir unser Gehirn *neu verschalten* und es diese negativen Selbstgespräche nicht wiederholt. Wir können entscheiden, wohin wir unsere Aufmerksamkeit richten wollen. Wir selbst bestimmen, auf welche Informationen wir achtgeben. Unser Gehirn kann das. Gleichzeitig blendet es alles aus, was nicht von Bedeutung ist oder uns ablenken könnte.

Klarzusehen, dass wir diese Macht haben, ist eine Erleichterung, denn wir glauben ja häufig, dass wir ein Spielball unserer Gedanken sind und wir ihr Spiel mitmachen müssen, sobald es losgegangen ist. Doch wir können das ändern. Mach dir dies klar, und akzeptiere, dass dein Gehirn nur tut, was es all die Zeit immer wieder getan hat.

Jetzt aber ist es Zeit für einen Wandel.
Du kannst das, und du wirst es tun.

Schritt 2: Den Hebel ansetzen und Trigger für den Wandel finden

Zu wissen, dass das Gehirn Reize und Trigger braucht, um aktiv zu werden, bedeutet auch, dass wir diesen Mechanismus zu unserem Vorteil nutzen können.

Entscheide dich für eine positive Verhaltensweise, die du dir zur Gewohnheit machen möchtest. Mein Vorschlag wäre das physiologische Seufzen (siehe Seite 49 ff.). Begegnest du negativen Gedanken skeptisch, indem du das physiologische Seufzen einsetzt, dann schwächen solche Zweifel das Muster der beteiligten Neuronen ab. Wenn du dich jetzt dafür entscheidest, dieses Muster zu durchbrechen, kannst du es allmählich abbauen. Wenn wir das Gedankenkarussell mit einer neuen positiven Gewohnheit unterbrechen, können wir unsere alten negativen Gedanken sogar als Erinnerungshilfe an die neue Gewohnheit einsetzen.

So kannst du das Negative ins Positive verkehren.

Wenn zu deinen Grübeleien auch noch starke Erregung kommt, kann es schwierig sein, einen klaren Gedanken zu fassen. Unser Emotionsgehirn übernimmt, und der Neokortex, der für analytisches Denken und objektive Urteile verantwortlich ist, gerät ins Hintertreffen. Das heißt: Intensive Emotionen heizen die Gefühlswelt an, was unsere Narrative melodramatisch ausufern lässt. Das physiologische Seufzen kann dir helfen, dein Nervensystem wieder zu regulieren und zurück in die Ruhe zu finden. Dann kannst du deine Gedanken mit kühlerem Kopf analysieren.

Schritt 3: Analysiere deine Gedanken - Reflexion und Reframing

Emotionen beeinflussen unsere Art, zu denken und Entscheidungen zu treffen. Hast du auch schon mal gezögert, auf eine Party zu gehen, einfach weil du jedes deiner Outfits schrecklich fandest und dachtest, dass nichts dir wirklich steht? Ich jedenfalls kann mich an einige derartige Situationen erinnern. In solchen Fällen hat dein Emotionsgehirn die Entscheidungsfindung übernommen. Schaut man sich aber später Fotos von sich aus dieser Zeit an, stellt man überrascht fest, dass das Outfit gar nicht so übel war und man überhaupt nicht schrecklich aussah. Deine negativen Selbstgespräche verführen dich mitunter, Informationen aus deiner Umgebung falsch zu interpretieren. Dabei ist es wichtig, an deine Karussellgedanken mit einer Logik heranzugehen, die sich auf Tatsachen und nicht auf emotionale Eindrücke gründet.

Dich mit deiner Gedankenschleife auseinanderzusetzen, wenn die Wogen der Gefühle gerade nicht hochschlagen, ist ein wichtiger Schritt. Denn das bedeutet, dass du anfängst, dich mit deiner Wahrheit zu beschäftigen, nun, da du die Situation rationaler angehst. Dabei arbeitet eher der frontale Kortex, und das limbische System überschreibt deine Entscheidungen nicht. Wenn künftig negative Gedanken auftauchen, kannst du ihnen besser gewappnet entgegentreten und eher in den Logikmodus umschalten. Indem wir unsere Gedanken rationaler einschätzen, verankern wir sie in etwas, was wir durch Metakognition selbst geschaffen haben - statt nur wie gefesselt von dem wilden Gedankenkarussell in unserem Kopf herumgeschleudert zu werden.

Ein weiteres wissenschaftlich geprüftes Instrument, mit dem wir mehr Klarheit in unsere Gedanken und Gefühle bringen, ist hier das *Tagebuch*. Tagebuchschreiben hilft uns, emotionale Lasten abzuwerfen. Es reduziert außerdem das Auftreten der grüblerischen Gedankenmuster. Das liegt schon daran, dass wir im Tagebuch ganze Sätze benutzen und nicht nur Wortfetzen wie beim Gedankenkarussell.

Im Tagebuch können wir ein Narrativ rund um das Thema spinnen, das uns unter den Nägeln brennt. Daher ist dies das beste Beispiel dafür, dass Narrative nützlich sein können. Etwas in eine zusammenhängende Erzählung einzupassen, hilft uns, die positiven Aspekte unseres Lebens zu sehen. Gleichzeitig lindert es innere Unruhe,

Grübelei und die emotionale Last, die wir mit uns herumschleppen, wenn wir uns ständig in negative Selbstgespräche verstricken. Das Tagebuchschreiben aktiviert außerdem jene Gehirnareale, die für die Wortfindung zuständig sind. Und das lenkt unser Denken weg vom DMN (Default Mode Network), weil zum Schreiben mehr Energie nötig ist und größere Gehirnnetzwerke daran beteiligt sind.

Im Akt des Schreibens bringen wir das Grübeln nach außen. Dadurch werden die Gedanken greifbarer, sodass wir uns besser mit ihnen auseinandersetzen können. Im Tagebuch können wir uns mit unseren Gedanken und Gefühlen in einem kontrollierten Umfeld beschäftigen. Das ist weniger anstrengend als das ständige Hintergrundgemurmel aus Grübelei und Unrast.

Schritt 4: Mach dir keine Vorwürfe

Ich habe mich einmal mit Jud Brewer unterhalten, einem Psychiater, der an der Brown University zu Suchtkrankheiten forscht. Im Gespräch sagte er, der wichtigste Schritt hin zu jeglicher Verhaltensänderung sei es, sich keine Vorwürfe zu machen, wenn wir in das Verhalten zurückfallen, das wir aufgeben möchten. In unserem konkreten Fall: wenn du doch wieder ins Grübeln verfällst. Erstens sind Vorwürfe nicht hilfreich, denn wenn sie das wären, hätten wir überhaupt keine schlechten Angewohnheiten. Wir hätten sie durch unsere Selbstvorwürfe längst abgelegt. Zweitens können sie die Dinge noch verschlimmern, denn wenn wir uns Vorwürfe machen, glauben wir, alles unter Kontrolle zu haben, was dann das Verhalten nur noch weiter verstärkt. Dein Unbewusstes empfängt dann die Botschaft, dass du an diesem Verhalten nicht arbeiten musst. Du kannst es beibehalten und dich hinterher dafür schämen. Das Gefühl, die Sache im Griff zu haben, aktiviert außerdem die Belohnungszentren im Gehirn. Dann fühlen wir uns für den Moment gut, aber die Wurzel des Problems bleibt unangetastet. Und schließlich ändert sich nichts, weil du jetzt über die Tatsache nachgrübelst, dass du zum Wiederkäuen (Ruminieren) deiner Gedanken neigst. Du läufst also im Kreis und versuchst, auf diese Weise Kontrolle auszuüben, während du in Wirklichkeit nirgendwohin kommst.

Jud Brewer riet dazu, dass man stattdessen seine Gedanken analysiert. Zu verstehen, was dich dazu gebracht hat, auf diese für dich negative Weise zu handeln, kann dir helfen, mit den zugehörigen Triggern besser umzugehen.

Das Thema »Negativitätsverzerrung« haben wir bereits besprochen: dass wir negativen Informationen gern aus dem Weg gehen und aus negativer Verstärkung (wie Selbstvorwürfen) nichts lernen. Wir wissen auch, dass das Wiederholen negativer Gedanken zu einer Art Totstellreflex führt, der uns im Teufelskreis festhält, statt das Problem zu lösen. Daher wird es nichts bringen, wenn du auf dir herumhackst.

Wissenschaftliche Untersuchungen belegen, dass positive Verstärkung die beste Alternative ist, wenn wir einen Wandel voranbringen wollen. Gratuliere dir zu kleinen Erfolgen. Erkenne sie an. Da wir das Negative immer wichtiger nehmen, übersehen wir manchmal, wie viel Gutes wir bereits geschafft haben. Wenn wir darauf achten, auch die kleinen Schritte zu würdigen, und aufhören, uns Selbstvorwürfe zu machen, werden die Belohnungszentren aktiv, die das neue Verhalten stabilisieren.

Fragen, die du dir stellen kannst

Sind die Dinge, die du zu dir sagst, wirklich wahr?
Und wenn sie wahr sind: Kannst du sie ändern?
Wenn du sie nicht ändern kannst: Kannst du sie akzeptieren?
Wenn du nervös und unruhig bist: Was will dein Körper dir damit sagen?
Wenn du traurig bist: Bringst du Mitgefühl für dich selbst auf?
Hilft dieser Gedanke dir dabei, effektiv an der gewünschten Veränderung zu arbeiten?
Auf welche neue Geschichte und welche neuen Gedanken kannst du dich jetzt konzentrieren?
Wie kannst du diese Sache aus einem anderen Blickwinkel betrachten?
Was kannst du aus diesen Gedanken für dich mitnehmen?
Welche Schritte kannst du unternehmen, damit du dich nicht mehr so fühlst?
Du vergleichst dich mit jemandem in den sozialen Medien: Heißt das, dass du weniger wert bist?
Kannst du aufhören, dich zu vergleichen, und dir stattdessen mit Mitgefühl begegnen? Kannst du Dankbarkeit empfinden für all das, was du schon hast?

Phase 2

Ändere deine Erzählung

Zurückzuschauen ist gut fürs Lernen.
Wir können daraus unsere Schlüsse ziehen,
aber dabei zu verharren, bringt uns nicht weiter.
Schau vorwärts in Richtung Leben.

Leben *(Substantiv):* Zustand, der Tiere und Pflanzen von anorganischer Materie unterscheidet. Dazu gehören die Fähigkeiten zum Wachstum, zur Reproduktion und zur funktionellen Aktivität. Bis zum Zeitpunkt des Todes ist es gekennzeichnet von ständigem Wandel.

Siehst du: Der Mensch ist schon per definitionem auf Weiterentwicklung angelegt: *ständiger Wandel bis zum Tod.* Wann hast du angefangen zu glauben, dass du diese Möglichkeit nicht hast? Denn diese Fähigkeit zu wachsen ist ein Kennzeichen allen Lebens.

Das Leben ist eine Geschichte, die wir selbst schreiben. Erschaffe sie eigenständig. Lass sie dir nicht einfach diktieren.

In Phase 2 lernst du alle Tools kennen, mit denen du dir das Leben schaffen kannst, das du dir wünschst.

Wie du dein Unbewusstes neu verschaltest

Man schätzt, dass der Großteil der Abläufe in deinem Gehirn (etwa 90 Prozent) unbewusst ist und dass dies deinen Alltag und deine Entscheidungen bestimmt.

Verschalte dein Unbewusstes neu

Ein Großteil unseres Gehirns arbeitet auf der unbewussten Ebene; das heißt, wir laufen ohne bewusstes Denken sozusagen »auf Autopilot«. Schließlich sagst du deinem Herzen ja nicht ausdrücklich, dass es jede Sekunde schlagen soll. Du sagst dir nicht, dass du blinzeln oder schlucken sollst. Und du denkst nicht darüber nach, wie du deine Beine übereinanderschlägst, wenn du in Gedanken versunken bist, am Computer sitzt oder für eine Prüfung lernst. Du achtest auch nicht auf deine Eigenheiten.

Ein Beispiel: Wenn du Auto zu fahren lernst, ist dir jede deiner Handlungen hundertprozentig bewusst. Du schaust vorsätzlich in den Rückspiegel und achtest auf den toten Winkel. Doch sobald du diese Abläufe besser beherrschst, weil du sie ständig wiederholt hast, wird die Betätigung der Pedale zum Automatismus. Du machst das beinah unbewusst. Das ist gut, denn wenn du ständig aktiv auf alles Mögliche achten müsstest, dann wärest du schon mittags fix und alle.

Nahezu all deine Gedanken, Handlungen und Entscheidungen werden unbewusst von verschiedenen Gehirnarealen gesteuert. Handlungen und Gedanken, die du häufig wiederholt hast, erfolgen jetzt automatisch. Dein Gehirn trifft für dich ständig auf unbewusster Ebene Entscheidungen. Es verlinkt frühere Erfahrungen, um jeweils die bestmögliche Reaktion zu finden. Wir haben darüber schon gesprochen, als es um die erfahrungsbedingte Plastizität ging. Dies ist die Fähigkeit deines Gehirns, seine Verbindungen und Funktionen auf dem aufzubauen, wie du mit deiner Umwelt interagierst. Wir haben gesagt, dass dein Gehirn eine Datenbank mit Informationen anlegt, die auf deinen Erfahrungen basieren. Dein unbewusstes Gehirn ist sozusagen das Netz der Wahrscheinlichkeiten und Ergebnisse. Wenn du eine Lösung für ein Problem suchst, überprüft dein Gehirn blitzartig die Algorithmen, die dafür infrage kommen.

Das Gleiche gilt für deine Gewohnheiten und Verhaltensweisen. Sie sind programmiert, und wenn du jemand bist, der sich immer wieder ein negatives Narrativ vorbetet, dann wird dies viele deiner täglichen Aktivitäten so beeinflussen, wie deine inneren Überzeugungen es haben wollen. Hat deine Familie dich regelmäßig in eine bestimmte Schublade gesteckt oder hattest du einen Partner, der dir jedes Selbstbewusstsein raubte, dann verspreche ich dir hiermit ein weiteres Mal: Du kannst dich aus dieser Lage befreien. Wir können deine Geschichten umschreiben. Wir können die unbewussten Verhaltensweisen ändern, damit du einen Raum souverän und selbstsicher betreten kannst, statt schüchtern und ängstlich den Kopf einzuziehen.

Aber ich möchte dir hier noch einen Tipp mit auf den Weg geben. Wenn dein Gehirn eine ganze Datenbank mit Informationen zur Verfügung hat, die auf früheren Erfahrungen beruhen, dann kannst du dich sicher auf diesen Datenpool verlassen, wenn du etwas ein drittes, viertes oder fünftes Mal tust. Wenn zum Beispiel Onlinedating für dich völlig neu ist, dann kommst du dir vor wie ein Anfänger. Du weißt nicht wirklich, wie du mit der Zurückweisung umgehen sollst, wenn er oder sie nach dem ersten Date nach keinem zweiten fragt. Aber beim zweiten, dritten oder vierten Mal müsstest du doch wissen, wie das so läuft. Theoretisch solltest du mittlerweile damit zurechtkommen. Nun fokussieren wir uns ja gern auf das Negative und glauben, dass mit uns etwas nicht stimmt. Doch wie wäre es denn, wenn wir das Ganze einfach als weiteres Puzzlestück in deinem Erfahrungsschatz betrachteten, das dir zeigt, wie du mit einer Situation umgehen kannst? Eine Lektion, aus der man etwas lernt, damit man beim nächsten Mal mehr Resilienz beweisen kann. Kannst du diese Vorstellung auch auf andere Lebensbereiche übertragen?

1. Finger weg vom Smartphone

Frühjahrsputz

Die Informationen, die wir Tag für Tag aufnehmen, haben einen enormen Einfluss auf uns. Und viele Menschen schnappen sie in den sozialen Medien auf. Aber natürlich kommen auch andere Quelle infrage wie Fernsehsendungen, Zeitungen und Zeitschriften und die Nachrichten, die wir da und dort hören. Unglücklicherweise transportieren viele der genannten Kanäle schädliche Botschaften: unrealistische Vorstellungen darüber, wie man aussehen sollte oder welche Leistungen man zu erbringen hat. Der Content, den wir aufnehmen, beeinflusst uns massiv. Doch das Gute ist, dass wir bis zu einem bestimmten Maß auch kontrollieren können, was wir uns da so zu Gemüte führen. Wir können uns auf Inhalte konzentrieren, die uns inspirieren, statt unser Selbstbild zu untergraben.

Die Nonprofit-Organisation Common Sense Media führte im Jahr 2018 eine Erhebung durch, der zufolge 70 Prozent der befragten Teenager sich ausgeschlossen fühlen, wenn sie sehen, dass andere etwas zu Aktivitäten posten, zu denen sie nicht eingeladen wurden. Studien zeigen, dass junge Erwachsene, die mehr als zwei Stunden am Tag in den sozialen Medien zubringen, sich mit doppelt so hoher Wahrscheinlichkeit sozial isoliert fühlen wie Altersgenossen, die sich weniger als dreißig Minuten am Tag dort tummeln.[48] Eine andere wissenschaftliche Untersuchung kam zu dem Ergebnis, dass Jugendliche, die drei oder mehr Stunden am Tag in den sozialen Medien unterwegs sind, bei Befragungen mit höherer Wahrscheinlichkeit ein hohes Niveau an depressiven Symptomen berichten als solche, die die sozialen Medien weniger als eine Stunde täglich nutzen.[49] Eine von der American Psychological Association (APA) durchgeführte Befragung ergab, dass 45 Prozent der Interviewten sich durch die Wahrnehmung des Lebens anderer in den sozialen Medien unter Druck fühlten. Und die National Sleep Foundation fand 2021 durch eine Erhebung heraus, dass 67 Prozent der Amerikaner vor dem Einschlafen soziale Medien auf elektronischen Geräten nutzen, was dem Schlaf schadet. Mehrere Studien haben einen klaren Zusammenhang festgestellt zwischen massiver Nutzung sozialer Medien und dem erhöhten Risiko für Depressionen, innere Unruhe, Einsamkeit, Selbstverletzungen und Suizidgedanken.

Wenn du in den sozialen Medien Accounts folgst, die dir ein mieses Selbstwertgefühl vermitteln, weil du an all das denkst, was du *nicht* hast, und so deinen negativen Selbstgesprächen neue Nahrung gibst, dann hätte ich einen guten Vorschlag für dich: Hör auf, solchen Accounts zu folgen. Klink dich da aus. Alles, was dich Vergleiche anstellen lässt oder dir ein negatives Selbstbild vermittelt, sollte auf den Prüfstand kommen. Besser, wir kontrollieren, was unseren mentalen Zustand beeinflusst.

Das soll nun nicht heißen, dass alle Inhalte uns negativ beeinflussen. Wenn du zum Beispiel Leuten folgst, die ein unrealistisches Körperbild und einen unerreichbaren Lebensstil propagieren, dann musst du dich nicht ausklinken, wenn ihre Posts dich nicht tangieren. Ich möchte nur, dass du darauf achtest, welche Inhalte du dir regelmäßig »reinziehst«, weil sie einen enormen unterschwelligen Einfluss darauf haben können, wie du - bewusst oder unbewusst - die Welt siehst.

NICHT MEHR FOLGEN	**FOLGEN**
Accounts, die dich zum Vergleichen anhalten	Accounts, die dir ein gutes Selbstgefühl vermitteln
Accounts, die dein negatives Selbstbild verstärken	Accounts, die dir deine negativen Selbstgespräche transparent machen
Accounts, die negative Gedanken auslösen	Accounts, die dir helfen, deine Trigger zu identifizieren
Accounts, die negative Glaubenssätze über dich fördern	Accounts, die positive Glaubenssätze über dich fördern

Schau morgens nicht als Erstes auf dein Smartphone

Im Übergang vom Schlaf zum Wachzustand ist dein Gehirn besonders entspannt. Es geht allmählich von den langsameren Wellen des Schlafes zu solchen mit höherer Frequenz über, während du dir Schritt für Schritt deiner Umgebung bewusst wirst. Trotzdem bist du noch schläfrig und entspannt. Du bist in einem träumerischen, meditativen und kreativen Geisteszustand, der dir eine Welt voller Möglichkeiten eröffnet.[50] Wenn du nun zum Smartphone greifst, kappst du diese wichtige wunderbare Stimmung. Du kannst den lieben langen Tag aufs Telefon schauen. Warum nutzt du diesen besonderen Augenblick des morgendlichen Friedens und der Ruhe nicht für dich?

Jetzt das Telefon zur Hand zu nehmen und dich möglicherweise erschreckenden Informationen auszusetzen, durchbricht den entspannten Zustand. Dein Gehirn schaltet um in einen wacheren, für äußere Reize offeneren Modus. Nimmst du dir aber morgens eine Auszeit vom Smartphone, kannst du den Moment für Achtsamkeit, Innenschau oder das Nachdenken über den vor dir liegenden Tag nutzen. Das passt zu der kontemplativen Stimmung dieser träumerischen Augenblicke. Läutest du den neuen Tag aber gleich mit Doomscrolling ein, leistet das in aller Frühe einem Verhalten Vorschub, das auf Belohnung aus ist.[51] Dann wirst du den ganzen Tag nach schneller Befriedigung streben, was es dir wiederum erschwert, wenn nötig eine vernünftige Telefonhygiene beizubehalten, zum Beispiel nicht zum Smartphone zu greifen, wenn du bei der Arbeit bist oder dich mit Freunden im Café unterhältst. Kannst du den Morgen jedoch ohne dein Smartphone genießen, dann wirst du den Start in den Tag entspannter und konzentrierter angehen.

Ein Zuviel an sozialen Medien kann dein Gehirn überlasten. Der ständige Strom von Updates und Nachrichten wirkt sich auch psychologisch negativ auf das Gehirn aus. Wenn wir seine Energie als mentale Währung betrachten, dann gibst du zu früh zu viel davon aus und riskierst, dass du für den Rest des Tages in den roten Bereich gerätst. Warum verschiebst du diese Effekte nicht auf später?

Wir sollten wirklich darauf achten, was wir uns am Morgen an Informationen und Reizen zumuten, weil dies unsere innere Einstellung zum neuen Tag prägt. Das ist die beste Zeit für Gewohnheiten, die diesen beeinflussbaren Geisteszustand nutzen - für Formen der Selbstfürsorge, der Meditation oder andere Achtsamkeitstechniken wie Visualisierungen (die wir im nächsten Abschnitt besprechen werden). Damit setzt du einen positiven Akzent für den Tag und eine sinnvolle Absicht.

2. Visualisierung und Aufmerksamkeit

Der amerikanische Schwimmer Michael Phelps, der 28 olympische Medaillen gewonnen hat (davon 23-mal Gold) und der mit Abstand erfolgreichste Olympionike ist, fing schon mit elf Jahren an zu visualisieren. Seine Lehrer waren entnervt, weil er sich einfach nicht auf den Unterricht konzentrieren konnte. Sie hatten wenig Hoffnung für die Zukunft des Jungen. Aber Phelps hatte Glück mit seinem Trainer. Bob Bowman gab ihm und seiner Mutter ein Buch über Entspannungstechniken.

Phelps lernte schnell zu visualisieren. Bald war er ganz allgemein ruhiger. Für ihn wichtiger war jedoch, dass er sich vorstellen konnte, wie er immer besser und schneller schwimmen lernte. Er visualisierte jeden einzelnen Wettkampftag, stellte sich vor, dass die einzelnen Rennen gut liefen und er auch unter Druck seine Zuversicht nicht verlor. Aber Phelps stellte sich auch vor, was er tun würde, wenn es schlecht lief. Schließlich hat man nicht immer alles unter Kontrolle. Er ging solche Szenarien durch und stellte sich Fragen wie »Und wenn es nicht gut läuft?« - so blieb er am Tag des Wettkampfs gelassen, weil er alle Möglichkeiten und Resultate durchgespielt hatte. Auch wenn etwas Unvorhergesehenes passierte, brachte ihn das nicht aus der Ruhe. Denn das Gehirn hat gern die Kontrolle. Innere Unruhe entsteht immer dann, wenn uns die Situation entgleitet.

Phelps' Trainer sagte einmal: »Wenn Michael auf den Startblock steigt, um in der Weltmeisterschaft oder bei den Olympischen Spielen sein Bestes zu geben, hat er diesen Wettkampf schon mehrere Hundert Male im Geist absolviert.«

Die Fähigkeit zur Visualisierung, deren Phelps sich während seiner Karriere bediente, machte ihn zu einem der besten Schwimmer aller Zeiten. Mit fünfzehn wurde er zum jüngsten männlichen Schwimmer seit Ralph Flanagan 1932, der sich für die Olympischen Spiele qualifizierte. Er hat mehrere Weltrekorde gebrochen und ist immer noch der einzige Olympionike, der acht Goldmedaillen in einer einzigen Olympiade geholt hatte. Was mentales Training und Visualisierung angeht, so meint sein Trainer, sei Michael auch hier der Beste, den er je trainiert habe.

Und jetzt noch eine weitere Djokovic-Geschichte. Du hast vielleicht gemerkt, dass er zu meinen absoluten Lieblingssportlern zählt. Auch Djokovic setzt auf Visualisierung. Er nutzt diese mentale Technik, um den Ausgang der Spiele vorwegzunehmen. Was ich an Djokovic am meisten schätze, ist die Veränderung, die er während seiner Karriere durchlaufen hat. Viele Menschen halten ihn auf dem Platz für arrogant, unausstehlich und übellaunig. Zumindest wirkte er früher so, und viele Tennisfans sehen nicht über dieses Verhalten hinaus. Aber Djokovic sprach offen über seine Wut auf dem Platz. Er verwendete Achtsamkeits- und Visualisierungstechniken sowie spirituelle Methoden, um seine innere Ruhe zu stärken. Dadurch konnte er seine mentale Stärke im Spiel steigern.

Professionelle Trainer glauben, dass alle Topsportler in ihrer Disziplin über alle nötigen physischen Fähigkeiten verfügen. Sie trainieren alle die gleichen Schläge oder Würfe. Sie trainieren viel und hart. Was die Spitzensportler von den anderen abhebt, ist die Tatsache, dass sie über die mentale Stärke verfügen, um über ihre Grenzen hinauszugehen. Sie stärken ihren Geist, nicht nur den Körper, um ihr Spiel zu verbessern und ihre Konkurrenten zu schlagen.

Wenn wir unser Gehirn in einen ruhigen, entspannten Zustand versetzen, dann stellen sich Alpha- und Thetawellen ein, vor allem wenn wir tief in Meditation, Selbsthypnose oder Visualisierung eintauchen. Alpha- und Theta-Gehirnwellen zeigen einen Zustand an, in dem das Gehirn offen fürs Lernen ist und neue Verbindungen schaltet. Dann kommt das Gedankenkarussell plötzlich zum Stillstand, und du erkennst völlig klar, was du ändern möchtest. In dieser Verfassung ist das Gehirn offener für die Schaffung beziehungsweise Verstärkung synaptischer Verbindungen. Und das hilft beim Lernen und bei der Anpassung.[52]

Die Wissenschaft der Visualisierung

In Phase 1 hast du gelernt, wie wichtig Aufmerksamkeit ist, wenn du etwas verändern möchtest. Mittlerweile kennst du auch die Macht deiner Gedanken und wie sie zu neuroplastischen Veränderungen beitragen können. Das Piano-Experiment (siehe Seite 116) hat gezeigt, dass neue neuronale Pfade allein durch das Denken geschaffen werden können. Das Milchshake-Experiment (Seite 117 f.) und die Zeigefinger-Studie (Seite 119) zeigen, dass unsere Wahrnehmung und unsere Glaubenssätze sogar unsere Physiologie beeinflussen können. Das unterstreicht, wie wichtig unser Glaube tatsächlich ist. Er bewirkt eine körperliche Reaktion, die anders ausfällt, als sie eigentlich ausfallen müsste. Der Glaube verändert unseren Hormonspiegel. Wenn Gedanken so mächtig sind und wir wissen, dass sie neuroplastische Veränderungen hervorrufen können, dann erkennst du jetzt vermutlich auch, warum Visualisierung so ein wirksames Tool ist, wenn du etwas ändern möchtest.

Visualisierung ist eine Technik, die mittlerweile recht bekannt ist. Im Sport aber wird sie schon seit der Olympiade von 1984 eingesetzt. Viele Sportler - darunter eben Phelps und Djokovic - visualisieren, Wettbewerbe erfolgreich für sich zu entscheiden. Sie arbeiten mit diesen mentalen Bildern, um das Gehirn auf Erfolg zu trainieren. Forschungsarbeiten zeigen, dass beim mentalen Training die gleichen Gehirnareale aktiv werden, die auch aufleuchten, wenn man die entsprechenden Bewegungen und Aktionen körperlich ausführt.[53] Die Performance mental zu üben und dies häufig zu wiederholen, heißt, dass dein Geist sich an diese Abläufe gewöhnt.[54] Wenn du etwas schon in der Vorstellung geübt hast, fällt dir die Ausführung später leichter. Daher nenne ich die Visualisierung gern »Mentaltraining«. Wie beim körperlichen Training, bei dem wir Bewegungen wiederholen, um unsere Muskeln und das Herz-Kreislauf-System zu stärken, bereiten wir beim Mentaltraining unser Gehirn auf bestimmte Verhaltensweisen vor und verbessern so durch Lernen den Ausgang unserer Übung.

Visualisierungen müssen allerdings mit Erfahrungen in der wirklichen Welt kombiniert werden. Das heißt: Du kannst nicht etwas geistig üben, ohne es im realen Leben auch zu tun. Visualisierungen können echte Erfahrungen nicht ersetzen[55] ... Dann würde es sich ja nur um Gedanken handeln. Das Mentaltraining und die reale Ausführung müssen parallel laufen, damit das Ganze funktionieren kann. Ein Beispiel: Du möchtest gern morgens vor der Arbeit joggen, aber irgendwie kommst du nie aus dem Bett. Das kannst du umgehen, indem du schon am Abend davor deinen Bewegungsablauf mental übst. Du stellst dir vor, wie du morgens aufstehst und *nicht* die Schlummertaste auf dem Wecker drückst. Du stellst dir auch vor, wie du müde bist und lieber liegen bleiben würdest. Wir müssen uns klarmachen, dass das passieren wird, und dürfen nicht so tun, als komme so etwas bei uns nicht vor. Dann kannst du dir vorstellen, wie du müde und groggy aufstehst, eigentlich lieber weiterschlafen würdest, aber trotzdem einen Fuß vor den anderen setzt und dich langsam anziehst. Wenn dann die Morgensonne ins Schlafzimmer scheint, musst du das auch *tun,* sonst hast du umsonst geübt.

Aber selbst wenn du das Haus nicht verlässt, wird das Üben bis zum letzten Bild (du ziehst dich an) dafür sorgen, dass diese Kette von Ereignissen in deinem Kopf immer stärker wird. Dann kannst du den Ablauf erweitern, zum Beispiel darum, dass du den Kopfhörer aufsetzt, deine Musik auswählst, die Running-App aufmachst, zur Eingangstür gehst und ins Freie trittst.

Visualisierung plus Aufmerksamkeit

Du musst dich täglich bewusst mit dem beschäftigen, was du ändern möchtest, denn sonst wird dein Gehirn auf seine mentalen Heuristiken zurückgreifen und wieder in die Falle der alten Gewohnheiten tappen. Es wirft das Gedankenkarussell an, und die negativen Selbstgespräche werden abgespult, einfach weil dein Gehirn diese Abfolge so lange Zeit wiederholt hat.

Wenn du jeden Tag eine mentale Trainingseinheit absolvierst, idealerweise am Morgen, richtest du damit den ganzen Tag entsprechend aus. Das kannst du nutzen, um Überzeugungen abzulegen, die dich einschränken. Oder um einem geringen Selbstwertgefühl entgegenzuwirken, zum Beispiel indem du dir vorstellst, wie du hocherhobenen Hauptes in ein Café oder ein Besprechungszimmer trittst. Du kannst es verwenden, um vor einer Präsentation oder einem Vorstellungsgespräch innere Ruhe zu bewahren. Oder um mit einem wie auch immer gearteten Verlust fertigzuwerden.

Wenn du mit einer Trennung zu kämpfen hast, dann kannst du mental trainieren, nicht zu verfolgen, was der oder die Ex in den sozialen Medien gepostet hat, und nicht darauf zu reagieren. Stell dir vor, wie du einfach etwas anderes tust, wenn sich dieser Drang bemerkbar macht. Dir vorzustellen, wie du dabei traurig bist, aber trotzdem weißt, dass du das irgendwann überwunden haben wirst, ist auch sehr nützlich.

Wir sollten niemals versuchen, über unsere wahren Gefühle hinwegzugehen. Wichtig ist, dass wir unsere innere Einstellung verstehen und sie umprogrammieren, indem wir uns sagen, dass wir das schaffen werden. Das ist auf jeden Fall besser, als Katastrophenszenarien im

Geiste durchzuspielen wie »Ich werde mich nie wieder verlieben«, »Ich werde nie jemanden finden, der auch meine Fehler liebenswert findet« oder »Ich werde immer allein bleiben«. Solche Gedanken sind nicht hilfreich und öffnen nur die Falltür, die uns ins niedrige Selbstwertgefühl abstürzen lässt.

Stattdessen sollten wir etwas anderes einüben: zu wissen, dass wir uns mies fühlen, aber gleichzeitig realistisch mit der Situation umgehen ... Wirst du tatsächlich nie wieder jemanden kennenlernen? Natürlich kann es beängstigend sein, das zu glauben. Aber die Wahrscheinlichkeit, dass dieser Fall wirklich eintritt, ist gering. Es könnte passieren, aber wenn wir auf ein anderes Ergebnis hoffen, sollten wir uns das nicht ständig wiederholen. Denn wir nehmen unsere Überzeugungen mit in die nächste Beziehung.

Ein gutes Beispiel dafür ist, wenn du betrogen wurdest und verletzt bist. Falls du diese Überzeugung auf die neue Beziehung überträgst, gehst du schon zu Beginn davon aus, dass diese unter keinem guten Stern steht und der oder die Neue dich ebenfalls täuschen wird. Dann wirst du Dinge sehen, die nicht da sind. Das kann deinen Partner verrückt machen, ja, ihn direkt abstoßen. Vielleicht lügt er dann ja, nur damit du zufrieden bist. Dann haben wir eine selbsterfüllende Prophezeiung, wie sie im Buche steht, und siehe da, im nächsten Moment ist die Weltuntergangsstimmung auf dem Plan und die Beziehung ruiniert.

Unsere Überzeugungen, mentalen Wiederholungen (Visualisierungen), Gedächtnisvorlagen, Negativitätsverzerrung und Aufmerksamkeitssteuerung (das retikuläre Aktivierungssystem und was wir sehen wollen) arbeiten zusammen und prägen so die Art und Weise, wie wir mit der Welt umgehen. Die Geschichten, die wir uns selbst erzählen, entfalten eine enorme Wirkung. Wir müssen also aufpassen, ob wir durch die Worte, die wir für uns selbst verwenden, selbsterfüllende Prophezeiungen schaffen.

Doch der erste Schritt, um etwas zu ändern, ist, sich einzugestehen, dass wir uns solche hinderlichen Geschichten erzählen. Dieses Eingeständnis hebt das unbewusste Narrativ, das du ändern möchtest, ins Licht des Bewusstseins, sodass du daran arbeiten kannst. Manchmal wiederholen wir diese Dinge so oft, dass sie sozusagen mit dem Hintergrund verschmelzen und sich gewohnheitsmäßig so tief einschleifen, dass wir sogar vergessen, was wir da eigentlich sagen. Möglicherweise glauben wir ja selbst nicht mehr, was wir herunterbeten, doch aus alter Gewohnheit wiederholen wir diese Litaneien Tag für Tag und prägen so unser Handeln.

Was ist mit Afantasikern?

Afantasie ist ein Zustand, in dem die Betroffenen sich keine mentalen Bilder machen können. Die meisten Menschen sehen, wenn sie die Augen schließen, Bilder vor sich. Menschen mit Afantasie verlassen sich eher auf andere kognitive Prozesse, um Informationen zu repräsentieren und zu verstehen. Lebhafte mentale Bilder stehen ihnen also nicht zur Verfügung. Wenn das auf dich zutrifft, kannst du aber etwa wie folgt »visualisieren«:

- Statt dich auf ein Bild zu konzentrieren, magst du dich vielleicht auf Wörter und verbale Beschreibungen stützen. Du kannst dich auf deinen Tag vorbereiten, indem du die Stichworte wie in einer Gliederung ins Tagebuch schreibst.

- Verwende Mindmaps (»Gedankenlandkarten«) oder andere grafische Darstellungen, um Informationen aufzubereiten. Organisiere deinen Terminkalender mit farbigen Unterstreichungen und ausgeschnittenen Bildern.
- Ersinne eine Geschichte, die sich um das dreht, was du ändern möchtest. Schreib diese Geschichte auf, und sprich sie laut aus.

Übung: Was du tun kannst

Was machst du dir klar, was sich unbedingt ändern muss?

Schreib auf, wann für dich die beste Tageszeit ist, um zu visualisieren.

Was würdest du gern visualisieren?

Ruf dir eine Zeit ins Gedächtnis, in der du glücklich warst. Was hast du damals richtig gemacht?

Wie sahen damals deine Gewohnheiten aus? Wie bist du in den Tag gestartet? Mit wem warst du zusammen?

Geführte Meditationen und Anleitungen zum Visualisieren findest du auch online. Diese Technik wird häufig durch Apps vermittelt.

3. Wiederholung

Ich werde immer wieder gefragt, wie lange es dauert, um eine Gewohnheit zu verändern. Die Antwort lautet: irgendetwas zwischen 18 und 256 Tagen. Dies hört sich vielleicht entmutigend an, aber das Ganze ist ja kein Kurzzeitprojekt. Es geht immerhin um dein neues Ich. Eine langfristige Veränderung, die all die Jahre tilgen soll, in denen du mit negativen Überzeugungen durchs Leben gegangen bist. Du wirst alle Schubladen verlassen, in die deine Mitmenschen dich gesteckt haben. Du wirst die toxischen Züge ablegen, die du durch Beobachtung deiner Familie übernommen hast. Und du wirst die Mikrotraumata und die herabsetzenden Bemerkungen hinter dir lassen, die dein Selbstwertgefühl untergraben haben. Das lässt sich nicht in drei Wochen erledigen. Dieser Wandel wird dich dein weiteres Leben lang beanspruchen.

KLEINE
GEWOHNHEITEN
WERDEN ALLMÄHLICH ZU
GROSSEN GEWOHNHEITEN UND
PFLASTERN DEN WEG IN EINE BESSERE ZUKUNFT,
BIS SIE SCHLIESSLICH DAS WERDEN, WAS DU BIST.

Damit Pfade, die zu einem neuen Gedanken oder einer neuen Verhaltensweise führen sollen, gefestigt werden, müssen die miteinander kommunizierenden Neuronen innerhalb eines kurzen Zeitrahmens feuern, damit sie ein »Paar« bilden können. Und sie müssen wiederholt miteinander kommunizieren, um eine »Verbindung« zu schaffen.

Das hat seinen Grund: Wenn ein Neuron wiederholt Informationen an ein anderes sendet, wird das Empfänger-Neuron allmählich besser darin, die Information entgegenzunehmen. Mit der Zeit wird so die Kommunikation effektiver. Wiederholung ist also der wichtigste Aspekt, um Pfade für neue Gewohnheiten, Verhaltensweisen und Gedankenmuster zu legen.

Das Problem dabei ist: Wir tun dies ein paar Tage lang, aber schon am fünften, sechsten oder siebten Tag ist unser Gehirn es leid, diese Information dauernd im Bewusstsein zu halten. Es will zurück zur Automatik, damit es energieeffizienter arbeiten kann. Daher ist es eine sinnvolle Strategie, tägliche Erinnerungen und Absichtserklärungen in den Alltag einzuflechten.

Vergiss nicht:
Neurons that fire together,
wire together.

Wie du den Wandel durch Wiederholung verwirklichst

Tägliche Meditation gleich am Morgen.
Umgib dich mit gleichgesinnten Menschen.
Mach dir ein Morgen- oder Abendprogramm.
Geh zu Selbsthilfegruppen mit gleichen Zielen.
Melde dich bei Freunden.
Such dir einen Coach.
Halt deine Ideen im Tagebuch fest.
Formuliere und festige klare Absichten.
Betreibe Selbsthypnose.

4. Raum schaffen

Die Distanz zwischen Reiz und Reaktion wird mit der Zeit größer. In diesem Raum wirst du schließlich entscheiden können, wie du reagieren willst. Dieser Raum ist die Pause, der Moment vor der Reaktion. Er ermöglicht es dir, dein Handeln zu ändern und damit auch die Art, wie die Pfade in deinem Gehirn verlaufen. Anfangs erfolgt deine Reaktion reflexhaft, als hättest du keine Kontrolle darüber. Aber je mehr Aufmerksamkeit du diesem Raum widmest, je mehr du ihn beobachtest, umso größer wird er. In diesem Raum wirst du erkennen, dass du die Wahl hast, wenn es um deine Reaktion geht.

Mai 2023: Ich bin soeben in ein neues Land gezogen. Eine Flut von Eindrücken stürmt auf mich ein. Alle Zeichen erfolgen in einer neuen Sprache. Mein Auto fühlt sich nicht mehr an wie eine Verlängerung meines Körpers, weil ich auf der anderen Seite der Straße fahren muss. Die Formatvorlagen in meinem Gedächtnis passen nicht zu der neuen Normalität. Mein Gehirn ist ständig aufgeputscht, weil es diese Flut aufnehmen muss. Ich muss jede Entscheidung und jede Handlung bewusst erledigen. Nachdenken, bevor ich in meinem Wagen den Gang einlege. Meine rechte Hand ist daran nicht gewöhnt. Früher konnte ich schalten, ohne mir Gedanken darüber zu machen. Mein System ist buchstäblich übersteuert. Ich spüre, wie ich auf fast alles, was auch nur *im Mindesten* schiefgeht, negativ reagiere. Aber ich steige aufs Gas. Ich kann nicht zulassen, dass diese Gefühle das Lenkrad übernehmen. Und ich möchte nicht, dass dies zur Gewohnheit wird.

Kürzlich stand ich vor der Empfangsdame in meinem Fitnessstudio, drei Minuten bevor meine schweißtriefende, heiße Spinningstunde losging. Sie sagte mir, dass ich dem Spender nur gegen Münzeinwurf Wasser entlocken könnte. »Das kann doch nicht wahr sein!« Ich spürte, wie meine Emotionen hochkochten und ins Negative umzuschlagen drohten.

Stattdessen drückte ich im Gehirn auf den »Pause-Knopf« für die Kommunikation. Ich hielt die zwei Neuronen[56] auf, die kurz nacheinander feuern wollten, um die Falltür unter mir aufklappen zu lassen. Ich nahm mir einen Moment Zeit für meine Entscheidung. Ich hatte das Gefühl, ich würde eine Weiche umstellen, sodass der Zug nicht mit einem anderen zusammenstieß, sondern auf ein zweites Gleis gelenkt wurde. Ich lächelte und sagte: »Lässt sich da vielleicht eine Lösung finden? Vielleicht können Sie mir den Betrag ja aus der Kasse leihen und in meinem

Konto vermerken. Dann bringe ich das Geld morgen vorbei.«

Der Raum zwischen Reiz und Reaktion wurde größer und größer. Ich stand an der Weggabelung und sah mir die beiden Reaktionspfade an: Ich konnte genervt reagieren und die Empfangsdame anfauchen. *Oder:* Ich konnte verstehen, dass es ja nicht ihre Schuld war, sondern dass der Wasserspender nun mal einfach so funktionierte.

Mein absolutes Lieblingsmotto im Leben ist: *Lösungen, nicht Probleme sehen.* Ich glaube, dass es für jedes Problem eine Lösung gibt, auch wenn sie einfach in Akzeptanz und Distanz besteht.

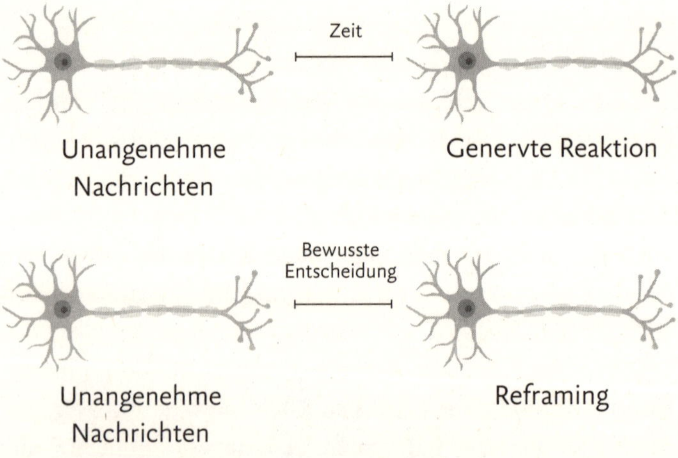

Abb. 15: Der Raum zwischen Reiz und Reaktion

Der Raum zwischen Reiz und Reaktion wird mit der Zeit immer größer, bis du das Muster durchbrochen hast und eine bewusste Entscheidung zum Umprogrammieren triffst. Keine Sorge, wenn das nicht sofort eintritt. Oft korrigieren wir unsere Verhaltensweisen auch, ohne groß darüber nachzudenken. Das Gehirn ist richtig gut darin, Irrtümer zu erkennen und sie zu neuen Informationen für künftige Planungen umzudeuten. Auch das liegt an der erfahrungsabhängigen Plastizität und an unserer Fähigkeit, uns zu korrigieren, indem wir die Fehlleistungen im Gehirn erkennen. Wenn du anfängst, deine Handlungen mit immer mehr Aufmerksamkeit zu verbinden, wird der Raum zwischen Reiz und Reaktion größer. Das geschieht nicht über Nacht, also mach dir keine Vorwürfe, falls du automatisch statt bewusst reagierst. Wenn du einfach am Ball bleibst, zeigt sich die Lösung immer deutlicher.

Wie du Raum schaffst

Übe dich im Alltag in Geduld.
Beobachte deine Reaktionen.
Nutze das physiologische Seufzen.
Versuch es mit Selbsthypnose.
Nimm dir Zeit für Meditation.

5. Überwinde deine Grenzen

Wie oft hast du schon eine neue Gewohnheit ausprobiert, und in der dritten Woche war dann wieder business as usual angesagt? Manchmal ist das eine bewusste Entscheidung, dann wieder merkst du es erst, wenn du mit dem Kopf gegen die Wand läufst. Ein solches Zurückfallen passiert im Übrigen ziemlich häufig, weil Motivation und

Neuheitswert dieser Reise gerade am Anfang ziemlich hoch sind. Danach verfliegt das aufregende Gefühl, und das Gehirn macht weiter wie gewohnt.

Wenn du dir dein Gehirn wieder als ein weites, offenes Land vorstellst, dann haben deine neuen Gewohnheiten und Verhaltensweisen darin noch keine Wege ausgebahnt. Da ist diese gut ausgebaute Straße, voll beleuchtet und gesäumt von hübschen Vorgärten - sie steht für deine alten Gewohnheiten. Und die neuen Verhaltensmuster haben nichts dergleichen zu bieten, maximal einen schmalen Trampelpfad. Du musst diesen Weg erst schaffen. Du musst die Pflastersteine verlegen und die Blumen in den Gärten pflanzen, sodass der Weg leicht begehbar und einladend wirkt. Wenn du aber müde wirst und dein Projekt vergisst, dann will dein Gehirn schnell zurück auf die Straße, die es am besten kennt.

Die eigenen Grenzen zu überwinden, ist zweifellos einer der wichtigsten Schritte, wenn du Verhaltensweisen erfolgreich ändern möchtest. Sicher wird es Zeiten geben, in denen du aufgeben und zu deinen lieben Gewohnheiten zurückkehren möchtest, auch wenn sie noch so schädlich für dich sind. Das ist einer der Gründe, weshalb Menschen in toxischen Beziehungen ausharren oder Missbrauch hinnehmen, weil sie es in ihrer Familie eben so gelernt haben. Deine Grenzen zu überwinden, heißt, dass du weiter am Wandel arbeitest. Das wird dich ermüden. Du wirst deine Motivation verlieren. Allein zu wissen, dass das passieren wird, hilft uns schon, um bei der Stange zu bleiben. Mit der Zeit wird das Ganze nämlich immer einfacher. Doch bis dahin musst du dich auf deine Disziplin verlassen, nicht auf deine Motivation.

Denn unsere Motivation kann nachlassen. Dann sorgt

die Disziplin dafür, dass wir dranbleiben. Viele Menschen legen viel zu viel Wert auf die Motivation und geben auf, sobald sie schwindet. Wenn du weißt, dass dieser Punkt irgendwann kommen kann, hast du auch die Kraft, dich mehr auf Disziplin und Ausdauer zu stützen.

Dein Gehirn braucht viel Energie, um Veränderungen zu verankern. Möglicherweise musst du dich im Tagesablauf darauf einstellen und alles weglassen, was nicht wichtig ist, um mehr mentale Energie für diesen Wandel zu haben.

Besonders wichtig ist es, deine Schlafqualität zu verbessern. In Phase 3 werden wir uns das genauer ansehen. Schlaf ist auf jeden Fall dein wichtigstes Optimierungstool. Alle neuen Erinnerungen, alles Gelernte wird verfestigt, während du in Morpheus' Armen liegst. Wenn du nicht genug Schlaf bekommst, steigt die Wahrscheinlichkeit, dass du in deine alten Muster zurückfällst - Gedankenkarussell, Reizbarkeit, negative Selbstgespräche. Das ist gleich ein doppelter Schlag: Du kannst neue Erinnerungen und Lerninhalte nicht abspeichern, und du fällst leichter in alte Muster zurück, weil dein Leben nicht optimal läuft.

Wenn du weißt, dass all das passieren kann, kannst du besser damit umgehen. Und denk immer dran: keine Selbstvorwürfe, wenn du einen Rückfall hast. Wir haben ja in Phase 1 erfahren, dass dies ein Versuch ist, die Situation unter Kontrolle zu bekommen. Nur dass das eben nicht funktioniert.

Ich möchte auch, dass du Folgendes verstehst:

Das Gehirn ist plastisch,
nicht elastisch.
Und der Wandel verläuft nicht linear.

Viele Leute geraten in Panik, wenn sie mal einen Tag lang Vorsatz Vorsatz sein lassen oder danebenhauen. Aber deshalb ist doch die ganze Arbeit, die du in diese Veränderung investiert hast, nicht verloren. Dein Gehirn zippt nicht einfach wieder zurück in den »ursprünglichen« Zustand wie ein Gummiband, wenn du mal einen schlechten Tag hattest.

Perfektion ist nicht unser Ziel. Manchmal steht unser Perfektionismus unserem Fortschritt im Weg. Oder noch schlimmer: Er lässt uns gar nicht erst anfangen. Wie heißt es doch so schön: »Das Perfekte ist der Feind des Guten.« Manchmal fällt es uns schwer, unsere Fortschritte zu sehen. Wir sind dann zu kritisch, was uns selbst angeht. Wir hätten es halt gern schon geschafft und denken ständig darüber nach, dass wir immer noch nicht am Ziel sind.

Also mach mal langsam. Atme durch, und genieße diesen Augenblick. Es muss nicht alles perfekt sein. Du bist da, liest dieses Buch und machst diese ganze Arbeit. Das ist mehr, als die meisten Menschen von sich sagen können. Ich verspreche dir, dass all diese kleinen Veränderungen, diese neuen Gewohnheiten und Gedanken, all deine Mühe und die Arbeit, die du hier investierst, am Ende ein gutes Resultat liefern werden, auch wenn du es im Moment noch nicht siehst. Der Raum zwischen Reiz und Reaktion wird größer und größer, auch wenn du mal einen miesen Tag hast und doch automatisch reagierst. Das heißt nicht, dass jetzt dein »altes« Ich wieder übernimmt. So arbeitet das Gehirn nicht. Der Input, den du programmiert hast, ist da schon irgendwo. Er verschwindet nicht so einfach. Vertrau dir selbst. Verlass dich auf den Prozess.

6. Entwickle eine Strategie, und mach dich auf Rückschläge gefasst

Wie du eine Strategie entwickelst

Plane deinen Weg, damit du in der Spur bleibst. Das hilft dir an Tagen, an denen dir alles bis zum Hals steht und du keine Lust mehr hast:

SELBSTHYPNOSE
VISUALISIERUNG
TAGEBUCHSCHREIBEN
GEFÜHRTE MEDITATION
GEWOHNHEITEN VERFOLGEN
AN EINEM ABLAUF FESTHALTEN
EINEN COACH ODER THERAPEUTEN KONSULTIEREN
HILFE BEI EINEM FREUND ODER
EINER SELBSTHILFEGRUPPE SUCHEN

Mit einigen dieser Strategien haben wir uns bereits auseinandergesetzt, zum Beispiel mit der Visualisierung.

Eine der wichtigsten Strategien, die uns helfen, in der Spur zu bleiben, ist es, an einem bestimmten Ablauf festzuhalten. Wir haben auf Seite 164 über Reize gesprochen. Das Gehirn braucht Reize aus der Umwelt beziehungsweise zeitabhängige Reize, um eine Reaktion in Gang zu setzen, die in einer Reihe von Aktionen bestehen kann. Wenn du derart Gewohnheiten zusammenschaltest, zum Beispiel in einer Morgenroutine, dann erinnerst du dich eher an Verhaltensweisen, die du dir angewöhnen möchtest. Willst du dich daran erinnern, deine Nahrungsergänzungsmittel einzunehmen, dann kannst du das mit einer anderen Gewohnheit verbinden: Leg sie neben den Wasserkessel, die Zahnbürste oder den Kühlschrank, und du wirst nicht mehr vergessen, sie einzunehmen. Diese Strategie lässt sich auch auf andere Verhaltensweisen anwenden. Wenn du den Tag immer auf dieselbe Weise beginnst und in diese Morgenroutine eine Visualisierung, dein Tagebuch oder eine andere Übung einbaust, dann erinnerst du dich eher daran, was wichtig ist. Auch hier müssen wir diesen Dingen jeden Tag unsere Aufmerksamkeit zuwenden, um eine Veränderung zu erzielen. Wenn du bereits weißt, dass ein anstrengender Arbeitstag auf dich wartet, du aber trotzdem müde bist, dann kann es dir helfen zu visualisieren, wie du diesen Momenten gelassen entgegentrittst. So behältst du die Kontrolle, und das unterstützt dich auf deinem Weg.

Diese Strategien helfen dir auch, wenn du trainieren willst, in einer bestimmten Situation anders zu agieren als üblich (siehe Seite 175). Wenn du immer wieder übst, wie du dich in dieser Situation auf die gewünschte Weise verhältst, steigt die Wahrscheinlichkeit, dass du tatsächlich reagierst wie einstudiert. Übst du nicht, erwischt dich so etwas kalt, und du greifst auf deine alten Verhaltensmuster zurück. Probst du hingegen eine alternative Verhaltensweise, dann hast du einen Joker im Ärmel und kannst ihn im richtigen Moment ziehen.

Ein Beispiel: Du sagst immer Ja, wenn jemand dich um etwas bittet, obwohl du viel zu beschäftigt bist und eigentlich ablehnen müsstest. Bittet dich jemand um einen Gefallen, dann trifft dich das jedes Mal wieder unvorbereitet, und du reagierst deiner Gewohnheit entsprechend: Du sagst Ja. Deine Heuristiken laufen automatisch ab und diktieren dir, was du sagen sollst. Eine andere Möglichkeit zu reagieren fällt dir gar nicht erst ein. Doch du kannst üben und ausprobieren, wie es sich anfühlt, eine andere Antwort zu geben.

Am besten überlegst du dir schon im Voraus verschiedene mögliche Antworten:

- »Ich würde Ihnen wirklich gern helfen, aber im Moment habe ich zu viel Arbeit auf dem Schreibtisch.«
- »Normalerweise wäre das kein Problem, aber ich fürchte, dieses Mal klappt das nicht.«
- »Momentan habe ich leider gar keine Zeit. Ich bin noch bis zum ... [hier gibst du einen Zeitpunkt an] beschäftigt. Vielleicht können wir das ja später ins Auge fassen?«

Du weißt schon, was ich meine.

Mach dich auf Rückschläge gefasst

Das bringt mich zu meinem nächsten Punkt: Mach dich auf Rückschläge gefasst.

Manchmal machen wir auf dem Weg zur Neuprogrammierung auch einen Schritt vorwärts und zwei zurück. Das kann an unserer inneren Haltung liegen: Wir sind den ganzen Tag lang gestresst, erschöpft oder schlecht gelaunt. Wir sind emotionaler als sonst, und schon verfallen wir in unsere alten Muster. Manchmal haben wir auch mit äußeren Einflüssen zu kämpfen, über die wir keine Kontrolle ausüben, aber wir glauben, das sei allein unsere Schuld. Dann bilden wir uns ein, wir würden scheitern, eben weil wir diese Faktoren nicht kontrollieren können. Wenn wir solche Rückschläge erleiden, ohne zu verstehen, warum, dann denken wir, dass wir schließlich doch noch scheitern werden. Darüber hinaus hat unser Gehirn gern die Kontrolle. Wenn es also zu solchen Setbacks kommt, neigen wir zur Panik. Das mag an der Negativitätsverzerrung liegen, an Versagensangst oder mangelnder Selbstständigkeit. Oder an Stress und innerer Unruhe.

Manchmal nutzen wir Rückschläge auch als Entschuldigung, um unsere Bemühungen ganz einzustellen.

»Es geht darum, wie ich es haben möchte,
wie ich es nicht möchte und wie es
möglicherweise laufen könnte.«
Michael Phelps über
Visualisierungen und Rückschläge

Im Jahr 2008 gewann Michael Phelps den Wettkampf über 200 Meter Schmetterling, obwohl seine Schwimmbrille voll Wasser gelaufen war und er blind schwimmen musste. In einem späteren Interview erinnerte er sich an den Wettkampf und meinte, er sei trotzdem ruhig geblieben, weil er alles visualisiert hatte, was möglicherweise schiefgehen konnte. Er schwamm über 175 Meter blind und brach trotzdem den Weltrekord. Phelps war aufs Schlimmste gefasst, auch darauf, dass seine Schwimmbrille sich vielleicht lösen würde. Ihm war klar, dass dies durchaus im Bereich des Möglichen war. Daher wusste er genau, wie viele Schwimmzüge er zu machen hatte, bevor er wenden und zurückschwimmen musste. Er blieb ruhig und hatte die Situation im Griff. Ich glaube, wir alle können von ihm lernen.

Studien zeigen, dass wir unsere Wahrnehmung solcher Rückschläge ändern können, noch bevor sie eintreten, sodass wir sie in positiverem Licht sehen und uns von ihnen die erreichten Fortschritte nicht vermiesen lassen.[57] Im

Falle eines tatsächlichen Rückschlags können wir dann konstruktiver reagieren. Wir können unser Ziel weiter mit Entschlossenheit und Engagement verfolgen, statt resigniert das Handtuch zu werfen ... Wenn wir mit Zuversicht auf Rückschläge reagieren, weil wir wissen, dass wir sie überwinden können, verfallen wir nicht in brütende Gedanken wie »Ich bin ein Schwächling« oder »Mir fehlt die Willenskraft«. Das sind Glaubenssätze, die nur zu einem negativen Selbstbild beitragen. Da das Gehirn negativen Gedanken ohnehin mehr Aufmerksamkeit schenkt, würde dies unser abträgliches Narrativ nur verstärken. Aber wir können unsere Reaktion ja verändern. Rückschläge sind keineswegs das Ende. Wir können lernen, konstruktiv darauf zu reagieren und sie hinter uns zu lassen.

Viele fragen mich: »Und wenn ich wieder ins Zweifeln komme, wenn ich mich gedanklich auf die Möglichkeit von Rückschlägen einstelle?« Wir wissen ja, dass unsere Gedanken sich manchmal selbstständig machen. Diese Gedanken können total sinnlos sein und ziellos herumvagabundieren. Wenn wir bewusst Rückschläge einkalkulieren, erfordert dies eine praxis- und lösungsorientierte innere Einstellung. Wir brauchen ein Ziel vor Augen und einen Plan, der einen möglichen Weg dorthin aufzeigt. So werden jene neuronalen Netzwerke aktiv, die deine Exekutivfunktionen benötigen und mit Logik und Klarheit zu tun haben. Du spielst gedanklich durch, was schiefgehen könnte, und überlegst dir, wie du diesen Risiken gegensteuern kannst. Dieses bewusste Durchdenken unterscheidet sich völlig vom passiven Grübeln und den ausgetretenen Bahnen, in denen es sich bewegt. Hier verharrst du bei deinen negativen Gedanken und Gefühlen, ohne eine Lösung auch nur anzudenken.

Beispiele für das Warum von Rückschlägen

Dir fehlt ein kluges Zeitmanagement.
Du übernimmst unrealistische Darstellungen im Fernsehen und in anderen Medien.
Dein innerer Zustand ist geprägt von Stress, Erschöpfung, Hunger.
Soziale Medien veranlassen dich, dich mit anderen Menschen zu vergleichen.
Kinder und andere familiäre Verantwortlichkeiten fordern dich.
Freunde und dein Arbeitgeber machen dich zu einem anderen Menschen.
Freunde und dein Arbeitgeber vermitteln dir ein mieses Selbstbild.
Du bist von negativen Zeitgenossen umgeben.
Du dröhnst dich zu (mit Rauchen, Trinken oder Drogen).
Du hast Stress in der Arbeit.
Kleinigkeiten bringen dich auf die Palme.

Wollen wir uns gegen Rückschläge wappnen, ist unser erstes Ziel, Strategien und Notfallpläne zu erarbeiten, um im Ernstfall gegensteuern zu können. Das nötigt uns zum Vorausdenken, was wiederum das Gefühl verstärkt, die Dinge im Griff zu haben. Anders als Zweifel und Bedenken, die sich nicht auf Lösungen konzentrieren und uns eher mit einem Gefühl der Hilflosigkeit zurücklassen!

Der Matchplan

Beispiel 1

Du kommst von der Arbeit nach Hause und hast nicht die geringste Lust, etwas zu kochen oder noch ins Fitnessstudio zu gehen.

Du hast dich auf diese Art Rückschlag vorbereitet und weißt, welche Gefühle sich damit verbinden. Du hast deine Gefühle deswegen besser unter Kontrolle, weshalb es wahrscheinlicher ist, dass du trotzdem am geplanten Ablauf festhältst und zum Sport gehst oder kochst.

Beispiel 2

Deine Kinder trödeln am Morgen herum, was bedeutet, dass du nicht mehr zum Sport gehen kannst, nachdem du sie zur Schule gefahren hast.

Normalerweise würdest du jetzt gar nicht ins Fitnessstudio gehen.

Du hast dir bereits überlegt, was du in dieser Situation tust. Du fährst also trotzdem ins Fitnessstudio und machst nur ein Dreißig-Minuten-Work-out, auch wenn das nicht so toll ist wie der Kurs, in den du gehen wolltest.

Beispiel 3

Du steckst noch mitten in einer Trennung, die dich schwer getroffen hat. Du hast nicht gewollt, dass ihr auseinandergeht.

Eines Tages siehst du in den sozialen Medien, dass

deine Ex einen neuen Partner hat. Du bist vielleicht immer noch verletzt, kannst aber mit der Situation nun besser umgehen. Eine aktive Vorbereitung verringert die Wirkung, die diese Entdeckung auf dich hat.

Überraschung ist ein starkes Gefühl, vor allem wenn du dich überrumpelt fühlst. Daher erfordert solch eine Situation eine starke Emotionsregulierung.

Sich auf diese Art Rückschlag vorzubereiten, sieht für jeden Menschen anders aus. Wir haben ja schon über Verluste gesprochen und wie wir die Ausschüttung von neurochemischen Stoffen erhöhen können, die uns im Augenblick der Trauer helfen (siehe Seite 149 ff.), zum Beispiel durch

- die Akzeptanz deines Schmerzes,
- das physiologische Seufzen,
- einen Spaziergang in der freien Natur,
- einen Anruf bei einer Freundin oder
- Sport.

Rückschläge können eher innere Gründe haben wie Stress und Müdigkeit oder auf äußere Anlässe zurückgehen. Wenn wir uns jedoch innerlich auf die Möglichkeit von Setbacks vorbereiten, gibt uns dies ein Gefühl der Unabhängigkeit. Gegenstrategien helfen uns im Ernstfall, damit umzugehen.

Uns gegen Rückschläge zu wappnen, heißt auch, dass wir uns vorab mit negativen Emotionen beschäftigen, die in diesem Zusammenhang vielleicht auftreten. So können wir sie gegebenenfalls besser regulieren, weil wir uns Bewältigungsmöglichkeiten überlegt haben. Anders als die Grübelei, die negative Gefühle blind anheizt, geht es bei solchen Bewältigungsstrategien um eine geerdete, realistische Einschätzung. Im Mittelpunkt steht dabei, gezielt Lösungen für mögliche Risiken und Herausforderungen zu suchen und gleichzeitig die innere Unruhe zu lindern, die in solchen Zeiten unweigerlich auftritt. Wenn wir uns dergestalt auf Rückschläge vorbereiten, sinkt die Wahrscheinlichkeit, dass wir in unsere alten Muster zurückfallen.

7. Angst und Selbstsabotage überwinden

Das Gehirn schätzt es, wenn es die Kontrolle hat und sich sicher fühlt, auch wenn es damit falschliegt. Selbstsabotage ist ein auf Angst basierender Mechanismus, der uns vor dem Ungewissen schützen soll. Unser Gehirn hält Vertrautes für sicher, auch wenn das Vertraute nicht das ist, was wir uns wirklich wünschen. Das ist der Grund, weshalb Menschen, die in der Familie regelmäßig Missbrauch erlebt haben, sich an jemanden binden, der diese Muster wiederholt. Und warum manche sich immer wieder in die gleichen toxischen Typen verlieben. Weil dies dem Gehirn so vertraut ist.

Ein bekanntes Übel ist uns oft lieber
als die Gefahr, die möglicherweise im Ungewissen lauert.

Manchmal fragt man also seine Freunde um Rat, nur um dann das genaue Gegenteil von dem zu tun, was sie empfehlen - auch wenn man weiß, was eigentlich richtig wäre und warum man es tun sollte. Vielleicht findet man ja Rechtfertigungen dafür, dass man eben so und nicht anders ist. Das fällt einem womöglich leichter, als sich einzugestehen, dass man sich ändern müsste.

Perfektionismus und die Angewohnheit, Dinge auf die lange Bank zu schieben, sind weitere Formen der Selbstsabotage. Manchmal schlägst du den Weg zur Veränderung erst gar nicht ein, weil du entweder Angst hast zu scheitern oder fürchtest, nicht perfekt zu werden. Dieses Zögern und Zaudern verhindert, dass du positive Veränderungen in deinem Leben vornimmst. Und du bleibst in einer Schleife der Scham gefangen, weil dein Gehirn lieber da verharrt, wo es sich einfach und sicher anfühlt, statt zuzulassen, dass du dich aus deiner Komfortzone herausbequemst und den ersten Schritt ins Ungewisse wagst.

Doch die Wahrheit ist: Veränderungen vollziehen sich immer im Ungewissen, und sie sind per se ungemütlich. Die Dinge wandeln sich in der klaustrophobischen Kluft zwischen dem Entschluss, etwas zu unternehmen, und der realen Veränderung. Das geht nicht ohne eine Prise Unsicherheit und Ungewissheit ab. Selbstsabotage ist eine Ausgeburt der Angst, weil wir unsere Fähigkeiten unterschätzen. Ein bekanntes, wenn auch schlechtes Ergebnis ist immer noch besser als ein offenes. Und so finden wir Mittel und Wege, um uns zu überzeugen, warum wir etwas nicht tun sollten oder können. Wir rechtfertigen das Verhalten, das uns im Altgewohnten verharren lässt.

Djokovic lebt nicht ohne Angst. Er gesteht sich ein, dass er sie immer noch hat. Er ist nicht furchtlos. Nur nutzt er die Furcht eben als Inspiration und spielt trotzdem. Vor dem Hintergrund dieser Angst müssen wir neue synaptische Pfade anlegen ... solche, wo persönliches Wachstum geschehen kann. Das Ziel ist nicht Furchtlosigkeit. Das Ziel ist Tapferkeit. Und wenn du dich als tapfer erweist, wirst du merken, dass die Welt deinen Mut zu würdigen weiß. Die Dunkelheit ist immer noch da. Du lernst nur, wie du das Licht darin sein kannst.

»Noch mit fünfundsiebzig musste sich
Henry Fonda vor jedem Bühnenauftritt erbrechen.
Mit anderen Worten: Die Angst legt sich nie.«
Steven Pressfield, *The War of Art*

Zwei Wege, die Angst zu überwinden

Schritt für Schritt

Du kannst deine Fühler vorsichtig ins Unbekannte ausstrecken und deinem Gehirn und dem übrigen Körper so zeigen, dass du vollkommen in Sicherheit bist. Du trittst ins Ungewisse ein und merkst, dass es da gar nicht so schlimm zugeht. Und dann schiebst du deinen Fuß ein klein wenig weiter vor und sagst deinem Gehirn, dass es zu dieser Veränderung fähig ist.

Max, mein zweiter Hund, ist eine reichlich nervöse Mischung aus Malinois und Deutschem Schäferhund. Sie kommt aus dem Tierheim und hatte einen schwierigen Start ins Leben. Jetzt, da ich dieses Kapitel schreibe, ist sie gerade mal zehn Monate alt. Aber sie ist jetzt schon größer als durchschnittlich und sieht wirklich gefährlich aus. Als Welpe wurde Max nicht richtig sozialisiert. Daher versucht sie immer wieder, Menschen zu vertreiben, die uns zu nahe kommen. Außerdem neigt sie auch genetisch zur

Nervosität. Sie fühlt sich in der Welt nicht sicher, hat Angst vor anderen Menschen und Hunden und reagiert auf diese Angst.

Verständlich, dass jemand, der einen solchen Hund besitzt, ihn nicht gern in der Öffentlichkeit ausführt. Aber dann bekommt der Hund nie Gelegenheit, sich mit seinen Ängsten auseinanderzusetzen und sein erlerntes Verhalten zu ändern. Vielleicht vermeidet es der Besitzende, dass sein Hund mit anderen Leuten und anderen Hunden in Kontakt kommt. Das verstärkt die Vorstellung des Tieres noch, dass man Hund und Halter besser aus dem Weg geht. (Du erinnerst dich sicher noch an den Yekuana-Stamm, den ich dir im Intro vorgestellt habe. Dort wird Erfahrung durch Körpersprache vermittelt.)

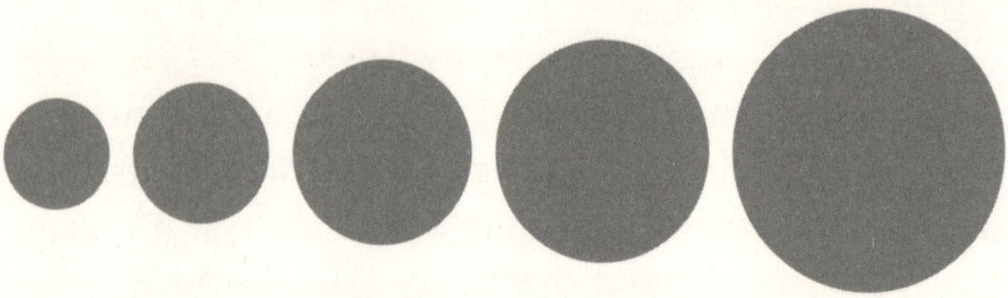

Abb. 16: Schritt für Schritt

Diesen Weg der Vermeidung aber wollte ich mit meinem Hund nicht gehen. Dafür wusste ich zu viel über das Gehirn und war viel zu begeistert von seiner Fähigkeit zur Neuroplastizität. Ich freute mich darauf, Max bei ihrem Wandel zu begleiten. Ich nehme sie immer mit, egal, wohin. Wir sitzen da und beobachten die Leute, wie sie an uns vorbeidefilieren. Jedes Mal, wenn sie etwas gut macht, bekommt sie zur Belohnung ein Leckerli, zum Beispiel wenn sie ihren Blick auf mich richtet und Passanten ignoriert.

Eines Tages gingen wir mit ihr an den Strand, was wir ohnehin fast jede Woche tun. Wir spazierten zu ihrer Lieblingsmole, von der sie immer begeistert ins Wasser springt. Dort ist es normalerweise ziemlich ruhig, aber an jenem Sommertag saßen da sechs Leute und belegten die Plattform. Unser erster Impuls war, die Mole zu meiden, bis die Leute fort waren. Doch bald war klar, dass sie nicht so schnell verschwinden würden. Also gaben wir uns einen Ruck und beschlossen, uns auf die Mole zu begeben und uns der Situation und allen Eventualitäten zu stellen. Schließlich war das auch eine gute Gelegenheit zum Training.

An der Mole angekommen, fragten wir die Gruppe, ob es okay wäre, dass wir Max dabeihaben. Niemand hatte etwas dagegen. Besser noch: Die Leute fühlten mit der überaktiven Max und wollten gern dazu beitragen, dass sie ihre Scheu verlor. Am Ende des Nachmittags spielten sie mit ihr Ball, und Max lief ohne Probleme zwischen all den Menschen herum. Später kam eine weitere Gruppe, und auch diese wurde von Max ohne Misstrauen aufgenommen. Sie wird immer nervös bleiben. Es ist unrealistisch, von ihr zu erwarten, dass sie sich an einem Tag vollkommen verändert. Aber all diese kleinen Erfahrungen werden schließlich dazu führen, dass sie beim Kontakt mit Menschen ruhig bleibt und sich wohlfühlt.

Es kann sein, dass du keine Hunde magst, aber von einem nervösen Tier wie Max können wir einiges lernen. Sie ist der Beweis dafür, dass die Politik der kleinen Schritte Erfolg zeigt. Wir gehen mit ihr in Situationen, die für sie unangenehm sind, und bringen ihr bei, dass sie sicher ist und nichts zu befürchten hat. Dabei achten wir jedoch ihre Grenzen. So kann ihr Gehirn sich daran gewöhnen, weniger Angst zu haben und selbstsicherer zu sein. Irgendwann wird sie ihre Angst überwunden haben. Jeder hat hier andere Grenzen. Ich kenne Max' Grenzen aus Erfahrung. Ich sehe, was bei ihr Angst auslöst, und weiß daher, wie weit ich gehen kann.

Aber ich kenne auch mein Limit und weiß, bis zu welchem Punkt ich cool bleibe und wann *ich* Muffensausen kriege. Du musst eben herausfinden, wo deine Grenzen liegen.

Gleich ins tiefe Wasser springen

Wie man sich zwei Tage nach dem Umzug in eine neue Stadt, die man vorher nur einmal besucht hat, fühlt, habe ich ja schon erzählt. Da saß ich nun, ohne Freunde, an einem mir völlig unbekannten Ort. In meinem Einführungsseminar war ich mit meinen 26 Jahren die Älteste. Leben im Ungewissen, das war in dieser Situation die totale Untertreibung. Mein Gehirn musste in kürzester Zeit neue plastische Verbindungen schaffen. Stell dir vor, man würde dich in eine Zeit katapultieren, in der es weder Mobiltelefone noch Elektrizität gäbe. Dann müsste dein Gehirn sich auch sehr schnell anpassen, damit du überleben kannst.

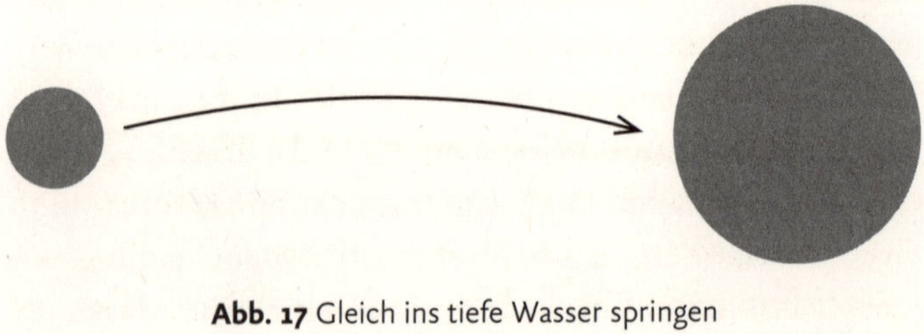

Abb. 17 Gleich ins tiefe Wasser springen

Auch radikale Zäsuren sind eine Methode, um Selbstsabotage und Angst zu überwinden. Das ist ein bisschen so, als würdest du dir plötzlich den Schädel kahl rasieren, mit 65 Jahren einen Doktortitel anstreben oder deinen gesamten Besitz verscherbeln und auf Weltreise gehen. Dieser Weg eignet sich nicht für alle Menschen, aber er wird trotzdem häufig eingeschlagen.

Es darf aber auch weniger dramatisch sein. Ich erinnere mich noch, als ich zum ersten Mal einen Vortrag hielt. Ein Finanzunternehmen hatte per Mail deswegen bei mir angefragt. Das war kurz nach der Pandemie, als ich ständig Online-Kurse gab. Also schrieb ich zurück: »Ja. Bisher waren das meist Webinare. Die Auswahl an Themen ist daher noch etwas begrenzt.« Ich sprang sozusagen ins kalte Wasser. Ich war bei Präsentationen immer schon gut gewesen, und ich halte mich auch für eine eher charismatische Persönlichkeit, also dachte ich: »Das mache ich doch!« Man könnte sagen, dass ich mit der Wahrheit recht großzügig umgegangen war, aber ich sah eine Gelegenheit, und ich packte sie beim Schopf. Hätte ich damals nicht Ja gesagt, wann hätte ich dann meinen ersten öffentlichen Vortrag gehalten?

Ich war einigermaßen nervös, aber ich machte von allen mir bekannten Selbstregulierungstools Gebrauch, besonders dem physiologischen Seufzen. Ich übte meinen Vortrag ein, bis ich sicher war, dass ich meine Botschaft rüberbringen würde. Es wurde ein Erfolg. Ich bekam tolles Feedback und erhielt später noch viele Gelegenheiten, öffentlich Vorträge zu halten. Ich scherte mir also nicht das Haupthaar und verließ auch nicht das Land. Aber ich tat schon einen recht weiten Satz ins Unbekannte und zwang mich so selbst aus der Komfortzone.

Forschungsarbeiten zeigen, dass wir lieber sofort belohnt werden wollen, statt vielleicht irgendwann später ein Bonbon zu bekommen.[58] Wenn die unmittelbare Belohnung darin besteht, dass du die Sicherheit deiner Komfortzone nicht aufgeben musst (auch wenn es deine Probleme lösen würde, sie zu verlassen), kann es gut sein, dass du lieber hinter dem warmen Ofen bleibst. Wenn Max die Wahl hätte, würde sie niemals an Orte gehen, an denen sich Menschen und Hunde aufhalten. Tatsächlich würde sie nicht einmal das Haus verlassen. Aber das ist keine realistische Art, das Leben anzugehen. Wir müssen uns entscheiden, wie wir uns unserer Angst stellen wollen. Dafür gibt es verschiedene Möglichkeiten. Die Politik der kleinen Schritte führt ebenso zum Erfolg wie der Sprung ins kalte Wasser. Jede Situation ist anders, und wir können uns jeder auf die Weise nähern, die ihr am angemessensten ist.

Wie gehst du mit deinen Ängsten um? Ich hoffe, dass du dich nicht mehr selbst sabotierst. Ich hoffe sehr, dass du mit all den Tools und Tipps, die ich dir mitgegeben habe, deine Komfortzone nun verlassen willst. Dass du anfängst, in deinem Hirn neue Verbindungen zu legen, die auf neuen Erfahrungen basieren. Erfahrungen, die dich in die Lage versetzen, die Dinge anders zu sehen als vorher. Wenn du immer Ausschau gehalten hast nach einem Zeichen, nach der Erlaubnis oder auch nur nach einer Hand, die die deine hält, dann ist jetzt der Zeitpunkt da: Dieses Buch ist diese Hand.

Phase 3

Das Positive fördern

Mehr Leben: Mach dir klar,
dass du mehr für dich wünschst.
Bleib am Ball. Du verdienst mehr für dein Leben.
Kämpfe darum.

Wie du deine mentale Resilienz steigerst
Die Neurowissenschaft hinter dem Wachstumsdenken
Deine Muskeln kommunizieren direkt mit deinem Gehirn
Schlaf ist dein Optimierungstool Nr. 1
Dopamin: Das Glück geschieht jetzt
Wie du Selbstvertrauen und Zuversicht aufbaust

Wie du mithilfe der Neurowissenschaft deine mentale Resilienz steigerst

Studien zeigen, dass wir unsere Neurobiologie verändern können, um unempfindlicher gegenüber Stress zu werden.

Wie du deine mentale Resilienz steigerst

Die American Psychological Association definiert Resilienz als »Prozess einer gelungenen Anpassung beim Auftreten von Schwierigkeiten, Traumata, Tragödien, Bedrohungen oder anderen wesentlichen Ursachen von Stress«. Können wir unsere Resilienz verbessern? Ja. Stressresilienz kann durch verschiedene Strategien und Maßnahmen optimiert werden. Manche Menschen sind von Haus aus widerstandsfähiger als andere. Aber diese Eigenschaft lässt sich mit der Zeit auch entwickeln.

In Phase 1 haben wir uns zunächst damit beschäftigt, was chronischer Stress ist und wie er unserem Körper schaden kann. Und wir haben erfahren, dass akuter Stress im Alltag eine konkrete Funktion erfüllt. Er dient vielen Zwecken. So macht zum Beispiel bewusst erzeugter Stress (Sport, Atemtechniken, Eisbaden, Sauna und so weiter) unser Immunsystem stärker. Akuter Stress schwächt unser Immunsystem nicht, wie viele Menschen glauben. Er steigert unsere Resilienz und die Fähigkeit, künftig mit solchen Belastungen fertigzuwerden. Es braucht eine sinnvolle Balance zwischen dem sympathetischen Stresszustand - in dem der Körper Adrenalin und Cortisol ausschüttet, damit wir entweder kämpfen oder fliehen können - und anschließendem Stressabbau. Betrachte es mal so: Wenn du Sportler bist, musst du ein Gleichgewicht finden zwischen Antrieb und regelmäßigem Training und Trainingspausen zur Regeneration, sodass du dich nicht verletzt.

In diesem Kapitel werden wir uns ansehen, wie wir unsere mentale Resilienz steigern können, indem wir lernen, wie wir mit Stress umgehen und uns davon wieder erholen.

Bewusster Stress

Durch körperliches Training und Atemübungen bewusst herbeigeführter Stress kann sich positiv auf Gehirn, Körper und mentale Gesundheit auswirken. Zahlreiche Forschungsarbeiten zeigen, dass unsere Einstellung zu Stress beeinflusst, wie wir körperlich darauf reagieren. Auch damit haben wir uns in Phase 1 bereits auseinandergesetzt.

Professor Alia Crum ist eine der führenden Wissenschaftlerinnen, die die Auswirkungen unserer mentalen Einstellung auf unser Handeln untersuchen. In einer ihrer Studien wurden die Versuchsteilnehmer in zwei Gruppen eingeteilt.[59] Der einen zeigte man ein Video über die positiven Effekte von Stress. Darin hieß es unter anderem, dass er Gehirn und Körper intensiv mit Sauerstoff versorgt, mehr Energie schenkt und Leistung, Produktivität, Konzentration und Entscheidungsfindung verbessert. Die zweite Gruppe hingegen sah ein Video über die schädlichen Auswirkungen von Stress, zum Beispiel dass er Antriebsstörungen bewirkt und die Leistungsfähigkeit schwächt. Stress, so das Video, würde unsere Fähigkeit zum klaren Denken und zur Entscheidungsfindung einschränken. Sogar gut trainierte Profis würden unter der Belastung zusammenbrechen. Als Beleg zeigte man ihnen Aufnahmen von Basketballspielern, die auf dem Feld die Nerven verloren. Die Resultate waren unglaublich. Die Gruppe, der man die positiven Effekte geschildert hatte, verbesserte ihre Leistungen und gab bei Befragung weniger gesundheitliche Probleme an.

Ähnliche Studien belegen, dass Menschen, die an die förderlichen Effekte von Stress glauben, eine positive physiologische Reaktion darauf zeigen.[60] Während des Experiments arbeitete ihr Herz effizienter. Das heißt, dass sich seine Fähigkeit, Blut durch den Körper zu pumpen und ihn mit Sauerstoff zu versorgen, verbesserte. Und es brauchte dafür auch weniger Energie. Unter Belastung sank der Blutdruck der Probanden sogar im Vergleich zur Kontrollgruppe, die nichts über die Vorzüge von Stress gehört hatte.

Stress neu zu bewerten, ist ein wichtiges Tool, das uns im Leben gute Dienste leistet. Den Unterschied zwischen akutem und chronischem Stress zu begreifen, kann uns zu ebenjener Balance zwischen Reaktion auf Belastungen und anschließender Erholung verhelfen, die für eine erfolgreiche Alltagsbewältigung so wichtig ist.

Akuter Stress:
Öffentliche Vorträge
Vorstellungsgespräche
Prüfungen oder Examen
Konflikte oder Konfrontationen

Bewusst herbeigeführter Stress:
Sauna
Sport
Eisbaden
Atemübungen
Freiwillige Bildungsaktivitäten

Chronischer Stress:
Probleme in der Arbeit oder mit den Finanzen
Beziehungsschwierigkeiten
Gesundheitliche Störungen
Stress in der Care-Arbeit
Soziale Isolation

Wie du unter Druck ruhig bleibst

Im Normalfall werden Noradrenalin (der Stressbotenstoff, der im Gehirn freigesetzt wird) und Adrenalin (das Stresshormon, das der Körper produziert) in einer Belastungssituation gleichzeitig ausgeschüttet. Stresserprobte Menschen jedoch zeigen über einen längeren Zeitraum ganz unterschiedliche Resultate. Dies belegt eine Studie, in der die Auswirkungen von Eisbaden, Meditation und zyklischer Hyperventilation untersucht wurden (einer tibetischen Atemtechnik, einer Praxis, die dem tantrischen Vajrayana-Buddhismus entstammt).[61] Diese Studie war inspiriert von dem holländischen Motivationscoach und Extremsportler Wim Hof. Er hat das Eisbaden und die genannte Atemtechnik populär gemacht. Mittels dieser beiden Techniken demonstriert er seinen Kursteilnehmern, dass bewusst herbeigeführter Stress Vorzüge hat. Die Studie zeigte weiter, dass jene Teilnehmer, die sich diesem Stress aussetzten, zwei Wochen lang zwar einen hohen Adrenalinspiegel hatten, dass aber ihr Noradrenalinspiegel deutlich niedriger war als bei der Kontrollgruppe. Das heißt, die trainierten Teilnehmer blieben geistig ruhig, obwohl Stresshormone den Körper fluteten. Nehmen wir einen Boxer im Boxring. Sein Körper wird überschwemmt von Adrenalin, trotzdem kann er bis zu einem gewissen Punkt mental die Ruhe bewahren.

Diese Top-down-Regulierung bedeutet, dass das Gehirn unsere emotionalen und physiologischen Reaktionen auf Stress kontrollieren kann. Jüngere Forschungsarbeiten zeigen, dass die Regulierung »von oben« bei belastenden Erfahrungen für eine bessere Resilienz sorgt.[62] Wenn wir Stress erleben, kann der präfrontale Kortex, der für Vernunft und Logik zuständig ist, die Aktivität anderer Gehirnareale beeinflussen, die mit Stress zu tun haben: zum Beispiel die Amygdala, die mit Angst und Emotionsverarbeitung befasst ist, oder den Hypothalamus, der die Stressreaktion einleitet. Durch diesen Top-down-Prozess kann der präfrontale Kortex eine überschießende Stressreaktion dämpfen und sinnvollere Bewältigungsstrategien fördern.

Doch die Geschichte hat einen Haken. Wie ich dir schon erzählt habe, ist das Gehirn bei Stress eher auf

Weglaufen, Kämpfen oder Totstellen aus, nicht unbedingt aufs Zuhören. Und deshalb kannst du im Stress nicht vernünftig mit dir selbst reden. Das gilt aber nur für Situationen, in denen du schon unter Stress stehst und vielleicht mit für dich völlig neuen Umständen konfrontiert bist. Als Börsenmakler zum Beispiel bist du daran gewöhnt, dass es Abschwünge gibt, der Markt plötzlich fällt und du in Panik gerätst. Trotzdem kannst du noch vernünftig reagieren, weil du solche Situationen eben schon erlebt hast. Wenn wir uns ganz bewusst Stress aussetzen, haben wir Kontrolle über die Situation und können mithilfe der Top-down-Regulierung trotzdem einen kühlen Kopf bewahren, und das schon im Vorfeld der vom Körper ausgelösten Stressreaktion.

Stell dir vor, du joggst regelmäßig. Wenn du mittendrin bist, ist dein Körper voller Adrenalin, aber dein Geist bleibt ganz ruhig und im Flow. Die Top-down-Regulierung ermöglicht dir, weiterhin Informationen kognitiv zu verarbeiten und die Funktionen der niedrigeren körperlichen Ebenen zu beeinflussen. Vielleicht beschließt du dann, dass du heute mal ein bisschen schneller laufen möchtest. Oder du sagst dir, dass du auch unter Druck ruhig bleiben wirst.

Hier geht es vor allem um eines: Wenn du in Situationen, die du unter Kontrolle hast, trainierst, auch unter Stress ruhig zu bleiben, dann hebst du deine mentale Stressbelastungsgrenze an. Wenn du zum ersten Mal joggst, dann überfallen dich vielleicht Gefühle wie Unruhe, Sorge und Stress. Mit der Zeit aber wird es einfacher, und dein Gehirn bleibt ruhig. Das Adrenalin im Körper ist noch da, weil du es brauchst, aber der Noradrenalinspiegel im Gehirn sinkt. Das bedeutet, dass die Verbindung zwischen den beiden schwächer geworden ist. Dein Körper kann unter Stress sein, während dein Geist ruhig bleibt. Und diese Erfahrung kannst du auf andere Situationen übertragen. Dann wirst du auch mit unvorhergesehenen Belastungen durch deinen Chef, durch Konflikte oder Schwierigkeiten im Privatleben fertig.

Natürlich hat das Zusammenspiel der beiden Adrenalinformen viele Facetten. Wir werden die beiden Systeme nie so weit trennen können, dass sie sich gegenseitig nicht beeinflussen. Aber wir können unsere Stressresilienz stärken, indem wir uns dann herausfordernden Situationen aussetzen, wenn wir wissen, dass wir in Sicherheit sind.

Achtsamkeitsmeditation

Auch die Achtsamkeitsmeditation steigert unsere Widerstandskraft und die Fähigkeit, mit körperlichen Herausforderungen umzugehen. Studien belegen, dass Menschen, die sich einem Achtsamkeitstraining (Meditation) unterzogen haben, angesichts von anstrengenden Aufgaben weniger Stresshormone und Entzündungsmoleküle ausschütten als die Kontrollgruppe.[63] Mehrere Studien zeigen weiter, dass eine starke Top-down-Regulierung unsere Stressresilienz verbessert, sodass wir uns von belastenden Erfahrungen leichter erholen.[64] Diese Regulierung lässt sich durch Meditation erlernen, aber auch durch Verhaltenstherapie und andere Methoden wie Atemtechniken. Meditation verbessert die Top-down-Regulierung durch stärkere Aufmerksamkeitskontrolle, eine gute Regulierung unserer Emotionen und eine klare Selbstwahrnehmung. Der präfrontale Kortex wird gestärkt, was unsere kognitiven Funktionen ganz allgemein verbessert.

Allerdings ist Stressresilienz ein komplexer Charakterzug, der von verschiedenen genetischen, umweltbedingten und individuellen Faktoren beeinflusst wird. Die Top-down-Regulierung spielt dabei zwar höchstwahrscheinlich eine Rolle, aber sie ist keineswegs allein verantwortlich. Andere Faktoren wie soziale Unterstützung, konstruktive Bewältigungsmechanismen und persönliche Erfahrungen tragen ebenfalls zur Fähigkeit bei, gut mit Belastungen umgehen zu können.

Liebe erfindet uns neu

Es gibt belastbare Belege dafür, dass psychische Resilienz mit deinem Umfeld zu tun hat, mit dem Netzwerk an Unterstützern, das du um dich aufgebaut hast - deine Familie, deine Schulkameraden, Kommilitonen, Freunde und so weiter. Daneben spielen auch Selbstregulierung und -fürsorge eine Rolle, die wir uns später näher ansehen werden. Soziale Verbundenheit führt zu mehr Resilienz, weil du emotionale Unterstützung erfährst, ein Zugehörigkeitsgefühl und konkrete praktische Hilfe. In schwierigen Zeiten bietet ein gutes Netzwerk Trost und Verständnis. Beides bildet gute Puffer gegen den Stress. Einer sozialen Gruppierung anzugehören, stärkt unsere Identität und schenkt uns ein Gefühl der Akzeptanz. Dies wiederum lindert das Gefühl der Isolation, das der Resilienz entgegensteht. Freunde und Angehörige, denen wir vertrauen können, zeigen uns bei unseren Problemen einen anderen Blickwinkel auf. Sie können auch nützliche Ratschläge geben, die zu unseren Problemlösungsstrategien beitragen. Und noch wichtiger: Sie unterstützen uns dabei, um unsere Probleme herum ein sinnvolleres Narrativ zu spinnen.

Kürzlich schilderte mir eine Freundin ein Problem, das sie mit ihrem Partner hatte. Als Außenstehende konnte ich ihr eine ausgewogenere Sicht auf das Problem vermitteln. So kam sie in die Lage, die Situation aus einem anderen Blickwinkel zu sehen und schließlich eine passende Lösung zu finden. Positive soziale Verbindungen tragen außerdem zu unserem körperlichen Wohlbefinden bei, indem sie unseren Spiegel an Stresshormonen senken und unsere Immunfunktionen verbessern. Die Ausschüttung von Oxytocin und Serotonin trägt zu einer Art Katharsis bei. Diese gesundheitlichen Vorteile helfen uns, uns schneller von Herausforderungen zu erholen. Die praktische und emotionale Unterstützung durch unser soziales Netz hilft uns, mit unseren Gefühlen besser fertigzuwerden.

Möglicherweise gibt es in deiner unmittelbaren familiären Umgebung oder deinem Freundeskreis keine solche Person. Zumindest haben das einige meiner Instagram-Follower berichtet - meist Männer, die meinten, sie hätten keine Freunde, die sie unterstützen würden. Aber mittlerweile gibt es viele Wohltätigkeitsorganisationen, Selbsthilfegruppen und Online-Brieffreunde, die dir die nötige emotionale Unterstützung geben können. Vielleicht möchtest du dich ja einem Sportverein anschließen, einem Buchklub oder einer Laufgruppe. Du wirst bald merken, dass die meisten Menschen jemanden brauchen, mit dem sie reden können. Hilfe ist also vorhanden. Du musst sie dir nur suchen.

Professor Bruce D. Perry ist Kinderpsychiater und hat einige der weltweit schlimmsten Missbrauchsfälle zu sehen bekommen. Dennoch ist das Fazit seines Buches *Der Junge, der wie ein Hund gehalten wurde:*[65] Was auch immer diese Kinder zuvor erlebt hatten, diejenigen von ihnen, die Unterstützung bekamen, ob von der eigenen oder von einer Pflegefamilie beziehungsweise einer Selbsthilfegruppe, hatten später im Leben Glück und Erfolg. Auch wenn man dich als Kind nicht unterstützt hat, so kannst du später Beziehungen knüpfen, die dir helfen.

Menschen brauchen einander. Wir brauchen Verbundenheit und das Gefühl, nicht allein zu sein. Also suche den Kontakt zu deinen Freunden. Bau dir ein solides Unterstützungsnetzwerk auf, indem du zusammen mit anderen außerschulischen und -beruflichen Aktivitäten nachgehst oder eine Therapie beziehungsweise Gruppentherapie machst. Liebe erfindet uns neu. Jahrelang hat man uns gepredigt, dass »niemand uns liebt, wenn wir uns nicht selbst lieben können«. In Wirklichkeit aber kannst du nicht lernen, dich selbst zu lieben, ohne vorher von anderen geliebt worden zu sein. Das heißt nicht, dass du von ihnen Bestätigung brauchst. Du kannst durchaus für dich selbst sorgen, aber vergiss nicht, dass die Netzwerke im Gehirn verschiedene Modalitäten abbilden. Diese formen sich durch somatosensorischen Input. Die Fähigkeit zu lieben lässt sich in der Isolation nicht aufbauen. Professor Perry hat bewiesen, dass traumatisierte Kinder sich erholen, wachsen und gedeihen können, wenn sie von Menschen umgeben sind, die sie lieben. Für all jene, die eher introvertiert oder neurodivergent beziehungsweise -divers sind und sich für soziale Interaktion nicht unbedingt begeistern können: Forschungsarbeiten zeigen, dass die Qualität der sozialen Verbindung wichtiger ist als die Häufigkeit der Treffen.[66] Wir können ruhig 75 Prozent unserer Zeit allein verbringen. Wenn wir nur einige wichtige Beziehungen haben, reicht das aus, damit wir uns verbunden und unterstützt fühlen.

Neuroplastizität und Resilienz

Unserem Gehirn beizubringen, wie wir uns von Rückschlägen erholen können, heißt, dass wir durch erfahrungsbedingte Plastizität resilienter werden, wenn wir zwangsläufig auch einmal »scheitern«, und besser mit solchen Stolpersteinen umgehen können. Unser Gehirn ist darauf ausgerichtet, aus Fehlschlägen zu lernen. Es legt in der Datenbank der Erfahrungen Informationen ab, die uns zeigen, wie wir in Zukunft reagieren sollten oder nicht. Das Scheitern ist für unseren künftigen Erfolg nötig, weil es dem Gehirn etwas über die Welt und uns selbst beibringt. Wenn du die Macht der Neuroplastizität nutzt und Fehlschläge als Gelegenheit zum Lernen siehst, legst du dir eine widerstandsfähige innere Einstellung zu, die dir hilft, den Herausforderungen des Lebens mit mehr innerer Stärke zu begegnen. Du kannst dein mentales Wohlbefinden sicherstellen und ein immer erfüllenderes, sinnvolleres Leben führen. So entwickeln wir uns ständig weiter. Wir passen uns an und nutzen das unglaubliche Wachstumspotenzial, das unser menschliches Gehirn uns bietet.

Neuprogrammierung kurz und bündig: Mithilfe der Neurowissenschaft die mentale Resilienz steigern

- Manche Menschen weisen von Natur aus eine höhere Resilienz auf. Aber Resilienz ist ein dynamischer Charakterzug, der sich mit der Zeit verstärken lässt.
- Dich selbst bewusst und kontrolliert stressigen Situationen auszusetzen, steigert deine mentale Resilienz, weil du dann Stress und Erholung besser vereinbaren kannst.

- Forschungsarbeiten zeigen, dass unsere innere Einstellung zu Stress unsere körperliche Reaktion darauf beeinflusst.
- Den Unterschied zwischen akutem und chronischem Stress zu verstehen, trägt dazu bei, dass wir eine gesunde Balance zwischen der Belastung und der anschließenden Erholung ausbilden.
- Wenn du dich bewusst für Stress entscheidest und dabei gelassen bleibst, lernt dein Körper, wie er unter Druck ruhig bleiben kann.
- Unser Gehirn ist darauf ausgelegt, aus Fehlschlägen zu lernen. Es fügt diese Informationen zu der Datenbank der Erfahrungen hinzu, die uns sagt, wie wir in Zukunft reagieren sollen oder nicht. Scheitern ist nötig für den künftigen Erfolg, weil es unser Gehirn einiges über die Welt und über uns selbst lehrt.
- Indem wir uns die Macht der Neuroplastizität zunutze machen und Fehlschläge als Gelegenheit zum Lernen sehen, können wir eine widerstandsfähige innere Einstellung aufbauen.

Statisches versus Wachstumsdenken

STATISCHES DENKEN	WACHSTUMSDENKEN
Geht Herausforderungen aus dem Weg.	Nimmt Herausforderungen bereitwillig an.
Gibt schnell auf.	Bleibt am Ball.
Betrachtet Anstrengung als sinnlos.	Sieht Anstrengung als Weg zur Meisterschaft.
Kann mit konstruktiver Kritik nicht umgehen.	Lernt aus konstruktiver Kritik.
Fühlt sich vom Erfolg anderer bedroht.	Ist vom Erfolg anderer inspiriert.

Die Neurowissenschaft hinter dem Wachstumsdenken

»Menschen, die das Wachstumsdenken pflegen, glauben, dass sie ihre grundlegenden Fähigkeiten durch Engagement und Fleiß weiterentwickeln können – Intelligenz und Talent sind nur das Rohmaterial. Diese Einstellung fördert die Liebe zum Lernen und eine Resilienz, die für große Leistungen unverzichtbar ist.«
Carol Dweck

Meine Freundin Samantha, die Tänzerin, habe ich dir ja schon vorgestellt. Ihre Schwester Martha war eine Spitzenschülerin, die Beste in ihrer Klasse; und ihre Eltern schwärmten immer davon, wie intelligent sie war. Sie machte ihren Master in Fine Arts mit Auszeichnung und kam gleich danach in ein Förderprogramm in einem Unternehmen für digitales Marketing. Aber im Job hatte Martha Schwierigkeiten, denn sie war zutiefst unsicher. Sie verstand auch nicht, warum ihr die Arbeit trotz ihrer Intelligenz so schwerfiel. Marthas IQ mochte zwar hoch sein, aber sie war gleichzeitig im statischen Denken befangen. Sie hatte so viel Angst, Fehler zu machen, dass sie in der Firma nie brauchbare Vorschläge präsentierte. Schlimmer noch, sie hatte ständig Panik, die Leute würden an ihrer Intelligenz zweifeln.

Ich schlug Martha vor, sich einen Therapeuten zu suchen und sich mit seiner Unterstützung an ihr neues Umfeld zu gewöhnen. Das machte sie auch. In der Therapie arbeitete sie daran, ihre innere Einstellung zu verändern. Mit der Zeit lernte sie, ihr Verhalten und ihre Überzeugungen neu zu verschalten und sich für etwaige Fehlschläge zu öffnen. Gleichzeitig legte sie eine ganze Reihe alter Selbstbilder ab, sodass sie nicht länger ihre Identität von der Lösung eines Problems oder von ihrer beruflichen Leistung abhängig machte. Martha musste dazu erst erkennen, dass ihre Identität eng verwoben war mit der Vorstellung, intelligent zu sein. Alles, was sie auch nur im Entferntesten anders empfand, erlebte sie als Angriff auf ihre Person.

Wenn dir das bekannt vorkommt, möchte ich dir nur sagen: Das lässt sich ändern. Viele Menschen machen ihre Identität von Erfolg und guten Ergebnissen abhängig, was im Endeffekt verhindert, dass sie wirklich etwas leisten. Sie werden zu Perfektionisten und vermeiden echte Herausforderungen aus Angst zu scheitern, was sie als persönliche Niederlage erleben. Diese Vermeidungshaltung lässt sie auf der Stelle treten, weil sie ihr Selbstwertgefühl nicht beschädigen wollen.

Unglücklicherweise funktioniert die Welt nicht so. Martha konnte den Schwierigkeiten im Job nicht aus dem Weg gehen. Sie konnte aber auch nichts daraus lernen, bis sie sich Hilfe suchte.

Statisches Denken und Wachstumsdenken

Carol Dweck ist eine der weltweit bedeutsamsten Forscherinnen zum Thema »Mindset« beziehungsweise »Motivation«. Ihren Forschungsarbeiten verdanken wir viele wertvolle Lektionen, deren Haupttenor ist: Unsere Identität von Leistung und Resultaten abhängig zu machen, heißt, in einer statischen Denkweise zu verharren.

In einem Experiment gaben Lehrer ihren Schülern Feedback, das ihre Intelligenz mit ihrer Identität verknüpfte, zum Beispiel durch Kommentare wie »Du bist so klug«.[67] Als sich die so gelobten Schüler später ein Problem zur Lösung aussuchen sollten, entschieden sie sich durchweg für weniger anspruchsvolle Aufgaben, also solche, die sie in ihrem Glauben, intelligent zu sein, bestärken würden, weil sie dabei eine gute Leistung abliefern konnten. Man fand außerdem heraus, dass diese Schüler logen und behaupteten, bessere Noten zu haben, als sie tatsächlich hatten, damit sie noch intelligenter erschienen. Schüler hingegen, denen man leistungsbezogenes Feedback gab wie »Du musst einiges geleistet haben, um diese Aufgabe zu lösen«, entschieden sich später eher für solche Aufgaben, die weiteres Lernen erforderten. Diese Kinder kümmerten sich auch nicht um die Noten der anderen. Sie interessierten sich eher für Strategien, die ihnen helfen würden, in der Zukunft andere Probleme zu lösen.

Diese Studien und andere zeigen, dass wir, wenn wir wie Martha unser Selbstbild vom Ergebnis einer bestimmten Handlung abhängig machen, unsere Motivation und Leistung mit unserer Person verbinden.[68] Stehen wir dann vor einer Herausforderung, entscheiden wir uns eher für den leichteren Weg, weil wir uns ja nicht in dem Glauben bestärken wollen, zu mehr gar nicht fähig zu sein. Pflegen wir hingegen das Wachstumsdenken, dann lernen wir, das erzielte Resultat mit unserem Einsatz zu verbinden. Wir verstehen, dass Herausforderungen Gelegenheiten zum Lernen sind, und erkennen, dass unsere Fähigkeiten keineswegs statisch sind. Unsere Identität hat mit unseren Resultaten nichts zu tun. Wir können also zwischen uns und unseren Leistungen trennen.

Wachstumsdenken ist die Überzeugung, dass unsere Fähigkeiten und unsere Intelligenz durch Engagement, Anstrengung und Lernen zunehmen können.[69] Es erlaubt uns, Herausforderungen anzunehmen und an ihnen zu wachsen. Menschen, die in ihrer inneren Einstellung dem Wachstum verpflichtet sind, wissen, dass sie ihre Fähigkeiten ausbauen können. Wer jedoch an einer statischen Denkweise festhält, empfindet Probleme als Katastrophe und fühlt sich, als würde er ständig zensiert.

Lernen ist lebenswichtig

Das erste Grundprinzip des Wachstumsdenkens heißt: *Lernen angesichts von Widrigkeiten ist eine wertvolle Gelegenheit.* Wenn Menschen darauf vertrauen, dass auch Rückschläge und Fehler sie voranbringen, dann lassen sie sich eher auf Herausforderungen ein und bleiben am Ball, selbst wenn es schwierig wird. Wer begreift, dass das Gehirn formbar ist, und bereit ist, sich den Umständen anzupassen, der lässt sich auch von Hindernissen nicht von seinem Weg abbringen. Diese Beharrlichkeit verstärkt Pfade im Gehirn, die fürs Lernen verantwortlich sind. Und das zeigt wiederum, dass Lernen ein dynamischer Prozess ist, der nie an ein Ende kommt.

Die Gehirnschaltkreise von Wachstumsdenkern zeigen, dass sie für Korrekturen offener sind und negatives Feedback neutralisieren können. Das Wachstumsdenken hängt mit dem Striatum beziehungsweise den Basalganglien zusammen, zwei Gehirnarealen, die bei belohnungsorientiertem Lernen aktiv werden.[70] Kinder, die zum Wachstumsdenken angehalten wurden, wiesen in den folgenden vier Wochen einen deutlichen Zuwachs an Aktivität in diesen Arealen auf, wenn sie mathematische Fragestellungen lösten. In der eingangs erwähnten Studie waren Kinder, bei denen das Wachstumsdenken angeregt wurde, eher fähig, bei Tests auch nach Fehlern mit hoher Genauigkeit weiterzuarbeiten. Und nicht nur das: Die Schüler konnten sich an ihre Fehler erinnern und ihnen einen Sinn beimessen. So haben sie sich schon während des Lernprozesses selbst korrigiert, was Selbstständigkeit und Selbstsicherheit verstärkte.

Identität ist nicht gleich Leistung

Das zweite Grundprinzip des Wachstumsdenkens lautet: *Verbinde deine Identität nicht mit dem Resultat.* Martha verknüpfte ihre Arbeitsleistung mit ihrer Persönlichkeit. Als sie im Job Schwierigkeiten bekam und Fehler machte, führte sie diese auf persönliches Versagen zurück, als würde etwas mit ihr als Mensch nicht stimmen. Solche Gedanken aber verstärken unsere Angst vor dem Versagen, eben weil wir es auf uns persönlich beziehen.

Wenn du dich vom ergebnisfixierten Denken lösen kannst, wenn du begreifst, dass Versagen tatsächlich auch eine Wachstumschance bedeutet, kannst du Fehler machen, ohne deine Identität einzubüßen. Djokovic sagt, dass er nichts bereut, selbst wenn er verliert. Wir sollten alle versuchen, das Leben so zu betrachten. Diese beiden Grundprinzipien des Wachstumsdenkens helfen jedem von uns dabei, im Leben Großes zu leisten. Sie fördern einen Weg des lebenslangen Lernens ohne Angst.

Solltest du zu den statisch denkenden Menschen gehören, dann möchte ich dich ein weiteres Mal daran erinnern, dass das Gehirn neuroplastisch ist. Wir haben hier von der ersten Seite an vorgefasste Meinungen und Glaubenssätze abgebaut. Schauen wir uns also deine »statischen« Vorurteile und ihren Einfluss auf dich an.

Übung: Was du tun kannst

Welche Geschichte wiederholst du im Geist immer wieder, sodass sie deine Angst vor schlechten Ergebnissen schürt?

Welche Etiketten verpasst du dir, die dich in einem statischen Denken festhalten?

Glaubst du, dass die Herausforderungen in deinem Leben bestimmen, wer du als Mensch bist?

Kannst du diese Überzeugungen ändern und sehen, dass jedes Scheitern auch eine Chance zu lernen darstellt und dass es nichts mit deiner Identität zu tun hat?

Lerne, wie du zwischen deiner Identität und möglichen Ergebnissen trennen kannst. Wenn du glaubst, das, was du kannst und bist, sei unveränderlich, dann steckst du fest. Dann wirst du immer versuchen, dich zu beweisen. Du wirst Fehler nach Möglichkeit vermeiden, und solltest du scheitern, wird jeder Fehlschlag dich in deinem negativen Selbstbild bestätigen.

Unsere Eigenschaften sind nicht statisch. Unsere Intelligenz ist nicht statisch. Wenn du auf einem Gebiet nicht kompetent bist, wenn du nicht genug weißt, dann kannst du dich mit zunehmender Übung immer weiter verbessern. Wenn wir glauben, dass unsere Eigenschaften sich entwickeln können, dann verändert dies unsere ganze Weltsicht.

Was haben wir in Phase 1 über den Bestätigungsfehler gelernt? Dass unsere Überzeugungen unser Denken und unser Handeln prägen und sich gegenseitig beeinflussen. Wenn du glaubst, dass das, was du kannst und bist, sich durch aktives Bemühen wandeln kann, verändert dies deine ganze innere Einstellung und deinen Blick auf Fehler. Dann schielst du wie die eingangs erwähnten Schüler auch nicht mehr auf das, was die Menschen um dich herum tun. Du bist voll und ganz mit deinem eigenen Wachstum und Lernen beschäftigt.

Versuch jetzt doch mal, dich daran zu erinnern, wann du zuletzt einen Fehler mit deiner Identität verknüpft hast. Kannst du das zu der Erkenntnis umformulieren, dass dies nichts mit dir als Person zu tun hat?

Wie dein Gehirn sich neu verschaltet, wenn du deine innere Einstellung änderst

- *Belohnung:* Gehirnareale, die mit Anstrengung und Beharrlichkeit zu tun haben, werden aktiviert. In der Folge wird sich zu bemühen zu einer lohnenden Aufgabe, weil du alles als Chance siehst, um zu lernen und besser zu werden.
- *Positive Verstärkung:* Wenn du Rückschläge erlebst, wird dein Gehirn auf eventuelle Fehler anders reagieren. Auch wenn sich Hindernisse ergeben, sind die Belohnungszentren im Gehirn aktiv. Das verstärkt das Wachstum. Und es bestätigt deine Überzeugung in puncto Wachstumsdenken.
- *Weniger Versagensangst:* Gehirnareale, die bei Angst und Sorge aufleuchten, sind weniger aktiv. Du fürchtest dich nicht mehr vor Fehlern und entwickelst mehr Selbstbewusstsein.

Nun wissen wir genug über Wachstumsdenken und die innere Einstellung zum Stress, um zu erkennen, wie wir unsere Sicht aufs Leben ändern können, um mehr Erfolg zu haben.

Was mich in schweren Zeiten immer wieder erdet, ist der Gedanke, dass man viel über sich selbst lernt, wenn man durch die Dunkelheit geht. Oder wie meine beste Freundin sagt: »Wir verändern uns in den engen, klaustrophobischen Spalten zwischen der Entscheidung, etwas zu unternehmen, und der realen Veränderung. In diesen finsteren und ›übel riechenden‹ Spalten.«

Da bin ich ganz ihrer Meinung. Die Magie entsteht dort, wo wir uns unbehaglich fühlen. Und immer wenn ich dachte, dass ich jetzt tot und begraben bin, wurde in Wirklichkeit ein Same gelegt. Wenn man mich dann aus dem Boden reißt, merke ich, dass die Zeit der Ernte gekommen ist. Das Leben wird dich auf seinen Wellenkamm heben und dann wieder fallen lassen. Es ist nicht fair. Das war es nie und wird es nie sein. Das Leben hat mich so oft gedemütigt. Nun kannst du entweder beschließen, dass ein Rückschlag eine Gelegenheit zum Lernen ist. Oder du bist beleidigt. Die Entscheidung fällt nicht leicht, aber eines ist sicher: Du kannst nicht bestimmen, was das Leben dir bringt.

Manchmal schubst dich das Leben ein bisschen herum,
um dich daran zu erinnern, dass es Dinge gibt,
die es wert sind, dafür zu kämpfen.

Kämpfe um deinen Platz in dieser Welt. Kämpfe für dein Narrativ, deine Geschichte, deinen Platz am Steuerruder.

Neuprogrammierung kurz und bündig: Die Neurowissenschaft hinter dem Wachstumsdenken

- Statisches Denken geht Herausforderungen aus dem Weg, gibt schnell auf, kann mit konstruktiver Kritik nicht umgehen.
- Wachstumsdenken weiß Herausforderungen zu schätzen, lernt aus konstruktiver Kritik, ist vom Erfolg inspiriert.
- Studien zeigen: Wenn wir unsere Identität mit dem Ergebnis einer Aufgabe verbinden, dann schreiben wir unsere Leistung und unsere Motivation unserer Persönlichkeit zu. Falls wir das tun, genügt schon ein einziger Fehler, um uns als Versager zu betrachten.

- Das Wachstumsdenken hilft uns zu verstehen, dass Herausforderungen Chancen zum Lernen sind.
- Unsere Fähigkeiten sind nicht statisch. Sie lassen sich durch Anstrengung verbessern.
- Leistung ist nicht gleich Identität.
- Lernen ist lebenswichtig.
- Dein Gehirn kann sich neu verschalten, sodass du Herausforderungen und Fehlschläge als Schritte zum Wachstum erlebst.

Die Muskel-Hirn-Achse

Sport und Bewegung schützen das Gehirn vor Depressionen, Angstzuständen und Neurodegeneration.

Deine Muskeln kommunizieren direkt mit deinem Gehirn

Meine Instagram-Follower haben mir viel positives Feedback geliefert, weil ich Sport auf einer neurowissenschaftlichen Grundlage betrachte. Das liegt wohl einfach daran, dass die meisten Leute es satthaben, ständig zu hören, wie wichtig Sport ist, ohne je Gründe dafür genannt zu bekommen. Viele haben auch Angst vor Sport oder sehen darin eine »Strafe« dafür, dass sie zu viel gegessen haben. Als Marter, der sie sich unterziehen müssen, weil sie abnehmen möchten. Sport hat mit den Jahren einen schlechten Ruf bekommen. Von der Diätkultur, die die Medien überflutet, bis hin zu den Körpern unrealistischer Fitness-Influencer und -Influencerinnen - wenn von Sport die Rede ist, dann werden die Aussagen immer verwirrender, und das, was durch Sport erreichbar ist, rückt in immer weitere Ferne. Irgendwo dazwischen haben wir die realen Vorzüge des Sporttreibens einfach vergessen.

In diesem Kapitel geht es um die wissenschaftlichen Grundlagen der Frage, warum Sport gut für dich ist. Wir werden uns das aus neurowissenschaftlicher Perspektive ansehen und untersuchen, welche speziellen Moleküle für diese segensreichen Wirkungen verantwortlich sind. Immer wieder schreiben mir Leute, dass sie angefangen haben, Sport zu treiben, weil ich ihnen die wissenschaftlichen Fakten geliefert habe, die ihren Blick auf den Sport verändert und Scham und Verwirrung ein für alle Mal ein Ende gemacht haben.

Welche Vorzüge Sport fürs Gehirn hat

Verstärkte Neuroplastizität

Die graue Substanz des Gehirns besteht aus den Zellkörpern der Neuronen, aus Dendriten und Synapsen, die mit anderen Neuronen in der Nähe kommunizieren. Die Substanz erscheint grau, weil es ihr an Myelin fehlt. Myelin bildet Ummantelungen aus Fett, die sich um die Neuronenfortsätze legen, die Informationen zu anderen Gehirnarealen und zum Rückenmark weiterleiten. Diese Myelinscheiden lassen die weiße Substanz weiß erscheinen. Die graue Substanz ist dafür verantwortlich, Informationen zu verarbeiten. Sie erledigt Kognition, Sinneswahrnehmung und Muskelkontrolle. Neurodegenerative Erkrankungen gehen mit dem Verlust an grauer Substanz einher. Bei Erkrankungen wie dem Alzheimer-Syndrom, Morbus Parkinson und Chorea Huntington gehen zunehmend Neuronen verloren, was einen Verlust an Gehirnmasse - auch der grauen Substanz - zur Folge hat. Dieser Verlust führt zu einer Abnahme kognitiver Leistungen, Gedächtnisverlust, motorischen Problemen und anderen Symptomen.

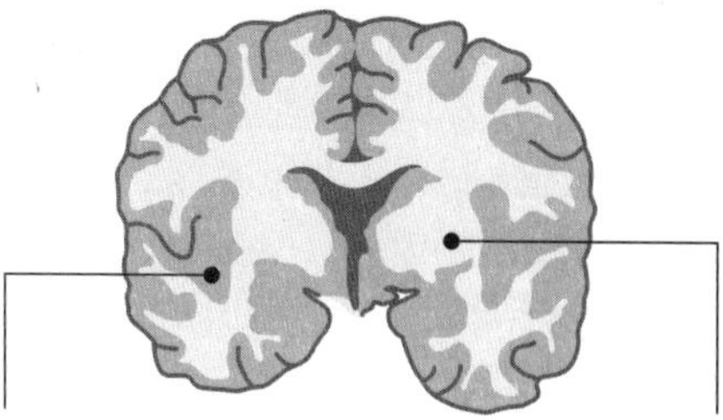

Graue Substanz

- enthält den Großteil der neuronalen Zellkörper,
- ist erst im Alter von etwa zwanzig voll entwickelt,
- ist mit Informationsverarbeitung beschäftigt,
- ist für Denkvorgänge höherer Ordnung verantwortlich - Wahrnehmung, Gedächtnis, Lernen sowie Entscheidungsfindung - und
- kann neu verschaltet werden.

Weiße Substanz

- besteht aus Bündeln, die die verschiedenen Areale grauer Substanz verbinden,
- entwickelt sich auch in den Zwanzigern weiter,
- interpretiert Sinnesinformationen von verschiedenen Körperteilen,
- agiert als Kommunikationsnetzwerk, beschleunigt den Informationstransfer zwischen Gehirnarealen und
- kann neu verschaltet werden.

Abb. 18: Graue vs. weiße Gehirnsubstanz

Forschungsarbeiten zeigen, dass regelmäßige körperliche Aktivität die graue Substanz anwachsen lässt, vor allem im Hippocampus, der Gehirnregion, die mit Gedächtnis und Lernen zu tun hat.[71] Auch der präfrontale Kortex, der mit den Exekutivfunktionen, mit Entscheidungsfindung und kognitiver Kontrolle befasst ist, wächst dabei. Jugendliche, die eine gute aerobe Fitness (Ausdauer) aufweisen, haben deutlich mehr graue Substanz im Hippocampus als Altersgenossen, bei denen dies nicht der Fall ist. Gleichzeitig schneiden diese Jugendlichen bei kognitiven Tests besser ab.

Körperliche Aktivität ist also eine vielversprechende Methode, um im Erwachsenenalter das Volumen der grauen Substanz zu steigern und Proteine im Gehirn zu fördern, die für kognitive Integrität sorgen.

Entzündungen im Körper

Entzündungen sind ein wichtiger Bestandteil der Heilungsprozesse des Körpers. Wenn du krank wirst, dich schneidest oder eine Infektion hast, sorgen sie dafür, dass der Körper sich um die betroffenen Regionen kümmert. Solche Entzündungen klingen gewöhnlich wieder ab, bis sie von Neuem gebraucht werden. Wenn wir allerdings chronisch gestresst sind, leidet der Körper permanent unter ihnen, weil er glaubt, es müsse etwas repariert werden. Und wenn die »Bedrohung« beziehungsweise der Stress nicht verschwinden, dann wird die Entzündung chronisch.

Chronische Entzündungen werden durch verschiedene Faktoren ausgelöst: anhaltende Infekte, Autoimmunerkrankungen, chronischen Stress, ungesunden Lebensstil und äußere Belastungen wie Umweltverschmutzung. Die Symptome können sich im ganzen Körper ausbreiten und sogar die Blut-Hirn-Schranke überwinden und ins Gehirn übergehen. Die Durchlässigkeit der Blut-Hirn-Schranke ist strengstens geregelt. So können nur bestimmte Stoffe vom Blut ins Gehirn gelangen, sodass dessen fein austarierte Umgebung nicht gestört wird und das Gehirn geschützt ist. Diese Information wird vor allem dann wichtig, wenn wir uns mit depressiven Symptomen beschäftigen.

Entzündungen im Gehirn können allerlei Probleme auslösen wie den Verlust von Neuronen, Depressionen und Angstzustände.[72] Natürlich haben so komplexe Störungen umfassende Entstehungsmuster, daher erfordern sie häufig einen vielseitigen Ansatz, der Therapie mit Stressreduktion und antiinflammatorischen Maßnahmen kombiniert. Vom neurologischen Standpunkt aus gesehen, passiert auf der biologischen Ebene aber Folgendes: Wenn dein Gehirn die Hardware ist und deine geistige Gesundheit die Software, dann ist klar, dass man nur mit einer optimal funktionierenden Hardware ein Software-Update vornehmen kann.

Kynurenin und Tryptophan

Wir wissen, dass Serotonin, einer der Wohlfühl-Neurotransmitter, unsere Stimmung und andere Gehirnfunktionen wie Schlaf und sexuelles Begehren beeinflusst, die sich wiederum indirekt auf unsere Stimmung auswirken. Serotonin wird aus einer essenziellen Aminosäure namens Tryptophan hergestellt, die wir mit Nüssen, Samen, Tofu, Huhn, Truthahn, Käse und vielen Früchten zu uns nehmen können. Tryptophan wird in Serotonin und dann in Melatonin umgewandelt. Das nennt man den »Tryptophanweg«. An diesem ist ein Molekül namens Kynurenin beteiligt, das eine wichtige Rolle bei der Stressreaktion des Körpers spielt.

Wenn wir unter massivem Stress leiden, sorgen Entzündungen dafür, dass auf diesem Weg mehr Kynurenin statt Serotonin gebildet wird.[73] Der Kynureninspiegel im Gehirn hält eine ganz eigene Balance, um die Vorzüge des Stoffs abzuschöpfen. Wenn diese Balance aus dem Gleichgewicht gerät - und zu einem Kynureninüberschuss führt -, hat dies negative Auswirkungen auf Gehirn und Körper. Dann wird weniger Serotonin produziert, was zu depressiven Symptomen und Stimmungstiefs führen kann.

Das Kynurenin wird weiter verstoffwechselt zu Quinolinsäure, die für das Gehirn neurotoxisch ist.[74] Und weiter zu Kynureninsäure, die im Gehirn für entzündliche Erscheinungen sorgt und eine mögliche Depression verstärkt. Dieser Entzündungsmechanismus kann auch Gefühle von Angst und innerer Unruhe hervorrufen, die wiederum mehr Stress und Niedergeschlagenheit nach sich ziehen. Wir sehen also, dass ein Stoffwechselweg, der eigentlich Serotonin hervorbringen und uns helfen soll, bei Stress entgleisen und eine Reihe negativer Wirkungen aufs Gehirn haben kann, die durch verschiedenste Mechanismen Depressionen verstärken können:

- Es steht weniger Tryptophan für die Serotoninproduktion zur Verfügung.
- Quinolinsäure ist neurotoxisch, was zum Abbau von Neuronen führen kann.
- Kynureninsäure fördert ebenfalls depressive Symptome, weil sie Entzündungen im Gehirn hervorruft.
- Entzündungen verstärken das Gefühl von Sorge und innerer Unruhe. Die mechanische Bewegung, bei der wir Muskeln zuerst zusammenziehen und dann wieder entspannen, baut das Kynurenin ab, bevor es das Gehirn erreicht und negative Auswirkungen entfaltet.

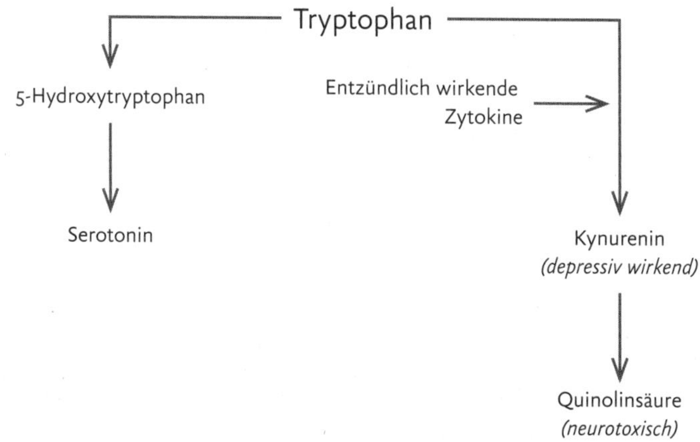

Abb. 19: Der Stoffwechselweg von Tryptophan

An diesem Punkt greift die körperliche Bewegung

Wenn wir Sport treiben oder uns in anderer Form körperlich betätigen, signalisiert das Gehirn den Muskeln, sich zusammenzuziehen und wieder zu entspannen. Diese mechanische Bewegung setzt Myokine frei.[75] Myokine sind Proteine in den Muskeln, die eine Vielzahl von Funktionen erfüllen.

Sie kommunizieren direkt mit dem Gehirn über die sogenannte Muskel-Hirn-Achse. Diese Achse zeigt einmal mehr, wie eng die Verbindung zwischen körperlicher Aktivität und geistiger Gesundheit ist, denn unsere Muskeln haben einen direkten Draht zum Gehirn. Regelmäßige Bewegung spielt eine entscheidende Rolle, um einen gesunden und resilienten Geist zu behalten.

Myokine tragen dazu bei, depressive Symptome und Ängste zu lindern. Sie haben neuroprotektive Eigenschaften und helfen, die Funktionalität der Synapsen zu bewahren.[76] Auf diese Weise stellen sie sicher, dass unsere Neuronen korrekt feuern und Informationen effektiv kommuniziert werden. Sehen wir uns also die Aktivität verschiedener Myokine genauer an.

Sport und Depressionen

Wir sprechen hier über Depressionen, müssen dabei aber eines klarstellen: Depressive Symptome treten mit einer gewissen Bandbreite auf. Die Erfahrung jedes einzelnen Menschen ist einzigartig, auch der Punkt, an dem die Person sich in diesem Spektrum befindet. Daher können zusätzliche Maßnahmen nötig sein, um die Symptome zu lindern. Über die Wirkung von Sport bei depressiver Symptomatik weiß die Neurowissenschaft Folgendes beizutragen.

BDNF

BDNF *(brain-derived neurotrophic factor)* ist ein Molekül, das Wachstum, Überleben und Funktion von Neuronen im Gehirn und im peripheren Nervensystem unterstützt. Es spielt eine wichtige Rolle bei der Neuroplastizität, weil es dafür sorgt, dass die Synapsen stark und gesund bleiben.[77] Mehrere Studien haben gezeigt, dass ein niedriger BDNF-Spiegel mit der Entwicklung gravierender depressiver Symptome zusammenhängen kann.[78] Das mag daran liegen, dass bei depressiven Erkrankungen die Neuroplastizität eingeschränkt ist. Dadurch verringert sich die Fähigkeit, sich anzupassen und mit Stress fertigzuwerden, was wiederum negative Emotionen auslöst.

IGF-1

Ein weiteres interessantes Myokin ist der insulinähnliche Wachstumsfaktor 1 (*insulin-like growth factor 1* [IGF-1]). IGF-1 ist ein Hormon, das bei Wachstum und Entwicklung eine wichtige Rolle spielt, vor allem in der Kindheit und Jugend. Im Gehirn entfaltet das Molekül neuroprotektive Eigenschaften wie BDNF, was heißt, dass es das Überleben, Wachsen und Funktionieren von Nervenzellen fördert. IGF-1 wird gewöhnlich von der Leber freigesetzt. Ist davon viel im Körper unterwegs, beeinflusst es die unterschiedlichsten Funktionen.

Für uns ist interessant: IGF-1 wirkt sich auf verschiedenen Wegen aus und hat unterschiedliche positive Eigenschaften, wenn es als Myokin im Muskel hergestellt wird.[79] Ein Molekül kann also unterschiedliche Wirkungen haben, je nachdem, wo es freigesetzt wird.

IGF-1 wird vorzugsweise beim Training mit Gewichten frei. Falls du noch nie Krafttraining betrieben hast, solltest du wissen: Wenn wir unsere Muskeln zunehmend und kontrolliert überlasten, dann hilft ihnen das, stark zu bleiben, und bringt uns eine ganze Reihe körperlicher und geistiger Vorzüge. Am Ende dieses Kapitels bekommst du einen Wochen-Trainingsplan, der umreißt, wie und wie lange du deinen Körper jeweils belasten solltest, damit du das Maximum für die Gesundheit von Geist und Körper herausholst.

Sport und innere Unruhe

Mit dem Thema »Innere Unruhe« haben wir uns schon in Phase 1 befasst und auch mit den Möglichkeiten, wie wir diesen Gefühlen von Sorge und Anspannung begegnen können. Regelmäßige Bewegung ist dabei ein wichtiger Verbündeter. Durch körperliche Bewegung werden Endorphine freigesetzt. Das sind Neurotransmitter, die als natürliche Stimmungsaufheller wirken. Mittlerweile aber ist auch klar, dass Myokine über die Muskel-Hirn-Achse gleichfalls Einfluss auf innere Unruhe haben.

IGF-1

Studien zeigen, dass ein niedriger IGF-1-Spiegel mit erhöhter Anspannung und Angst einhergeht.[80] IGF-1 spielt eine entscheidende Rolle bei der synaptischen Plastizität, jener Fähigkeit der Neuronen, ihre Verbindungen zu verändern.

Die Angst wird beseitigt, wenn man die mit ihr verknüpften synaptischen Gedächtnisverbindungen schwächt. Bei der Linderung von Ängsten überschreiben wir die »Schreckensdrehbücher« des Gehirns, wodurch es lernt, dass Dinge, die früher Angst auslösten, keine Gefahr mehr bedeuten. IGF-1 schwächt die Synapsen im Hippocampus, wo Erinnerungen an bestimmte Situationen hinterlegt sind.[81] Der Stoff weicht die Verbindung zwischen Erinnerung und abgespeicherter Angst auf.

EMDR und Spazierengehen

Eine der wirksamsten Techniken in der Psychotherapie ist das bereits weiter oben erwähnte Eye Movement Desensitization and Reprocessing oder EMDR. Damit werden Menschen behandelt, die schwere Traumata und Katastrophen erlebt haben. Forschungsarbeiten zeigen, dass EMDR die emotionale Verarbeitung (Reprocessing) solcher Erlebnisse verbessert. Warum das so ist, fand man aber erst kürzlich heraus.

Horizontale Augenbewegungen spielen anscheinend eine wichtige Rolle im Prozess der Angstlöschung, weil unsere Augen, wenn sie sich von einer Seite zur anderen bewegen, das frontoparietale Netzwerk aktivieren, das im Stirn- und Schläfenbereich sitzt.[82] Seine Aufgaben sind Aufmerksamkeitssteuerung, Problemlösung und Arbeitsgedächtnis. Das frontoparietale Netzwerk kooperiert mit der Amygdala, wo unsere Ängste verarbeitet werden, konkurriert mit ihr aber um Ressourcen. Wie akuter Stress unsere Fähigkeit, zu denken und Probleme zu lösen, außer Kraft setzt, so tritt der gegenteilige Fall ein, wenn der frontale Kortex aktiv wird: Dann wird die Amygdala abgekoppelt.

Dieser Mechanismus springt bei allen Vorwärtsbewegungen an. Beim Spazierengehen, Laufen oder Radfahren »wischt« die Welt seitlich an dir vorbei. Das aktiviert das frontoparietale Netzwerk und bremst die Geschäftigkeit der Amygdala. Diese Formen der Bewegung helfen uns bei den unterschiedlichsten Problemen, weil wir sie auf solche Weise ohne die übliche Angst und Sorge verarbeiten können, sodass ein vernünftiger Umgang damit möglich wird. Wir können einen Schritt zurücktreten und unsere Schwierigkeiten aus einem anderen Blickwinkel betrachten. Und selbst wenn du nicht bewusst an diese

Probleme denkst, arbeitet dein Gehirn vermutlich unbewusst an ihrer Lösung.

Falls dir die Vorstellung vom Laufen oder Radfahren nicht so recht behagt, dann fang mit einem kleinen Spaziergang an. Die Vorzüge eines aeroben Trainings stellen sich in der sogenannten Belastungszone 2 ein. Zone 2 heißt, dass du mit moderater Intensität trainierst, dich also dabei noch unterhalten kannst (siehe die Übersicht »Die Belastungszonen« auf Seite 259). Du musst dich also nicht schwitzend an dein Limit treiben. Ein flotter Spaziergang, bei dem du dich immer noch unterhalten kannst, ist ausgezeichnet für deine Gesundheit.

Natürlich liegt Zone 2 für jeden einzelnen Trainierenden in einem anderen Herzfrequenzbereich. Manche Menschen entscheiden sich für leichtes Joggen, andere (wie ich zum Beispiel) für Spazierengehen mit dem Hund oder Radfahren im ebenen Gelände. Zone 2 heißt, dass du im aeroben Bereich bleibst: Du kannst die Aktivität lange aufrechterhalten, ohne müde zu werden.

Wie Sport die Stimmung bessert

- Sport, vor allem aerobes Training wie Laufen, Schwimmen, Spazierengehen und Radfahren, verbessert den Blutzufluss zum Gehirn, das dadurch besser mit Sauerstoff versorgt wird. Auch die Neuronen erhalten so mehr Nährstoffe. Das wiederum fördert die Produktion von BDNF, das an die entsprechenden Rezeptoren bindet und deren Funktionalität verbessert.
- Sport setzt Wohlfühl-Neurotransmitter frei wie Dopamin, Noradrenalin und Serotonin, die neurobiologisch deine Stimmung verbessern. Dopamin und Serotonin

sind chemische Stoffe im Gehirn, die unsere geistige Gesundheit sicherstellen und die Freisetzung von BDNF fördern. Ein niedriger Spiegel an diesen Neurotransmittern hängt offensichtlich mit einer depressiven Symptomatik zusammen.

- Endorphine agieren als natürliche Schmerzmittel, die der Körper selbst produziert. Sie werden beim Sport freigesetzt, aber auch beim Lachen oder Weinen. Der Begriff »Endorphin« bedeutet »endogenes Morphin«: Es wirkt wie von außen zugeführtes Morphin und lindert Schmerzen. Gleichzeitig steigt das Wohlbefinden bis hin zur Euphorie. So sorgen Endorphine für ein Gefühl von Vergnügen und Belohnung.
- Wir haben bereits darüber gesprochen, dass Sport die Belastungsgrenze steigern kann. Unser Stresssystem lernt, sich an bewussten Stress anzupassen, was dazu führt, dass wir mit unvorhergesehenen Belastungen besser fertigwerden.
- Wir haben gesagt, dass Hobbys ein guter Weg sind, unsere Stressreaktion zu regulieren. Später ging es darum, wie mächtig unsere Gedanken sind. Wenn das Gehirn ständig an Stresssituationen denkt, glaubt es, dein Körper sei immer noch bedroht. Sport lenkt von solchen Gedanken ab, weil er Konzentration erfordert. Dann haben wir keine Zeit mehr für negatives Denken, das mit Depressionen verbunden ist. Unser Gehirn hat die Gelegenheit, sich zu erholen. Körperliche Aktivität hilft uns, den Zyklus negativer Denkmuster zu durchbrechen und unseren Gedanken ein Reboot zu verpassen.
- Aerobes Training steigert die Zahl der Mitochondrien in Gehirn und Körper. Mitochondrien sind die Kraftwerke der Zellen. Sie sorgen in jeder einzelnen Zelle unseres Körpers für Energie. Das ist natürlich sehr

wichtig für die Gesundheit und Funktion der Zelle. Mitochondrien stellen Adenosintriphosphat (ATP) her, die grundlegende Form von Energie in unserem System - das ist sozusagen unsere energetische Währung. Ist genügend ATP vorhanden, funktioniert das Gehirn optimal, wir sind geistig klar und guter Laune.

Mitochondrien spielen aber auch eine Rolle beim Stoffwechsel der Neurotransmitter. Die richtige Regulierung von Neurotransmittern wie Serotonin und Dopamin ist für unsere Stimmung entscheidend. Störungen in den mitochondrialen Prozessen beeinflussen also die Neurotransmitterspiegel und tragen damit zu Stimmungsschwankungen bei.

Mitochondrien sind außerdem an der Bekämpfung von oxidativem Stress und Entzündungen in den Zellen beteiligt. Chronischer oxidativer Stress und die damit einhergehenden entzündlichen Prozesse spielen bei vielen mentalen Störungen eine wichtige Rolle, zum Beispiel bei Depressionen und Angststörungen. Die mitochondrialen Funktionen zu verbessern, lindert oxidativen Stress und hebt unsere Stimmung.

- Das Volumen der grauen Substanz kann durch Sport positiv beeinflusst werden. Regelmäßige körperliche Aktivität (sowohl Ausdauer- als auch Krafttraining) fördert die Neuroplastizität. Aerobes Training steigert das Volumen der grauen Substanz in wichtigen Schlüsselregionen wie dem Hippocampus, die mit Lernen und Gedächtnisbildung zu tun haben.

  Sport setzt Myokine frei, die wiederum Wachstum und Instandhaltung von Neuronen fördern, das Gehirn gesund halten und die Lebensdauer von Neuronen verlängern. Davon profitieren wir in vielfacher Hinsicht, zum Beispiel beim Erlernen neuer Fähigkeiten, aber auch beim Älterwerden: Unser Gehirn bleibt fit, und unsere Lebenserwartung steigt.

- Neuromotorisches Training, also Übungen, die Koordination, Gleichgewicht, Beweglichkeit und Propriozeption (Körperwahrnehmung) fördern, regen die Neuroplastizität an. Das Gehirn legt dabei ständig neue neuronale Pfade an beziehungsweise verstärkt bestehende. Forschungsarbeiten zeigen, dass neuromotorisches Training neurodegenerative Erkrankungen verhindern kann.[83] Das Risiko eines kognitiven Abbaus wird somit verringert.[84]

Übung: Was du tun kannst

Erinnerst du dich an einen Moment, als du ständig ein Problem im Kopf gewälzt hast, dann aber einen Spaziergang gemacht hast und dadurch alles besser wurde?

Wenn du solche Erfahrungen nicht kennst: Findest du Mittel und Wege, um körperliche Bewegung in deinen Tagesablauf einzubauen? Vielleicht zwanzig oder dreißig Minuten täglich, um den Kopf frei zu bekommen?

Überlege dir, wie dieses aerobe Training deine Stimmung verbessert hat.

____

____

____

Empfehlung für deinen wöchentlichen Trainingsplan

Zwar werden auch beim Ausdauertraining Myokine gebildet. Der Großteil davon allerdings wird beim Training mit Gewichten freigesetzt. Daher würde ich vorschlagen, dass du beides in deinen wöchentlichen Trainingsplan integrierst:

- etwa 150 Minuten aerobes Training in Belastungszone 2: leichtes, stetiges Training,
- 3 bis 8 Minuten Training in Belastungszone 5: kurz und fordernd,
- zwei bis drei Trainingseinheiten: Krafttraining ist zweifellos das beste Training für Gesundheit und Langlebigkeit.
- Integriere wenn möglich auch neuromotorisches Training: Gleichgewicht und Koordination.

Zone 1
Sehr leichtes Training - Aufwärmen und Abkühlen

Zone 2
Leichtes Training - langsames Joggen, gemütliches Treppensteigen, Training mit niedrigen Gewichten

Zone 3
Moderate Aktivität, die die aerobe Fitness erhöht - moderates Joggen oder Radfahren

Zone 4
Intensives anaerobes Training - Boxen, Intervalltraining, Training mit dem Medizinball oder schwere Gewichte

Zone 5
Hochintensives Training bis an die eigenen Grenzen - Sprints oder Tabatatraining

Abb. 20: Die Belastungszonen

Neuprogrammierung kurz und bündig: Deine Muskeln kommunizieren direkt mit deinem Gehirn

- Viele Menschen scheuen vor Sport zurück oder sehen ihn als Strafe für zu viele Süßigkeiten beziehungsweise als Selbstquälerei zum Zwecke der Gewichtsreduktion.
- Sport ist so viel mehr. Er hat einen direkten Draht zu deinem Gehirn und erhält es auf vielerlei Weise gesund.
- Sport setzt Myokine frei, das heißt Proteine, die im Muskel hergestellt und über die Muskel-Hirn-Achse ans Gehirn weitergegeben werden.
- Myokine tragen dazu bei, depressive Symptome und Ängste zu lindern. Sie haben neuroprotektive Eigen-

schaften und unterstützen die Gesunderhaltung der Synapsen. Auf diese Weise stellen sie sicher, dass unsere Neuronen korrekt feuern und Informationen effektiv weitergegeben werden.

- Sport entfaltet eine antientzündliche Wirkung, die das Gehirn vor neurodegenerativen Erkrankungen zu bewahren hilft.
- Durch die Freisetzung von BDNF, einem Protein, das Neuronen und Synapsen schützt, verstärkt Sport unsere Neuroplastizität.
- Sport verbessert unsere Stimmung, hauptsächlich durch die Freisetzung von Myokinen, Endorphinen und Endocannabinoiden - Schmerzmitteln, die der Körper selbst herstellt. Außerdem sorgt Sport für die Ausschüttung von Serotonin, Noradrenalin, Dopamin und Oxytocin - allesamt Wohlfühl-Neurotransmitter.
- Sport fördert auch die Anzahl der Mitochondrien im Körper. Das verbessert den Energiehaushalt in jeder einzelnen Zelle im Gehirn und im übrigen Körper. Wir können diese Energie effektiv nutzen und fühlen uns daher fitter.

Schlaf ist so viel mehr, als du glaubst

REM-Schlaf bewirkt, dass du die emotionale Belastung traumatischer Erfahrungen und ständig kreisender Gedanken loswirst.

Schlaf ist dein Optimierungstool Nr. 1

Ich weiß. Verdrehst du jetzt die Augen? Das tun die Leute meistens, wenn ich ihnen erzähle, wie wichtig Schlaf ist. Ich habe mich mit dem Vater einer Freundin unterhalten, der von Physiologie nicht viel Ahnung hat. Er fing an zu kichern, als ich ihm sagte, die Lösung für seine Stress- und Gewichtsprobleme sei ganz einfach mehr Schlaf.

»Aber man nimmt doch nicht zu, weil man zu wenig schläft«, meinte er.

»Und ob, Michael«, antwortete ich.

Wenn man nicht weiß, was auf der physiologischen Ebene vor sich geht, ist es schwierig, zwei und zwei zusammenzuzählen. Wieso sollte Schlaf Gewichtsprobleme und andere Dinge wie Immunreaktion und Gesundheit im Allgemeinen beeinflussen?

Ich weiß noch, wie ich mir den Film *Man lernt nie aus* mit Robert De Niro angesehen habe. Er spielt darin einen Rentner, der nach einem Sinn im Leben sucht. Er bewirbt sich als Praktikant bei einem schnell wachsenden Online-Modeunternehmen. In der Rolle der Besitzerin und CEO der Marke ist Anne Hathaway zu sehen. Sie steckt bis zum Hals in Arbeit, sodass ihre Ehe zu scheitern droht. Der Druck ist enorm, weshalb sie jemand anderen als CEO sucht. Und sie schläft schlecht. In einer der Szenen erklärt ihre Mutter ihr, dass Frauen, die weniger als sieben Stunden pro Nacht schlafen, ein um 38 Prozent erhöhtes Risiko für Gewichtszunahme haben.

Ich weiß noch, dass ich das 2015, als der Film in die Kinos kam, für die sprichwörtliche Karotte hielt, mit denen reiche Filmmütter ihren Töchtern vor der Nase herumwedeln, damit die wie gewünscht Diät halten (so wie Regina

Georges Mutter in *Mean Girls - Der Girls Club*). Tatsächlich aber entsprach das den Fakten. Es lassen sich zwar keine exakten Prozentzahlen angeben, doch es besteht ein klarer Zusammenhang zwischen schlechtem Schlaf und Gewichtszunahme.

Damals wusste ich das noch nicht, doch als ich im Studium viel über den Schlaf erfuhr und Matthew Walkers Bestseller *Das große Buch vom Schlaf* las, ging mir ein Licht auf.[85] Zwar ist das Thema, das uns hier beschäftigen soll, nicht der Gewichtsverlust, aber ich möchte doch betonen, wie wichtig der Schlaf für unsere Gesundheit ist und auch für die Verhaltensänderungen, die wir anstreben.

Wenn du neue Gewohnheiten annehmen und Veränderungen bewirken willst, ist ein guter Schlaf der wahrscheinlich wichtigste Schritt. Denn im Schlaf werden alle Erinnerungen und neu erworbenen Informationen konsolidiert und in den Gedächtniszentren des Gehirns abgespeichert. Sind wir wach, verarbeitet das Gehirn aktiv neue Informationen. Anfangs sind diese Eindrücke noch recht schwach und können überschrieben werden. Im Schlaf aber stabilisiert das Gehirn die Erinnerungen, indem es in den Gedächtniszentren neue synaptische Verbindungen herstellt, damit wir diese später abrufen können. So verfestigen sich die Erinnerungen und Informationen, die wir tagsüber erworben haben. Vielleicht kennst du ja das Phänomen des »Brain Fog« oder »vernebelten Gehirns«, wenn du schlecht geschlafen hast. Dann kannst du kaum noch klar denken. Ich kenne dieses Gefühl, offensichtlich auch viele andere Menschen. Und es hat Auswirkungen darauf, wie wir am folgenden Tag neue Erinnerungen abspeichern.

Schlaf ist für sehr viele biologische Funktionen wichtig, auch für die Neuprogrammierung unseres Gehirns. Wie wir wissen, wird die Fähigkeit des Gehirns zur Neuroplastizität durch Stress und den Niedrigenergiemodus eingeschränkt. Und in genau diesen Modus versetzt uns zu wenig Schlaf. Schlaf ist ein unverzichtbarer physiologischer Prozess, der unseren Körper und unseren Geist tief beeinflusst. Neben der Erinnerungsverfestigung ist er wichtig für unsere körperliche Gesundheit, unsere kognitiven Funktionen, unsere emotionale Stabilität und ganz allgemein unsere Lebensqualität.

In diesem Kapitel geht es hauptsächlich um die Auswirkungen des Schlafes auf die Neuroplastizität, aber ich möchte auch einige andere biologische Funktionen erwähnen, die sich durch Schlafmangel verschlechtern. Um den Schlaf besser zu verstehen, sollten wir uns zuerst ansehen, was unser Gehirn nachts so zu tun hat.

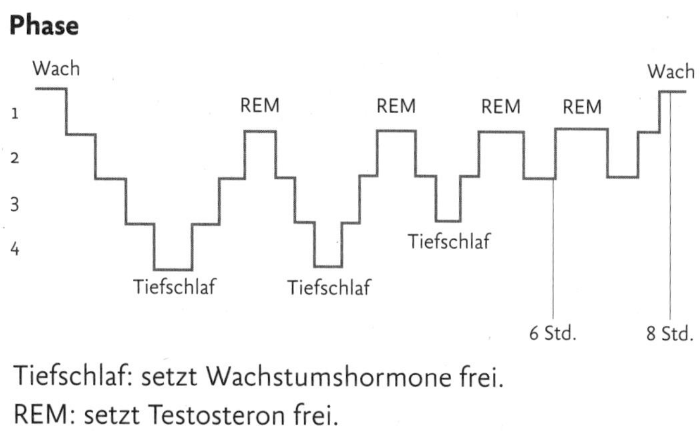

Abb. 21: Die Schlafphasen

Wenn wir schlafen, durchlaufen wir zwei verschiedene Schlafphasen: den REM-Schlaf mit den schnellen Augenbewegungen *(rapid eye movements)* und den Nicht-

REM-Schlaf. Jeder dieser Zyklen dauert ungefähr neunzig Minuten. Zu Beginn der Nacht durchlaufen wir zwei Tiefschlafphasen. Das ist der Schlaf mit den langsamsten Gehirnwellen, der für Gehirn und Körper ausgesprochen erholsam ist. Wenn du einen guten Schlaf hast, versinkst du dreimal pro Nacht in Tiefschlaf. Üblicherweise stellt sich die erste Tiefschlafphase eine Stunde nach dem Einschlafen ein. Im Laufe der Nacht werden die einzelnen Phasen immer kürzer.

Die Tiefschlafphasen sind wichtig für erholsamen Schlaf. Sie erlauben dem Körper seine Selbstreparaturmaßnahmen und die Konsolidierung neuer Erinnerungen. Gleichzeitig transportiert das sogenannte »glymphatische System« Schadstoffe aus dem Gehirn. Dieses System stellt die effiziente Entsorgung toxischer Stoffwechselprodukte im zentralen Nervensystem sicher - eine Art Abfallentsorgungsunternehmen für das Gehirn also. Wenn dieses System nicht richtig funktioniert, führt das zum Verlust von Neuronen, zu Entzündungen und damit möglicherweise zu Demenz.

Es gibt klare Hinweise darauf, dass ein guter Tiefschlaf unserer Kreativität, dem Lernen sowie der Gedächtnisbildung förderlich ist. Für all jene, die ihr Narrativ ändern möchten, sind dies wirklich wichtige Informationen. Vielleicht kennst du das ja aus eigener Erfahrung: Wenn du zum Beispiel eine neue Sprache lernst, dann bist du müder als sonst und hast weniger kognitive Energie übrig. Du fängst an, Dinge zu vergessen, verlegst deine Schlüssel und merkst, dass du in Gedanken immer wieder abdriftest.

Schlaf und die Verarbeitung kreisender Gedanken

Der REM-Schlaf ist wichtig für die Verarbeitung von Emotionen und die Konsolidierung von Gedächtnisinhalten. Während des REM-Schlafs ist das Gehirn hochaktiv, und wir haben Träume. Diese Schlafphase trägt zur emotionalen Regulierung bei, zu einem besseren Gedächtnis und der Verarbeitung emotionaler Erfahrungen. Studien zeigen, dass der REM-Schlaf eine entscheidende Rolle bei der Integration und Verarbeitung emotional aufgeladener Erinnerungen spielt: Die emotionale Belastung durch traumatische Erfahrungen und kreisende Gedanken wird abgebaut, Erinnerungen werden neu strukturiert und organisiert.[86] Dies wiederum verringert die emotionale Reaktivität und den Stress, die mit traumatischen Erfahrungen einhergehen. Therapeutische Ansätze wie EMDR ahmen diese Effekte des REM-Schlafs nach und helfen den Menschen so, traumatische Erinnerungen zu verarbeiten. Wir erinnern uns: Bei der EMDR arbeitet man mit geführten Augenbewegungen, um die emotionale Wirkung solcher Erinnerungen zu reduzieren.

Während des REM-Schlafs ist der Noradrenalinspiegel deutlich niedriger als im Wachzustand. Noradrenalin ist wichtig für Wachheit und Arousal, wie man die Aktivierung des zentralen Nervensystems beim Menschen nennt. Wenn der Noradrenalinspiegel niedrig ist, läuft die Verarbeitung der Emotionen problemlos ab, und die emotionale Belastung durch ständig kreisende Gedanken wird verringert. Vermutlich liegt es an der Absenkung des Noradrenalinspiegels im REM-Schlaf, dass das Gehirn in diesen Phasen Emotionen und Erinnerungen verarbeiten kann, ohne dass die emotionalen Zentren aktiviert werden.

Testosteron

Sowohl Männer als auch Frauen bilden Testosteron, Letztere allerdings in niedrigerer Quantität. Wichtig ist das Hormon jedoch für beide Geschlechter. Der Großteil der Testosteronausschüttung bei Männern erfolgt im REM-Schlaf. Daten zu Testosteron bei Frauen sind nur begrenzt vorhanden, doch wir wissen, dass ein zu niedriger Testosteronspiegel bei ihnen mit schlechter Schlafeffizienz zusammenhängt. Und dieser Zusammenhang funktioniert in beide Richtungen: Wenn du schlecht schläfst, hast du weniger Testosteron. Und weniger Testosteron schränkt sowohl die Schlafdauer als auch die Schlafqualität ein.

Am meisten Testosteron wird im REM-Schlaf freigesetzt. Wenn du also nur sechs Stunden schläfst, fehlt dir eine komplette REM-Schlafphase und damit ein ganzer Testosteronzyklus. Eine Studie an gesunden Erwachsenen offenbarte, dass Männer, die acht Nächte lang nur fünf Stunden pro Nacht schlafen, einen um 10 bis 15 Prozent niedrigeren Testosteronspiegel aufweisen.[87] Das ist ziemlich viel, wenn man bedenkt, dass der normale Alterungsprozess Männer etwa 1 bis 2 Prozent Testosteron pro Jahr kostet.

Testosteron ist ein wichtiges Regulativ kognitiver Funktionen und kann neuroprotektive Wirkungen entfalten. Es wirkt sich auf unsere Einschlafgeschwindigkeit aus, ist für Muskelwachstum und Knochendichte verantwortlich - und all das verschlechtert sich, wenn wir nicht genug Schlaf bekommen.

Wieso ist das für unsere Neuprogrammierung wichtig?

Testosteron beeinflusst die synaptische Plastizität massiv, vor allem in jenen Gehirnarealen, die für das Lernen und das Gedächtnis zuständig sind.
Es steuert die Ausbildung neuer Verbindungen im Gehirn und stellt so sicher, dass du das Gelernte auch behalten kannst.
Testosteron hat mit verbesserten kognitiven Funktionen und Aufmerksamkeit zu tun. Wir haben ja schon darüber gesprochen, wie wichtig es ist, unsere Aufmerksamkeit auf das zu richten, was wir ändern wollen. Testosteron stellt sicher, dass wir am Ball bleiben, indem es uns die gewünschten Verhaltensänderungen Tag für Tag zu Bewusstsein bringt.
Testosteron unterstützt uns bei kognitiven Funktionen, die uns erlauben, uns an neue Erfahrungen anzupassen.
Es reguliert unsere Stimmung und Emotionen. Das wiederum trägt zu einer besseren Verarbeitung dieser Emotionen bei und spielt daher vermutlich auch eine Rolle bei der Stressresilienz und der emotionalen Stabilität. Es verhilft dem Gehirn dazu, sich an unterschiedliche emotionale Herausforderungen anzupassen.

Wachstumshormone

Wachstumshormone werden vorzugsweise in der Tiefschlafphase gebildet. Ob du nun Sportlerin bist oder einen stressigen Job hast: Wachstumshormone helfen bei allen regenerativen Funktionen. Sie reparieren beispielsweise Schäden durch chronischen Stress. Daher sind sie nicht nur für Bodybuilder und Kinder im Wachstum wichtig, sondern für alle Menschen. Wachstumshormone regulieren Stoffwechselfunktionen wie die Insulinaktivität und den Blutzuckerspiegel. Außerdem tragen sie zur Regeneration von Gehirnzellen bei, die neuronale Funktionen fördern. Diese »Helfer«-Gehirnzellen unterstützen unsere kognitiven Funktionen und regeln unsere Stimmung. Wachstumshormone machen uns wacher, ausdauernder und weniger reizbar. Daher ist es nicht nur wichtig, lange genug zu schlafen. Auch eine hohe Schlafqualität ist entscheidend, um dich körperlich, emotional und kognitiv gesund zu halten, ganz egal, was du so machst.

Was hat das nun mit der Neuprogrammierung zu tun?

Wachstumshormone interagieren mit anderen Molekülen wie IGF-1. Zusammen spielen sie eine wichtige Rolle für die Neuroplastizität.
Wachstumshormone fördern die Dopaminausschüttung, die bei Belohnung und beim Lernen erfolgt. Dopamin trägt dazu bei, dass wir uns an angenehme Erfahrungen erinnern, sodass unser Gehirn die damit verbundene Aktivität als erlerntes Verhalten abspeichern kann.
Wachstumshormone wiederum setzen die Erregbarkeit von Neuronen herauf, sodass diese schneller auf Reize reagieren. Auf solche Weise steigt die Wahrscheinlichkeit, dass neue Kommunikationswege beibehalten werden.

Entzündungen und das Immunsystem

Schlaf ist auch wichtig, damit unser Immunsystem seine Arbeit verrichten kann. Während wir schlafen, baut das Immunsystem beschädigte Zellen und Krankheitserreger ab. Ist dir schon mal aufgefallen, dass du dich gleich besser fühlst, wenn du in der Nacht eine gute Mütze Schlaf bekommen hast?

Studien konnten zeigen, dass Menschen, die nur sechs Stunden pro Nacht schlafen, ihre Genetik zum Nachteil verändern, was später zu Neurodegeneration, Diabetes und Krankheiten des Herz-Kreislauf-Systems führen kann. Eine Studie belegt, dass sich bei Menschen, die eine Woche lang nicht mehr als sechs Stunden Schlaf pro Nacht bekamen, 3 Prozent ihrer Gene negativ verändert haben.[88] Die Hälfte dieser veränderten Gene standen in einer Beziehung zum Immunsystem, was höhere Entzündungswerte im Körper zur Folge hatte. Die andere Hälfte begünstigte die Entstehung von Tumorzellen.

Ich erzähle dir das alles, um dir deutlich zu machen, wie wichtig guter Schlaf ist. Wenn wir den Schlaf nicht zur Chefsache erklären, dann verharren wir im Niedrigenergiemodus, was unserer Gesundheit massiv schadet. Außerdem büßen wir dadurch die Fähigkeit ein, neue Erinnerungen zu bilden. All das zusammen geht auf Kosten unserer mentalen Gesundheit, denn schlechter Schlaf hat Folgen für alle physiologischen Prozesse bis hin zu unserer Genetik.

Gesunde Erwachsene verbringen ungefähr

- *20 bis 25 Prozent* ihrer Schlafenszeit im REM-*Schlaf;* wenn du also sieben bis acht Stunden schläfst, sind das 100 bis 120 Minuten;
- *17 bis 20 Prozent* im *Tiefschlaf;* wenn du sieben bis acht Stunden schläfst, sind das 80 bis 95 Minuten.

Top-Tipps für guten Schlaf

Eine heiße Dusche, um die Körpertemperatur zu senken
Kein Smartphone gleich nach dem Aufwachen
(E-Mails, Textnachrichten, Scrollen und so weiter)
Eine Stunde vor dem Einschlafen keine Bildschirmaktivitäten
Acht Stunden vor dem Einschlafen kein Koffein
Zwei Stunden vor dem Einschlafen nichts essen
Schlafzimmer vollkommen abdunkeln oder
eine Schlafbrille verwenden
Dehnübungen vor dem Zubettgehen
Magnesium-L-Threonat einnehmen
Ein kühles Schlafzimmer
Sonnenlicht am Morgen
Sonnenlicht am Abend
Meditation
Sport

Neuprogrammierung kurz und bündig: Schlaf ist dein Optimierungstool Nr. 1

- Schlaf ist vermutlich der wichtigste Schritt, wenn du neue Gewohnheiten und Verhaltensänderungen einführen möchtest. Im Schlaf werden all deine Erinnerungen und alle neuen Informationen verfestigt und in den Gedächtniszentren des Gehirns abgespeichert.
- REM-Schlaf ist wichtig für die Verarbeitung von Emotionen und die Konsolidierung von Gedächtnisinhalten.

- REM-Schlaf trägt dazu bei, die emotionale Belastung zu beseitigen, die mit kreisenden Gedanken einhergeht.
- Im REM-Schlaf setzt der Körper Testosteron frei, das wichtige kognitive Funktionen fördert und neuroprotektive Eigenschaften hat.
- Die Tiefschlafphase, in der unsere Gehirnwellen am langsamsten sind, ist für das Gehirn und den übrigen Körper am erholsamsten.
- In der Tiefschlafphase sorgt das glymphatische System für den Abtransport von Schadstoffen aus dem Gehirn.
- Es gibt Hinweise darauf, dass die Verbesserung der Tiefschlafphasen kreatives Denken fördert sowie Gedächtnis und Lernfunktionen stärkt.
- In der Tiefschlafphase werden auch Wachstumshormone frei. Sie regulieren Stoffwechselfunktionen wie die Insulinaktivität oder den Blutzuckerspiegel. Außerdem werden Zellen im Gehirn repariert, die die Arbeit der Neuronen unterstützen.
- Wachstumshormone steigern die Wachheit sowie die Ausdauer und verringern etwaige Reizbarkeit.

Dopamin will dich nicht glücklich machen

Dopamin möchte, dass du immer mehr und mehr hast. Es strebt stets nach dem nächsten großen Ding.
Wenn du also glaubst, dass du glücklich sein wirst, wenn du erst einmal hast, was du dir wünschst, wenn du deine Ziele erreicht oder deine Beförderung bekommen hast, dann wirst du dem Glück stets hinterherhecheln.

Dein Glück passiert aber jetzt.

Dopamin: Dein Glück passiert jetzt

Kennst du dieses Gefühl? Du denkst: »Sobald ich an Ort B bin, werde ich glücklich sein« oder »Sobald ich soundso viel Geld habe, bin ich glücklich«, und dann bekommst du die Lohnerhöhung oder deinen Traumjob, nur um bald darauf festzustellen, dass du immer noch unzufrieden bist und auf die nächste Lohnerhöhung wartest, weil du *erst dann* wirklich glücklich sein wirst. Versteh mich nicht falsch: Geld hilft. Eine Lohnerhöhung macht natürlich etwas aus. Aber es gibt da einen feinen Unterschied zwischen dem Glück, weil du jetzt finanziell auf festeren Beinen stehst, und dem Glauben, dass dich erst das Erreichen der jeweils nächsten Etappe glücklich machen wird.

Ich wollte von meinen Followern auf Instagram wissen, ob ihnen das Gefühl, erst dieses oder jenes Ziel erreichen zu müssen, um glücklich sein zu können, bekannt vorkommt. Die im Zusammenhang mit Glückserwartungen am häufigsten genannten Ziele waren Gewichtsverlust, Erfolge im Beruf oder in der Ausbildung beziehungsweise im Studium und mehr Geld. Ein paar andere nannten auch Ziele wie mehr Follower auf Instagram, mehr Likes für ihre Posts in den sozialen Medien oder der erste Immobilienerwerb. Einige der Meldungen kamen von Sportlern, die nie zufrieden waren mit dem, was sie erreicht hatten.

Hinter diesen Posts steht ein bestimmtes Muster: Wann immer sie dort angelangt waren, wovon sie glaubten, dass sie es erreichen müssten, waren sie enttäuscht und unzufrieden. Das Gefühl der Befriedigung hielt nur kurz an, und bald merkten sie, dass sie im Grunde immer noch unglücklich waren. Manche fühlten sich verloren, einsam und niedergeschlagen.

Ich kenne dieses Gefühl nur zu gut. Ich dachte immer: »Wenn ich soundsoviel Pfund wiege, werde ich meinen Körper mögen und glücklich sein.« Der *Erreichens-Trugschluss* (der Begriff wurde von Tal Ben-Shahar geprägt und lautet im Original *arrival fallacy*) ist eine Illusion.[89] Er verleitet uns zu der Annahme, dass wir glücklich sein werden, sobald wir ein Ziel erreicht haben, sobald wir bekommen haben, was wir uns wünschen. Wenn wir einem gesetzten Ziel zustreben, setzt das Gehirn Dopamin frei. Aber Dopamin wurde bis vor Kurzem falsch »etikettiert«. Dopamin ist nicht der Botenstoff des Vergnügens. Es ist vielmehr der Stoff, der uns motiviert, *ständig nach Lustgewinn zu streben*. Er gehört zum Belohnungsschaltkreis im Gehirn. Er trägt zur Erfahrung des Vergnügens bei, aber er schenkt dir keine dauerhafte Befriedigung. Seine Rolle ist es, angenehme Erfahrungen zu verstärken, indem er uns damit den Wunsch verbinden lässt, sie zu wiederholen. Schließlich weißt du ja, wenn etwas dir gutgetan hat.

Studien zeigen, dass der Dopaminspiegel fällt, wenn wir ein Ziel erreicht haben.[90] Das liegt daran, dass Dopamin dafür verantwortlich ist, wenn wir eine Belohnung erwarten und uns darum bemühen. Um das Dopamingleichgewicht aufrechtzuerhalten und eine Überreizung zu verhindern, fällt der Spiegel unmittelbar nach Erreichen des Ziels ab. Dann muss das Gehirn das Belohnungssystem wieder ankurbeln, damit wir uns für das Erreichen künftiger Ziele bereit machen.

Das angenehme Gefühl erwächst eigentlich aus einem Cocktail von Neurotransmittern und Hormonen. Auch Serotonin, Oxytocin und Endorphine sind daran beteiligt.

Wie Daniel Lieberman und Michael Long in ihrem Buch *Ein Hormon regiert die Welt* so schön erklären, besteht der Glückscocktail aus Hormonen des »Hier und Jetzt«.[91] Sie lassen uns Freude im gegenwärtigen Augenblick empfinden. Aber diese Neurotransmitter werden von Dopamin schnell weggespült, wenn wir uns nicht auf den gegenwärtigen Moment einlassen und lernen, für das dankbar zu sein, was wir bereits haben. Daher stürzen nicht bei jedem Menschen die zuvor erlebten Glücksgefühle jäh in den Keller, wenn er seine Ziele erreicht hat. Manche erfahren nach ihren Erfolgen eine Befriedigung, die nachhaltiger ist als bei anderen.

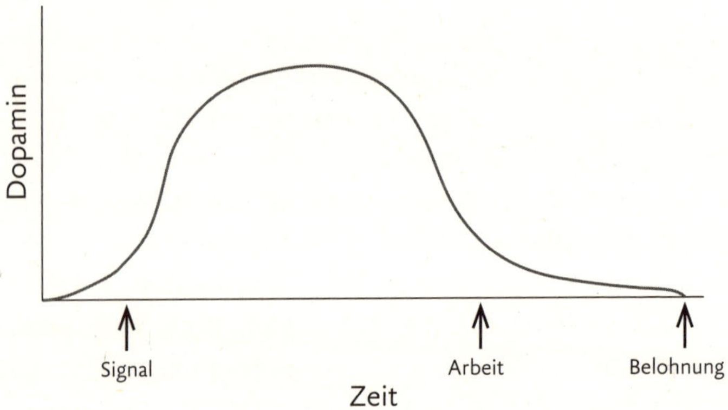

Abb. 22: Der Dopaminspiegel

Wenn du trotz guter Leistungen nicht glücklich bist, kann das viele Gründe haben:

- Du erwartest Glück erst, wenn du deine Ziele erreicht hast.
- Du kannst den Augenblick des Erfolgs nicht (wirklich) genießen.
- Du hast dir für dich falsche Ziele gesteckt.

- Du beschäftigst dich nicht mit dem tieferen Grund deiner Unzufriedenheit.
- Du überdeckst dein Unglücklichsein mit immer neuen Zielen.
- Du machst etwas, weil alle es machen.
- Du lebst dein Leben nach einem Narrativ, das von anderen Menschen geschrieben wurde, nicht von dir selbst.
- Du hast einen niedrigen Dopaminspiegel, weil du ständig nach sofortiger Belohnung strebst (siehe Seite 278).

Um die »Erreichens-Illusion« auszuschalten, müssen wir Folgendes lernen:

Das wahre Vergnügen ist der Weg,
nicht das Ziel.

Glück entsteht aus den Lektionen, die du auf diesem Weg lernst: aus deinem persönlichen Wachstum, aus deinen Beziehungen und der Bedeutung, die du dem Weg beimisst. Das passt sehr gut zu der Theorie vom Wachstumsdenken und der Übung zu unseren grundlegenden Werten (auf Seite 127f.). Wenn du aufhörst, ständig die Ziellinie im Blick zu haben, wird das Leben dir mehr Freude machen.

Die »Erreichens-Illusion« impliziert die Vorstellung, dass erst hinter der Ziellinie das Glück als Trophäe auf uns wartet. In Wirklichkeit aber gibt es keine Ziellinie, und wenn du das nicht glaubst, wirst du nie Ruhe finden - weil du immer darauf wartest, dein Ziel und damit Glück zu erlangen. Aber dann stellst du fest, dass hinter dieser Ziellinie noch eine liegt und noch eine und noch eine ...

Der einzige Gegner in diesem Wettrennen bist du selbst.
Lebe einfach nur den Augenblick.
Er kommt nicht wieder.

Vielleicht sind dir nun Bedenken gekommen, dass deine Motivation nachlassen könnte, jetzt, da du all dies weißt. Denn wenn es kein echtes Wettrennen gibt und auch niemand gegen dich antritt, wozu dann der ganze Aufwand?

In Wahrheit eröffnet uns diese Erkenntnis eine andere Perspektive, die unsere Entschlossenheit und Motivation verstärkt, sodass wir kontinuierlich an unserer Entwicklung arbeiten und dabei die Latte immer ein Stück höher legen. Nur unser Blickwinkel verschiebt sich, vom Vergleich mit anderen hin zu dem Wunsch, die beste Version unserer selbst zu werden.

Es ist nichts dagegen einzuwenden, sich in einer gesunden Art von Wettbewerb immer wieder an anderen Menschen zu messen. Vielleicht strebt deine Kollegin ja auch nach dieser Beförderung, und das motiviert dich, bessere Arbeit zu leisten. Ja, das ist fair. Mach das ruhig! Aber deswegen wird nicht alles zu einem Zweikampf mit der Rivalin. Auf jeden Fall nicht der wichtigste, nicht der entscheidende Zweikampf *deines* Lebens.

Die Erkenntnis, dass der eigentliche Wettkampf ein innerer ist, bringt dich vielleicht dazu, deine Ziele genauer unter die Lupe zu nehmen und Strategien zu finden, die besser zu deinen persönlichen Werten, Interessen und Fähigkeiten passen. Damit du am Ende ein Gefühl der Sinnhaftigkeit und Motivation empfindest. Und mehr Leben!

Übung: Was du tun kannst

Welche Lektionen hast du auf deinem Weg zum Wandel gelernt?

____

____

____

Was ist für dich der Sinn dieses Weges?

____

____

Wofür bist du dankbar?

____

____

Wie kannst du dich von der Erwartung des Erfolgs freimachen?

____

____

Hast du auf diesem Weg Fähigkeiten erlangt, die du auch auf anderen Gebieten brauchen kannst?

____

____

Geh vorwärts ohne Angst vor dem Scheitern.
Geh vorwärts ohne Reue.
Denn jede Erfahrung ist eine wichtige Lektion.

Wir haben erfahren, dass unser Gehirn für die Negativitätsverzerrung anfällig ist. Wir verlassen uns auch immer darauf, dass wir glücklich sein werden, wenn wir unsere Ziele erreicht haben. Das kann sehr schnell ins Unglück führen. Das eigentliche Thema dieses Kapitels ist das Leben in der Gegenwart, sodass wir genießen können, was wir vor der Nase haben. Dass wir uns Zeit nehmen, das Gute in unserem Leben zu schätzen, statt weiter nur das Negative zu sehen und uns in unserer Tretmühle abzustrampeln. Es gibt kein echtes Scheitern. Nicht wirklich. Alles, was wir tun, ist eine Lernerfahrung. Jedes Scheitern ist eine Gelegenheit, erneuert daraus hervorzugehen. Die Neurowissenschaft sagt uns, dass Glück und Freude aus dem Weg erwachsen, nicht aus dem Ziel, weil es einfach kein Ziel gibt. Mit unserem Wachstum als Mensch wächst auch unsere Fähigkeit zur Innenschau, zum Selbstgewahrsein. Und die Hingabe ans kontinuierliche Lernen. Wir wollen an uns arbeiten, was wiederum unser Leben mit Sinn erfüllt.

Sofortige Befriedigung macht uns weniger zielstrebig

Dopamin ist verantwortlich für Motivation und Lustgewinn. Aber es ist eben auch entscheidend dafür, dass wir nach lohnendem Verhalten streben. Es sorgt dafür, dass du Dinge tun möchtest, die dir ein gutes Gefühl verschaffen. Dass du sie haben willst und ihnen nachjagst.

Wir nennen dies »Belohnungsverhalten«. Und wenn wir wissen, welche Aktivitäten uns ein gutes Gefühl verschaffen, steigert das Dopamin die Wahrscheinlichkeit, dass wir sie in Zukunft wiederholen.

Dergestalt Belohnungen nachzujagen, kann dazu führen, dass wir uns bestimmten Aufgaben und Verhaltensweisen zuwenden, die positive Resultate mit sich bringen. Wenn du zum Beispiel lernst, weil du Bestnoten erreichen möchtest, stehen die Chancen gut, dass du dich auch auf künftige Prüfungen entsprechend vorbereitest, weil du weißt, dass Einsatz sich auszahlt. Oder du frönst genüsslich deinen Hobbys, vor allem wenn du obendrein feststellst, dass du damit deiner Gesundheit etwas Gutes tust. Wird das Streben nach Belohnung jedoch exzessiv, kann es in die Sucht führen, besonders wenn die damit verbundenen Aktivitäten einen starken Schub in den Belohnungszentren auslösen, wie das beim Drogenkonsum und bei Essattacken der Fall ist. Am Ende stehen dann ungesunde, zyklische Verhaltensmuster, bei denen man nach Belohnung strebt, obwohl dies schlimme Konsequenzen nach sich zieht.

Sofortige Befriedigung meint die unmittelbare Zufriedenheit und das Vergnügen, die sich einstellen, wenn wir Belohnungen ohne Aufschub oder Anstrengung unsererseits erhalten. Dieser Aspekt spielt beim Belohnungsverhalten eine wichtige Rolle. Mit der Zeit neigen wir dazu, kurzfristigen Befriedigungen mehr Wert beizumessen als substanzielleren Belohnungen, die Geduld und Anstrengung voraussetzen. Das hat eine enorme Auswirkung auf unseren Dopaminspiegel und das Belohnungssystem im Gehirn. Ein Gefühl sofortiger Befriedigung erleben wir zum Beispiel beim Scrollen durch die sozialen Medien, bei zu vielen Videospielen, beim hastigen Verschlingen von Nahrung vor dem Fernseher - speziell mit Essen vom Lieferservice - oder beim Konsum hochverarbeiteter und stark zuckerhaltiger Lebensmittel. Ein anderes klassisches Beispiel ist, dass jemand ständig auf Shoppingtour geht, obwohl er eigentlich für eine eigene Wohnung sparen möchte.

All dies ist nicht schädlich, wenn es nur selten vorkommt. Aber es sorgt für einen schnellen und intensiven Ausstoß von Dopamin, der uns ein Gefühl der Befriedigung gibt, ohne dass wir Energie investieren mussten.

Die Grundregel für alle Menschen,
auch solche mit ADHS, lautet daher:
»Ohne Schweiß kein Preis.«

Wenn wir immer wieder auf Sofortbefriedigung abzielen, um uns besser zu fühlen, dann bringen wir dadurch das Belohnungssystem im Gehirn und unseren Dopaminspiegel durcheinander. Denn durch das Verlangen nach sofortiger Bedürfnisbefriedigung verändert sich unsere Dopaminempfindlichkeit. Wir brauchen immer mehr, um uns zu irgendwas aufzuraffen. Wenn der Dopaminspiegel niedrig ist, dann fühlst du dich wohl in deiner Trägheit und hast keine Motivation, deine Ziele zu erreichen. Um uns motiviert zu fühlen, muss der Dopaminspiegel steigen, und das setzt Anstrengung voraus. Das Problem ist, dass die leicht zu erreichenden Dopaminkicks, zum Beispiel aus den sozialen Medien, am Ende den Normalwert verändern, sodass du immer mehr Dopamin brauchst, um dich zu irgendetwas zu motivieren.

Sofortige Befriedigung senkt also unsere Motivation und desensibilisiert den Belohnungsschaltkreis im

Gehirn, sodass wir immer mehr Dopamin brauchen, um aktiv zu werden. Ich kenne dieses Gefühl sehr gut vom Sport. Wenn ich vor einem Work-out längere Zeit in den sozialen Medien herumhänge, dann muss ich mich beim Training wirklich quälen. Ich kann kaum die Energie aufbringen, einen Fuß vor den anderen zu setzen. Üblicherweise nehme ich mir dann zwischen dem Konsum sozialer Medien und dem Sport dreißig Minuten Zeit, damit ich, wenn ich allein trainiere und nicht in einem Kurs bin, meine Trainingseinheit überstehe, ohne alle fünf Minuten hinschmeißen zu wollen.

Wird aufgrund von Aktivitäten, die uns sofortige Befriedigung verschaffen, ständig und schnell Dopamin ausgeschüttet, so reagiert unser Gehirn auf Dopamin schlechter. Was heißt, dass wir es schwieriger finden, uns für Dinge zu motivieren, die mehr Einsatz erfordern. Aktivitäten wie Sport, langfristige Ziele oder selbst etwas so Simples wie Lebensmittel einkaufen.

Hat sich dein Gehirn erst einmal daran gewöhnt, dass es bei bestimmten Aktivitäten sofort einen Dopaminkick bekommt, dann zieht es diese bald allen anderen vor, bei denen du dich anstrengen und diese Anstrengung auch länger aufrechterhalten musst. Das gilt vor allem für Menschen mit ADHS oder einer allgemein niedrigen Motivation. Das ist ein Teufelskreis, denn die Tatsache, dass du durch Scrollen einen schnellen Dopaminkick bekommst, schenkt dir ein trügerisches Gefühl von Motiviertheit. Diese Dopaminspitzen sind flüchtig, und das bedeutet, dass sie schnell wieder verfliegen, was deine Motivation noch mehr schwächt.

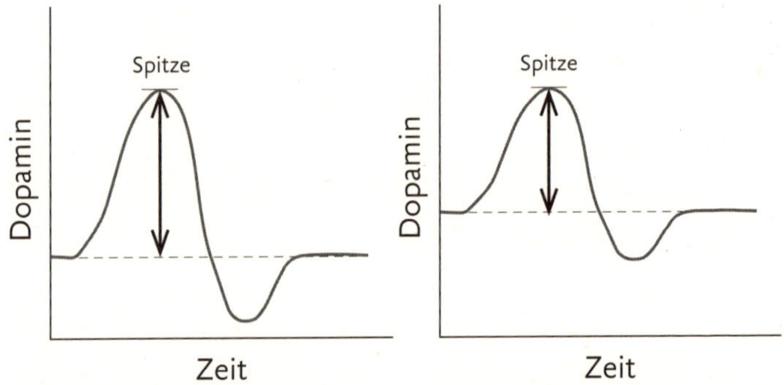

Je größer der Unterschied zwischen dem Normalwert und der Spitze (doppelspitziger Pfeil), desto mehr Dopamin wird freigesetzt.

Obwohl die Spitze gleich hoch bleibt, wird doch weniger Dopamin freigesetzt, weil der Normalwert höher liegt.

Abb. 23: Ungesunde vs. gesunde Dopaminspitze

Aktivitäten wie Sport und Eisbaden scheinen die Dopaminfreisetzung massiv anzukurbeln, ohne dass es danach zum unmittelbaren Absturz kommt. Studien zeigen, dass Eisbaden (bis zum Hals in kaltem Wasser) die Dopaminausschüttung um 250 Prozent ansteigen lässt.[92] Es dauert etwa drei Stunden, bis der Dopaminspiegel wieder seinen Normalwert erreicht. Das Wasser muss so kalt sein, dass es gerade noch erträglich ist, und die Eisbadenden müssen eine ausgeprägte mentale Ruhe aufweisen, um davon profitieren zu können. Manche Menschen vertragen auch *sehr* kaltes Wasser. Forscher haben mit bis zu minus 14 Grad Celsius kaltem Wasser experimentiert. Natürlich ist diese Methode nicht für jedermann geeignet, was ich gut verstehen kann; aber es gibt ja noch andere Möglichkeiten, den Dopaminspiegel zu erhöhen:

- Malen,
- Sport,
- Laufen,

- Kochen,
- Meditation,
- Sonnenlicht,
- Gewichtheben,
- Neues erleben oder
- konzentrierte Arbeit.

Für was auch immer du dich entscheidest, es muss mit Anstrengung verbunden sein. Zu viele Sofortbefriedigungen, und wir bringen unser Dopaminsystem durcheinander, was uns auf der Suche nach dem nächsten Kick auf gefährliche Achterbahnfahrten schicken kann. Wenn du dich das nächste Mal stundenlang durch die sozialen Medien klickst, dann achte mal darauf, wie du dich fühlst. Wenn ich zu viel Zeit in der virtuellen Welt verbringe, werde ich allmählich reizbar. Und je mehr Zeit vergeht, desto süchtiger werde ich. Zuerst muss ich mich wirklich anstrengen, diese Welt wieder zu verlassen, und danach fällt es mir schwer, mich zu etwas anderem zu motivieren.

Unser Gehirn ist auf Ausgleich gepolt. Wenn dein Dopaminspiegel ständig Spitzen erfährt, dann will das Gehirn dies ausgleichen. Dann brauchen wir stärkere und häufigere Kicks, um uns noch gut zu fühlen. Das schwächt unsere Motivation, uns für Ziele zu begeistern, die nur langfristig zu erreichen sind. Es ist enorm wichtig, diesem Belohnungsverhalten gesunde Grenzen zu setzen, damit es nicht zu Dopamintoleranz und Sucht kommt, denn das führt unweigerlich zu innerer Unruhe und Depression. Dann haben wir keine Lust mehr aufs Leben. Wir landen einmal mehr auf dem Gedankenkarussell der Grübelei und machen all die Arbeit zunichte, die wir bisher geleistet haben, um Narrative zu verändern, die unser Leben beherrschen und einschränken.

Wie du die Gewohnheit des Dauerscrollens durchbrichst

Stell dir dein Gehirn vor wie einen Muskel.
Je mehr du es trainierst, desto besser wird es.
Nimm dir Zeit für intensive Arbeit.
(Fang am besten klein an.)
Fast die Hälfte aller Unterbrechungen bei konzentrierter Arbeit sind selbst verschuldet. Aber sich nicht ablenken zu lassen, kann man trainieren.
Leg das Smartphone in ein anderes Zimmer, und schalt den Flugmodus ein.
Meditiere, um deine Konzentrationsfähigkeit zu verbessern.
Lerne, Ablenkungen zu ignorieren und deine Gedanken wieder zurück auf die Arbeit zu lenken – auch das ist eine Fähigkeit, die sich trainieren lässt.
Eisbaden und Sport setzen Dopamin frei.
Es gibt Apps, die andere Apps blockieren.
(Ich weiß, die reinste Ironie, aber es funktioniert.)

Wie du Langeweile nutzen kannst

Prof. Anna Lembke, Autorin des Bestsellers *Die Dopamin-Nation,* erklärt in ihrem Buch, dass Schmerz und Vergnügen im selben System verarbeitet werden.[93] Wenn wir Lust empfinden, folgt gleich darauf ein kurzer Schmerz. Dieser Schmerz kommt gewöhnlich daher, dass man sich *mehr* wünscht. Kennst du das Gefühl, jetzt noch eine

Episode deiner Lieblingsserie anschauen zu wollen, mehr Schokolade zu essen oder gleich wieder in die Ferien starten zu wollen? Das ist das Dopamin, das nach mehr verlangt. Wenn das Pendel komplett aus dem Takt geraten ist und immer weiter ausschlägt, kann dies sogar zur Sucht führen. Sicher hast auch du mal dein Smartphone zu Hause vergessen und bist vor Schreck erstarrt, als du beim Griff in die Tasche gemerkt hast, dass es nicht da ist. Telefonsucht ist gerade bei jungen Erwachsenen sehr verbreitet. Studien aus dem Jahr 2022 zeigen, dass 61 Prozent der Heranwachsenden davon betroffen sind.[94]

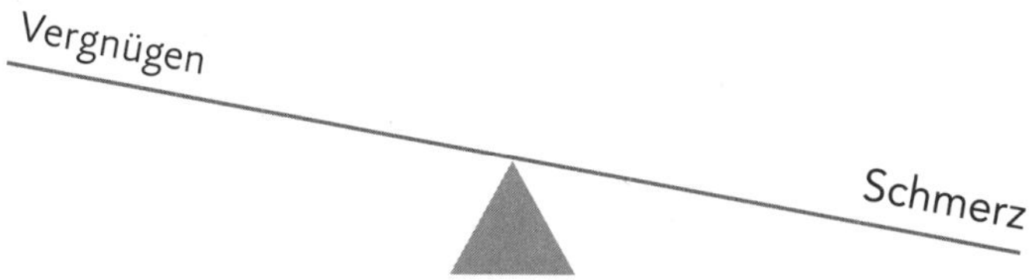

Abb. 24: Schmerz und Vergnügen sind im gleichen System verankert

Wenn es nicht gerade um Substanzabhängigkeit geht, ist Langeweile das Mittel der Wahl gegen wild gewordene Dopaminpendel. Verweile in der Langeweile, die du empfindest, weil du dein Telefon nicht bei dir hast. Verweile in der Langeweile, die dir den Zugang zu jenen Teilen deines Gehirns eröffnet, wo du deine Gedanken kreativ herumschweifen lassen kannst. Wir werden doch immer irgendwie von außen beeinflusst. Wann hattest du das letzte Mal einen Tagtraum? Wenn wir ständig unser Dopaminsystem durcheinanderbringen, immer noch mehr Unterhaltung brauchen, etwas zu tun, oder etwas zur Ablenkung, dann verlieren wir unsere Fähigkeit, gelangweilt zu sein.

Gelangweilt zu sein, ist eine Kunst. Wenn du in dieser Phase steckst, dann bist du vielleicht versucht, andere, als lohnender empfundene Aktivitäten aufzunehmen, wie Schokolade zu futtern, Geld auszugeben oder online auf Shoppingtour zu gehen. Aber es ist weise, sich in der Langeweile gemütlich einzurichten, sich auf nichts einzulassen, was auf Knopfdruck Dopamin ausschüttet, und nach der Sorte von Vergnügen zu streben, bei der du garantiert nicht sofort auf Belohnung hoffen kannst.

Nicht alle Aufgaben sind angenehm,
aber einige sind nicht verhandelbar.

Nicht alle Aufgaben werden zur Gewohnheit, vor allem wenn sie Mühe kosten und einfach mal unangenehm sind. Doch auch solche Dinge müssen wir eben manchmal machen. Zum Beispiel ist für manche Menschen Sport das Schönste auf der Welt, und sie schaffen es gut allein, sich dazu zu motivieren. Anderen geht es da nicht so toll. Daher empfehle ich dir, dich bei Dingen, die dir zunächst schwerfallen, mit Freunden zusammenzutun, um gemeinsam Spaß zu haben. Halte an deinem Programm fest, und mach dir klar, dass du vielleicht immer Disziplin aufbringen musst. Wir können uns nicht grundsätzlich auf unsere Motivation verlassen. Manche Dinge sind einfach nicht verhandelbar.

Neuprogrammierung kurz und bündig: Dopamin - dein Glück passiert jetzt

- Dopamin ist nicht der Botenstoff des Glücks. Es ist vielmehr der Stoff, der uns zum Streben nach Vergnügen motiviert.
- Studien zeigen, dass der Dopaminspiegel sinkt, sobald wir eines unserer Ziele erreicht haben.
- Der »Erreichens-Trugschluss« lässt uns glauben, dass wir glücklich sein werden, sobald wir bekommen, was wir wollen.
- Dopamin will dich nicht glücklich sehen. Dopamin will, dass du mehr hast.
- Wenn du darauf hoffst, dass du glücklich sein wirst, wenn du erst einmal hast, was du willst, deine Ziele erreicht oder deine Beförderung bekommen hast, dann wirst du dem Glück ewig hinterherjagen.
- Vergnügen ist der Weg, nicht das Ziel.
- Sofortige Befriedigung schwächt deine Motivation, dir deine Ziele zu erarbeiten.
- Wenn uns sofortige, mühelose Befriedigung beziehungsweise Vergnügen am wichtigsten sind, dann riskieren wir ein ungesundes zyklisches Verhaltensmuster, das uns ständig nach Belohnung streben lässt.
- Sofortige Befriedigung senkt unsere Motivation. Sie desensibilisiert das Belohnungssystem im Gehirn, sodass wir ständig mehr Dopamin brauchen, um uns überhaupt zu irgendetwas motivieren zu können.
- Die Dopaminregel: Jeder sollte sich anstrengen, um eine Belohnung zu erhalten.
- Bevorzuge aktive Tätigkeiten wie Sport, Ziele verfolgen, Kochen (statt ständig Essen beim Bringservice zu bestellen) und so weiter. Vermeide es, konzentriertes

Arbeiten zu unterbrechen, um dich durch die sozialen Medien zu scrollen.

- Nutze die Langeweile, um das Belohnungssystem wieder auf Anfang zu setzen.
- Schmerz und Vergnügen sind im gleichen System verankert. Nach jeder Belohnung erfolgt ein kurzer Stich des Schmerzes. Normalerweise nimmt dies die Form von »Ich möchte aber mehr Schokolade« an. Mach dir klar, dass dieser Stich vergeht, und lerne, eine Zeit lang mit dem unangenehmen Gefühl zu verweilen. Auch so kannst du deinen Belohnungsschaltkreis neu booten.

Vertraue deinem Bauchgefühl

Verantwortung für unser Handeln zu übernehmen, stärkt unser Selbstvertrauen. Selbstvertrauen schenkt Zuversicht.

Wie du Selbstvertrauen und Zuversicht aufbaust

Kennst du so etwas auch: eine Freundin, die dich anruft und um Rat fragt, das aber noch bei zehn anderen Leuten macht und nichts davon wirklich umsetzt? So war ich auch. Und ich habe ein paar Freunde, die sich ebenfalls so verhalten. Ich schlug mich mit einem inneren Zwiespalt herum, kannte die Lösung, traute meinem Gefühl aber nicht.

Ich glaube, den meisten Menschen geht es ähnlich. Sie wissen nicht so recht, ob sie ihrer Intuition vertrauen können. Dieses Gefühl hat viele Ursachen. Vielleicht hast du mal negative Erfahrungen gemacht, die dein Urteilsvermögen beeinflussen, weil du Angst hast, dass wieder etwas Schlimmes passieren könnte. Oder du zweifelst, weil du einfach zu viel nachdenkst. Möglicherweise fürchtest du auch das Ergebnis oder eine eventuelle Zurückweisung. Die Lösung ist: Zuversicht aufbauen, indem du Selbstvertrauen gewinnst.

Zuversicht ist eine starke Fähigkeit, die uns hilft, unser Leben zu meistern. Wir können sie erlernen, indem wir Selbstvertrauen aufbauen. Selbstvertrauen heißt, dass du auf deine Fähigkeiten baust, persönliche Verantwortung übernimmst und sicherstellst, dass du die Versprechen an dich selbst auch einhältst. Wenn du zuversichtlich auf deine Fähigkeiten blickst und die Kontrolle über deine Entscheidungen übernimmst, dann schaffst du eine gute Grundlage für persönliches Wachstum, Erfolg und mentale Stärke.

Selbstvertrauen wirkt sich in allen Lebensbereichen aus. Wir können mit allem, was uns begegnet, locker umgehen. Als ich von einem der größten Verlagshäuser der Welt meine erste E-Mail bekam, war ich hin und weg. Meine Schwester, die mir mit meinen E-Mails hilft, sagte: »Bevor du die liest, setzt du dich besser.« Ich war so glücklich, mein Herz fühlte sich an, als würde es gleich explodieren. Diese Gelegenheit bot sich mir, weil ich bereit war, etwas in die Welt zu entlassen, frei von der Angst, nicht zu wissen, wer ich war und was ich wollte. Hätte sich diese Chance ein Jahr vorher geboten, ich weiß nicht, ob ich dazu bereit gewesen wäre. Aber angesichts des Wandels, den ich in den Jahren zuvor vollzogen hatte, war ich nun so weit. Und ich war völlig gelassen dabei. Glücklich und voller freudiger Erregung, aber gelassen.

Ich bereitete mich auf das Telefonat mit der Lektorin vor und schrieb ein Exposé für dieses Buch, wobei ich mich vollkommen von meinem Bauchgefühl leiten ließ. Es sprudelte einfach nur so aus mir heraus, vom Anfang bis zum Ende. Ich hatte noch nie etwas geschrieben, worauf ich so stolz war. Natürlich musste der Antrag überarbeitet werden, aber es waren meine eigenen Gedanken, meine ursprünglichen Ideen, alles auf ein paar Seiten zusammengetragen. Meine Zuversicht und mein Selbstvertrauen, die ihre Wurzeln in meinem Wachstumsdenken hatten, erlaubten mir, etwas zu Papier zu bringen, worin nicht ein Fünkchen Angst steckte. Mir war nicht bang vor dem Resultat. Ich wusste: Wenn es dieses Mal nicht klappt, dann wird es ein andermal etwas werden. Vielleicht würden mich ja andere Verlagshäuser kontaktieren, und dann konnte ich von dieser Erfahrung zehren und es besser machen. Diese Ebene des Selbstvertrauens ermöglichte mir, mein Bestes zu geben und - ausnahmsweise - durch und durch stolz darauf zu sein.

Ich habe diese Ebene des Selbstvertrauens und der Zuversicht erreicht, weil ich dafür persönlich die Verantwortung auf mich nahm. Ich habe die Verantwortung für mein Tun, für meine Entscheidungen und ihre Folgen übernommen. Wenn ich mir selbst ein Versprechen machte, dann hielt ich es auch. Wenn ich sagte, ich würde künftig um sechs Uhr morgens aufstehen und eine Runde joggen, dann habe ich das gemacht, weil ich es mir versprochen hatte. Und wenn ich mich nicht auf mich selbst verlassen kann, wie sollte ich mich dann auf andere Menschen verlassen? Und wie konnte ich erwarten, dass andere Leute sich auf mich verlassen würden?

Wie oft hast du die Versprechen an dich selbst schon gebrochen? Solche Versprechen nicht einzuhalten, schadet der Beziehung zu uns selbst und damit unserer Zuversicht.

Selbstvertrauen aufbauen

- *Halte deine Verpflichtungen ein:* Wenn du dir ein Versprechen gibst und es einhältst, baust du Selbstvertrauen auf, ob das nun eine Aufgabe auf deiner To-do-Liste ist oder der Abstecher ins Fitnessstudio, den du dir vorgenommen hast.
- *Setz dir realistische Ziele:* Die Verpflichtungen dir selbst gegenüber sollten machbar und realistisch sein. Bleib dir selbst treu, indem du dir nur Dinge vornimmst, die deinen Idealen entsprechen. Vielleicht hast du dir ja Ziele gesteckt, die du nicht selbst gewählt hast. Möglicherweise sind das Ziele, die du deiner Ansicht nach haben *solltest.* Oder du setzt dir Ziele, die nicht realisierbar sind, was automatisch zum Scheitern führt. Bleib realistisch, und steck dir nur Ziele, die für dich stimmen.
- *Feiere deine Erfolge:* selbst die kleinen Fortschritte. Unser Gehirn verweilt ja gern beim Negativen, also achte darauf, dass du deine Erfolge feierst, damit du dein Narrativ ins Positive verändern kannst. Das stärkt dein Selbstvertrauen, und du merkst, dass du tatsächlich zum Erfolg fähig bist.
- *Wachstumsdenken:* Vergiss nicht, jeder Fehler ist eine Gelegenheit zum Lernen. Entweder du hast Erfolg, oder du lernst etwas dazu. Statt auf deinen Fehlern herumzureiten, konzentrier dich darauf, wie du dich verbessern kannst.

- *Hör auf dich selbst:* Achte auf deine Gedanken und Gefühle. Vertrau deinem Bauchgefühl. Hör auf deine Intuition, und tu, was sie dir sagt. So stärkst du dein Selbstvertrauen und weißt, dass du mit dem Leben fertigwirst, weil du für dich eintreten kannst. Manchmal heißt das, dass du dir Zeit nehmen solltest für dich selbst, für Meditation, Stretching, Spazierengehen oder andere Dinge, die ein wenig Distanz zwischen dich und die Außenwelt legen. Vergiss nicht: Es ist wichtig, dir selbst mentale Pausen zu geben, damit du Zugang zu jenen Teilen deines Gehirns erhältst, die dir Klarheit schenken (siehe Seite 81).

Selbstvertrauen und das Vertrauen in die eigene Intuition sind eng miteinander verknüpft. Beides spielt eine wichtige Rolle bei der Entscheidungsfindung, beim persönlichen Wachstum und Wohlbefinden.

Um auf deine Intuition bauen zu können, brauchst du Selbstvertrauen als Grundlage. Wenn du dir selbst vertraust, kannst du auf vergangene Erfahrungen setzen, die dein Gehirn abgespeichert hat. Hörst du dann auf die Stimme deiner Intuition, siehst du, dass einige der Dinge, die du jetzt empfindest, nicht neu sind, und triffst bessere Entscheidungen.

Nehmen wir mal an, du hast eine neue Beziehung, und plötzlich fallen dir am Partner bestimmte Alarmsignale auf. Dann sagt deine Intuition dir, dass etwas nicht stimmt, weil du solche Erfahrungen bereits gemacht hast. Dein Gehirn weiß tief innerlich, dass etwas falsch ist, auch wenn das Bewusstsein versucht, dir einzureden, dass du darüber hinwegsehen solltest.

Dein Bauchgefühl ist das Produkt deines Unbewussten, das Entscheidungen trifft, ohne dass diese die Bewusstseinsschwelle überschreiten. Studien zeigen, dass wir immer noch Entscheidungen treffen können, auch wenn wir nicht bewusst darüber nachdenken.[95] Dein unbewusstes Gehirn ist ein Netzwerk eng verbundener Neuronen, die ständig miteinander kommunizieren. Diese Gedanken erreichen das Bewusstsein nicht immer, weil dieses nur begrenzte Kapazitäten für die Verarbeitung solcher Inhalte hat. Dein Unbewusstes erinnert dich ununterbrochen an alles, was du je erlebt hast. Würde dies alles in dein Bewusstsein gelangen, hättest du für nichts sonst mehr Raum. Doch die Erinnerungen sind da, und manchmal machen sie sich als Bauchgefühl bemerkbar. Du kannst dir darauf nicht sofort einen Reim machen - bis es zu jenem Aha-Moment kommt, der dir sagt, dass du die Antwort immer schon kanntest.

Wenn du dir selbst vertraust, dann vertraust du auch eher auf die Signale deiner Intuition. Und diese Beziehung beruht auf Gegenseitigkeit, denn wenn du dich auf deine Intuition verlässt und positive Resultate erzielst, stärkt dies wiederum dein Selbstvertrauen, weil es dir zeigt, dass du diese innere Stimme hast, die zu dir spricht. Selbstvertrauen und das Vertrauen in deine Intuition bringen dich zu Entscheidungen, die zu dem passen, wer du wirklich bist und sein willst. Und je mehr du auf sie hörst, desto klarer und verlässlicher wird die Stimme deiner Intuition.

»Die meisten Probleme in meinem Leben
kamen daher, dass mein Kopf sich zu weit
von meinem Herzen entfernt hatte.«
Matthew McConaughey

Auf deine Intuition zu vertrauen, ist das Wichtigste, was du selbst für dich tun kannst. Mir ist durchaus klar, dass, selbst wenn du eine starke innere Stimme hast, du dich fragen wirst, ob du nicht gerade einen Riesenfehler begehst. Aber wenn du lernst, auf deine Intuition zu vertrauen, dann beginnst du, ein Leben zu führen, in dem Kopf und Herz zusammenarbeiten. Ein Leben, in dem dein innerer Kompass dich durch das Labyrinth des Daseins leitet. Durch die schweren Zeiten und die leichten. Vertraue darauf, was dein Herz dir sagt, und lass deinen Kopf seine Weisheit vervollständigen. Durch diese wunderbare Zusammenarbeit findest du den Mut, deinen Träumen zu folgen, die Resilienz, um Herausforderungen zu überwinden, und die Inspiration, dich selbst neu zu erschaffen. Dies zu wissen, heißt, dass du weitgehend angstfrei hinausziehen kannst in die Welt, denn wenn alles andere schiefgeht, wenn niemand auf deiner Seite steht, dann weißt du doch, dass du immer für dich da bist. Und ist diese innere Achse nicht das Beste, was uns passieren kann?

Übung: Was du tun kannst

Wenn du über jüngste Ereignisse nachdenkst, zum Beispiel über Beziehungen: Welche Alarmsignale hast du bewusst übersehen, obwohl du auf deine innere Stimme hättest hören sollen?

____

____

____

Was hast du aus dieser Erfahrung gelernt? Siehst du, dass dein Bauchgefühl eine Form des Selbstvertrauens ist?

Selbstvertrauen aufzubauen und Versprechen an dich selbst zu halten, ist anfangs vielleicht unbequem. Es gibt sicher Augenblicke, in denen du am liebsten zu deinen alten Automatismen zurückkehren würdest. Möglicherweise tust du das auch, denn du wirst gute Tage haben und schlechte. Aber vergiss nicht, dass das Gehirn nicht alles an einen Tag verlernen kann, weil es ja all seine Programmierungen auch nicht an einem Tag erworben hat. Das Gehirn ist plastisch, nicht elastisch. Wenn du Arbeit investierst und dann ins Schlingern gerätst, solltest du dich also daran erinnern, dass du keineswegs alles über Nacht vergisst. Das Gelernte wird nicht einfach verschwinden, denn das Fundament, das du gelegt hast, ist ja immer noch vorhanden. Sei also geduldig mit dir selbst, und folge den in der Übersicht genannten Schritten.

Mentale Heuristiken sind wie gesagt Tastaturkürzel, die dein Gehirn unbedingt anwenden möchte, um Energie zu sparen für kognitiv anspruchsvollere Aufgaben. Und unser Gehirn ist nicht besonders scharf auf Veränderung. Ja, das Gehirn ist zum Wandel fähig, aber seine Hauptaufgabe ist, dein Überleben zu sichern. Daher hat es mit Veränderung meist nicht viel am Hut. Nehmen wir mal an, dass du aufhören möchtest, gleich am Morgen als Erstes auf dein Smartphone zu schauen. Du musst dich jeden Tag nach dem Aufwachen daran erinnern. Anfangs fällt dir das schwer, weil dein Gehirn morgens gleich auf Automa-

Wenn du deine Versprechen mal für ein paar Tage brichst, mach dir deswegen keine Sorgen.

Mach dir keine Vorwürfe.

↓

Überlege, warum du das machst.

↓

Vergiss nicht, dass das Gehirn gern auf Automatik schaltet. Das hilft uns zu verstehen, wie wir Widerstände überwinden können, wenn wir Änderungen angehen.

↓

Komm zurück in die Spur, ohne beim Negativen zu verweilen.

↓

Vergiss nicht, warum du Selbstvertrauen aufbauen möchtest.

tik umschaltet. Dann wachst du auf und vergisst, was du dir vorgenommen hast. Aber das ist kein Grund zur Verzweiflung: Gewohnheiten bilden sich nun mal nicht einfach über Nacht.

Und es gibt verschiedene Maßnahmen, die deinen Wunsch nach Veränderung unterstützen können. Eine Möglichkeit ist, dass du am Abend zuvor visualisierst, wie du am nächsten Tag aufwachst, ohne gleich nach dem Telefon zu greifen. Denk all die Schritte durch, die sich daraus ergeben, wenn du ohne soziale Medien aufwachst. Was wirst du stattdessen tun? Wie wirst du dich fühlen, wenn du weißt, dass du jetzt nichts lieber tätest, als nach dem Handy zu greifen? Deine mentalen Heuristiken lassen dein Gehirn machen, was es am besten kennt. Vergiss nicht: Das Dopaminsystem lechzt nach sofortiger Befriedigung. Wie wird dich das am Morgen beeinflussen? Wenn du all dies im Kopf behältst, bringst du mehr Mitgefühl für dich auf.

Viele Menschen glauben, sie hätten keine starke Willenskraft oder ihr Persönlichkeitstyp wäre nun mal so und so. Aber wenn wir uns das entsprechende Wissen aneignen, erlangen wir die Kontrolle zurück und erkennen, dass wir diese Muster durchbrechen können. Weißt du noch, worum es beim Ablegen von negativen Mustern ging und welche Schritte nötig sind, um Reiz von Reaktion zu trennen? Im Moment arbeitet dein Gehirn mit einem starken »Kommunikationsband«: Reiz (aufwachen und das Telefon haben wollen) und Reaktion (automatisch danach greifen). Wenn du genug Raum zwischen Reiz und Reaktion schaffst, wird dieses »Band« immer schwächer.

Die zweite Maßnahme, die dir zur Verfügung steht, ist die Umwandlung deiner Gewohnheitsreize. Es würde dir beispielsweise leichter fallen, auf den morgendlichen Griff zum Smartphone zu verzichten, wenn du gerade - wie seinerzeit ich - in ein neues Land gezogen wärst, denn dann hätte dein Gehirn die Möglichkeit zu einem Neustart. Das Umfeld zu verändern, ist eine effektive Methode, um ein Muster wie das beschriebene zu durchbrechen. Du brauchst ja nicht gleich auszuwandern, vielleicht kaufst du dir ja auch nur einen gewöhnlichen Wecker und lässt dein Handy - im Flugmodus - in einem anderen Raum. Oder du stellst einen lauteren Weckton ein und legst das Handy in eine entfernte Ecke des Schlafzimmers. Entscheide dich für die »extreme« Alternative (Handy im anderen Zimmer), wenn du glaubst, dass du sonst dein Versprechen an dich nicht halten kannst.

Manchmal wache ich am Morgen auf und verspüre

den Drang, nach meinem Mobiltelefon zu greifen. Dann kämpfe ich gegen das automatische Verhalten an, weil ich weiß, dass mein Ziel ist, künftig ohne diesen Drang aufzuwachen. Neue Gewohnheiten zu schaffen, ist das neue Normal. Aber zuerst musst du durch das unangenehme Gefühl hindurch, bis der Pfad, der die Neuronen zuverlässig der Reihe nach feuern lässt, stillgelegt und eine neue Abfolge eingeführt ist. Dann wachst du auf, und es ist dir egal, ob du Hunderte Nachrichten auf deinem Smartphone hast. Wenn du mal ins Schlingern gerätst und dich deshalb heruntermachst, dann gibt dir das ein falsches Gefühl von Kontrolle. Du kannst Vergangenes ja nicht ändern, aber indem du dir Vorwürfe machst, fühlst du dich gleich besser, weil du es ja schließlich besser weißt. Vergiss nicht: Das Gehirn wählt immer den Weg des geringsten Widerstands. Wir müssen nur einfach geduldig sein, wenn wir neue Pfade anlegen.

Ein starkes Selbstvertrauen schenkt dir mehr Zuversicht. Dies wiederum heißt, dass du dich neuen Herausforderungen widmen und neue Chancen furchtlos wahrnehmen kannst. So übernimmst du die Verantwortung für deine Entscheidungen und Handlungen, was dir ein Gefühl der Kontrolle über dein Leben vermittelt. Diese Qualitäten zusammen mit dem Wachstumsdenken können dir helfen, nach deinen Träumen zu greifen und dein Leben voller Mut und Entschlossenheit anzugehen.

Für mich bedeutet Selbstvertrauen aber auch, dass es bestimmte Dinge gibt, die für mich nicht verhandelbar sind. Das heißt, dass sie zu meiner Routine gehören, die ich auch beibehalte, wenn es mir an Motivation mangelt. Motivation ist kurzfristig. Erst nachdem ich wusste, dass sie bei jedem irgendwann nachlässt, lernte ich es wirklich zu schätzen, die Zähne zusammenzubeißen und mich durchzukämpfen, bis eine neue Gewohnheit fest verankert ist.

Ein Beispiel: An den meisten Tagen habe ich, um der Wahrheit die Ehre zu geben, keine Lust, das Haus zu verlassen und Sport zu treiben. Es ist so viel einfacher, mich in die Arbeit zu vergraben und mir selbst das als »zu beschäftigt« zu verkaufen. Aber wenn ich um sechs Uhr früh aufstehe und auf welche Weise auch immer meinen Körper bewege, fühle ich mich einfach besser. Für mich funktioniert das, weil ich ein Morgenmensch bin. Wenn du ein Morgenmuffel bist, ist das auch in Ordnung. Für mich aber heißt es, dass mein ganzer Tag sozusagen »einrastet« und ganz selbstverständlich seiner Bahn folgt. Viel besser jedenfalls, als wenn ich liegen geblieben wäre und weitergeschlafen hätte.

Versteh mich bitte nicht falsch. Ich finde, dass faule Tage wichtig sind, aber ich habe über viele Jahre gelernt, wo meine Grenzen liegen. Für andere Leute reicht es, wenn sie um acht Uhr aufstehen und, statt zu laufen, ein bisschen spazieren gehen. Und das ist absolut in Ordnung. Der Punkt ist, dass du herausfindest, was für dich nicht verhandelbar ist, und dann daran festhältst. Auf diese Weise stärkst du dein Selbstvertrauen. Beginne mit erreichbaren Zielen, und bau dein Programm nach Bedarf darauf auf.

Motivation trägt dich nur bis zu einem bestimmten Punkt. Dann musst du dich auf Disziplin und Routine verlassen. Die Rädchen müssen ineinandergreifen wie bei einem Uhrwerk, immer wieder, damit das Gehirn sich so verschaltet, wie du dir das vorstellst. Ich kann dir jetzt schon versprechen, dass deine Motivation irgendwann nachlässt. Also verlass dich nicht nur darauf, denn das ist der Hauptgrund, warum es manchen Menschen nicht gelingt, etwas zu verändern.

Was ist für dich nicht verhandelbar?

Für mich sieht das so aus:

- Bewegung von Montag bis Freitag, und seien es nur ein paar Dehnübungen oder das Gassigehen mit den Hunden. Es muss nicht immer um sechs Uhr morgens sein, aber irgendwann im Laufe des Tages nehme ich mir Zeit, meinen Körper zu bewegen (außer ich bin krank). Die Intensität kann dabei variieren.
- Ich schalte um 21 Uhr abends das Smartphone aus.
- Ich schlafe acht Stunden.
- Ich gönne mir jeden Tag eine Meditation, Visualisierung oder Selbsthypnose, und sei es nur für eine Minute.
- Ich schränke die Nutzung von sozialen Medien so weit als möglich ein (um mich besser zu konzentrieren und mich nicht abzulenken).
- Ich schaue nie gleich nach dem Aufwachen aufs Smartphone.
- Ich gehe mindestens zweimal die Woche im Meer schwimmen.

Welche Punkte sind dir wichtig?

____

____

____

Wie oft pro Woche willst du das machen?

____

____

____

Ist dir klar, welche Vorteile es hat, solche nicht verhandelbaren Punkte festzulegen?

Glaubst du, dass du auf diese Weise lernst, dir selbst mehr zu vertrauen?

Neuprogrammierung kurz und bündig: Wie du Selbstvertrauen und Zuversicht aufbaust

- Selbstvertrauen heißt, dass du Vertrauen in deine Fähigkeiten hast, für dich persönlich Verantwortung übernimmst und sicherstellst, dass du die Versprechen hältst, die du dir selbst gibst.
- Selbstvertrauen zu haben, stärkt unsere Zuversicht.
- Selbstvertrauen aufzubauen, beginnt damit, dass du deine Verpflichtungen erfüllst, vor allem die Versprechen, die du dir selbst gibst.
- Deine Erfolge zu feiern, wird dein Selbstvertrauen stärken, sodass du merkst, wie viel Talent für den Erfolg du hast.
- Achte auf deine Gedanken und Gefühle.

- Vertraue auf dein Bauchgefühl. Horch auf deine Intuition, und lass dich beim Handeln von ihr leiten. So stärkst du dein Selbstvertrauen, weil du weißt, dass du für dich eintreten kannst.
- Dein Bauchgefühl ist das Produkt deines unbewussten Geistes, der Entscheidungen trifft, ohne dass das Bewusstsein etwas davon mitbekommt.
- Studien zeigen, dass wir Entscheidungen treffen können, auch wenn wir darüber nicht bewusst nachdenken.
- Wenn du dir selbst vertraust, dann vertraust du auch eher den Signalen, die dir deine Intuition aus dem Unbewussten heraus schickt.
- Unsere Motivation lässt irgendwann nach. Nicht verhandelbare Vorsätze zu haben, wird dann wichtig, denn nur so bleiben wir mithilfe von Disziplin am Ball.
- Finde heraus, was für dich nicht verhandelbar ist, und »bleib am Ball«, denn das stärkt dein Selbstvertrauen.

Outro

Macht

Seit ich damals zum ersten Mal ein Gehirn in der Hand hielt, konnte ich so unglaublich viele Fragen beantworten. Wie gesagt gibt es da auch solche, auf die ich nie eine Antwort finden werde, zum Beispiel ob dieses spezielle Gehirn glücklich war. Ich weiß jedoch, dass jeder von uns eine einzigartige Mischung von Gaben mit in dieses Leben bringt. Die Charakterzüge und Eigenarten, die dich auszeichnen, sind in den speziellen Genen deiner DNA codiert. Die Netzwerke im Gehirn, die deine innere Welt ausmachen, können nicht nachgeahmt werden, wie sehr wir uns auch bemühen mögen, uns an andere Menschen anzupassen. Also nutze deine Gaben. Heb deine Charakterzüge ans Licht des Tages. Teile sie mit der Welt. Nutze sie, um eine bessere Geschichte über dich selbst zu erzählen. Der Welt deine Talente zu zeigen, ist keine selbstsüchtige Handlung, die wir unbedingt vermeiden sollten. Erzähle deine Geschichte. Erzähle eine bessere Geschichte ... das ist dein gottgegebenes Recht.

Was ich damit meine, ist Folgendes: Im Gegensatz zu dem, was die Gesellschaft von dir will und wozu sie sich gegen dich zu verschwören scheint, im Gegensatz zu den Narrativen, die man dir eingetrichtert haben mag, und der Spur, in die man dich gesetzt hat ... gibt es Qualitäten in dir, die das Geburtsrecht jedes auf dieser Erde lebenden Menschen sind.

Ich werde nie erfahren, ob das Gehirn, das ich in Händen hielt, wusste, wie es vom Gedankenkarussell heruntersteigen kann. Aber ich hoffe, dass es glücklich war. Ich weiß, dass unser Gehirn sich ändern kann. Wir können uns ändern. Wir können sein, wer immer wir wollen, können uns selbst vollkommen neu erschaffen. Uns umprogrammieren, um ein erfülltes Leben zu führen, frei von den Ketten der immer gleichen Gedankenschleifen und den schlechten Gewohnheiten, die uns daran hindern.

Unsere DNA sagt uns, dass wir für dieses Leben über ein einzigartiges Bündel an Gaben verfügen. Und es ist unsere Pflicht, sie ans Tageslicht zu fördern und mit der Welt zu teilen. Dummerweise machen uns »das Leben«, die Erwartungen und Konditionierungen sowie der gesellschaftliche Druck offenbar glauben, wir wären nicht fähig, nicht gut genug dazu, wir hätten es irgendwie »vermasselt« oder uns zu viel Zeit gelassen.

Erforsche deine Gaben, und mach etwas Großartiges daraus. Und dann hilfst du den Leuten in deinem Umfeld. Zur Größe wächst du nur dann heran, wenn du deine persönlichen Qualitäten entdeckst und die Menschen ringsumher auf die ihren aufmerksam machst. Größe heißt, dass du herausfindest, wer du bist, und das Wissen darum an den »Nächsten« weitergibst, der es wiederum an seinen »Nächsten« weiterreichen kann, ohne eine Gegenleistung zu verlangen. Berühre andere Menschen mit deiner Energie durch Anleitung und Handeln. Denk stets daran: *Die Liebe erfindet uns neu.*

Also lass mich die eingangs formulierte Frage noch einmal stellen und beantworten: »Ist es Zufall oder Absicht?« - Es ist beides.

Engagement

Durch die Verbindungen, die deine miteinander kommunizierenden Synapsen eingehen, erschaffst du deinen eigenen Geist. Du kannst sein, wer immer du sein möchtest.

Durch die Verbindungen zwischen den Neuronen in deinem Gehirn bist du zu allem fähig.

Erschaffe dich selbst.

Engagiere dich für dich selbst.

Besiegle das mit einem Handschlag - mit dir selbst.

Befreie dich von dem Gefühl, dass du feststeckst. Lange magst du voller Angst davongelaufen sein. Aber die Angst ist nicht dein Feind. Die Angst ist der Grund, warum du genau das tun solltest: voranschreiten. Wenn du die Angst akzeptierst, wirst du merken, dass das Ganze gar nicht so furchterregend war. Die Welt wird deinen Mut zu schätzen wissen. Mut ist nicht die Abwesenheit von Angst, sondern der Triumph über sie. Es geht darum, die Angst zu akzeptieren, aber trotzdem voller Überzeugung der eigenen Bestimmung entgegenzugehen.

Stürze dich mutig in die Dunkelheit, und erkenne, dass *du* das Licht bist, das dir leuchtet. Ein freudvolles Licht, das dir hilft, ohne negatives Selbstbild zu leben, das dir stets einzureden versucht, du seist nicht gut genug.

Lass dich ein aufs Unbekannte, und mach dir klar, dass alles, was du wissen musst, zum Greifen *nah* ist, dass das Hindernis, das dir womöglich solche Angst eingejagt hat, in Wirklichkeit der erste Schritt ist, der dich über die Startlinie bringt. Trau dir und deinem Gehirn endlich etwas zu, denn das Einzige, was dich jetzt noch zurückhält, bist du selbst.

Alles, was du durchgemacht hast, hat dich auf diesen Moment vorbereitet. Und wenn wieder etwas in die Brüche geht, und das wird es, dann vergiss nicht: Du bist dafür geschaffen, die Hindernisse zu überwinden, die das Leben dir in den Weg legt.

Stell dich deiner Angst. Stell dich der Ungewissheit ... sonst wirst du nie erfahren, was dich auf der anderen Seite erwartet. Vielleicht das Scheitern, vielleicht auch nicht. Vielleicht glaubst du mir ja, wenn ich dir sage, dass es so etwas wie Scheitern nicht gibt. Nicht wirklich jedenfalls. Also scheitere ruhig weiter - denn das sind in Wahrheit ganz wesentliche Lernerfahrungen.

In diesem Wettlauf trittst du nur gegen dich selbst an. Geh nicht unter in den ewigen Vergleichen, dem Klatsch und dem Doomscrollen.

Lebe dein Leben. Zeig es den anderen, wenn sie falschliegen.

Du hältst die Macht, dein Schicksal zu ändern, in deinen Händen. Du kannst den programmierten Kurs deines Lebens in eine andere Richtung lenken und etwas daraus machen, worüber einzig du selbst bestimmst.

Nun, da du über das Wissen um die Neuroplastizität verfügst: Zieh hinaus in die Welt.

Vergebung

Du musst nur noch eines tun. Der letzte Schritt auf deinem Weg hin zum Wandel und vielleicht der härteste ist ... Vergebung.

Uns von beschränkten Vorstellungen zu lösen, die uns in unseren prägenden Jahren eingetrichtert wurden, verlangt von uns Vergebung gegenüber jenen Menschen, die uns absichtlich oder unabsichtlich so programmiert haben. Das beginnt damit, dass wir ihre Absichten und Lebensumstände verstehen, begreifen, dass sie innerhalb der Grenzen ihres Wissens und ihrer Erfahrungen gehandelt haben. Indem wir den Fokus verlegen, von den Vorwürfen hin zur Selbstverantwortung, akzeptieren wir, dass die Menschen, die uns beeinflusst haben, fehlbar waren. Dass sie von ihren Ängsten und Grenzen getrieben wurden. Wir erkennen, wie weit ihr Einfluss reicht, und akzeptieren unsere Fähigkeit zur Neuprogrammierung. Damit lösen wir uns aus dem Klammergriff des Grolls und schaffen Raum für innere Heilung und persönliches Wachstum. Die Vergebung schenkt uns jenen Frieden, jene Freiheit, die wir brauchen, um unser Potenzial zu entfalten. Frei vom Gewicht vergangener Überzeugungen, frei für eine hellere Zukunft. Ohne Vergebung laufen wir Gefahr, wie jene Menschen zu werden, die uns verletzt haben.

Möge dieses Buch dir das Licht sein am Ende des Tunnels. Alles, was du brauchst, um den Wandel zu schaffen, findest du darin. Da du es gelesen hast, trägst du dieses Wissen nun in dir.

Kämpfe nicht gegen die Zeit an – alles Gute braucht seine Zeit. Dieses Buch ist so aufgebaut, dass du immer zu ihm zurückkehren kannst. Du bist das tollste Projekt, an dem du je arbeiten wirst. Bremse dich nicht selbst aus.

Nun, wo du das Wissen hast, um dein Leben zu ändern … klapp dieses Buch zu, und schau hinauf in den Himmel … Da draußen wartet eine ganze Welt auf dich. Eine Welt, in der du mit deinem neuen Narrativ sein kannst, wer immer du sein willst.

Erschaffe dich neu!

Anhang

Neurodivergenz

Ein kurzes Wort zum Thema »Autismus«

Eine der führenden Theorien über Menschen mit Autismusspektrumsstörungen (ASS) besagt, dass die Betroffenen eine atypische Konnektivität im Gehirn aufweisen. Bei manchen Menschen ist die Konnektivität, also die Verbindungen zwischen den Neuronen, erhöht (Hyperkonnektivität), bei anderen hingegen ist sie reduziert (Hypokonnektivität). Diese Theorien werden nun genauer erforscht als Faktoren, die zu den Charakteristika von ASS beitragen können.

Die Hyperkonnektivitätsthese geht davon aus, dass bei von ASS betroffenen Menschen sehr viele neuronale Verbindungen in bestimmten Teilen des Gehirns bestehen. Dies führt dazu, dass bestimmte Arten von Information vermehrt verarbeitet werden, wohingegen andere zu kurz kommen. Das würde die ungleichen kognitiven und sensorischen Profile von Menschen mit ASS erklären. Was wiederum bedeutet, dass sie zwar vor bestimmten Herausforderungen stehen, aber auch außergewöhnliche Stärken aufweisen. Auch Menschen mit ASS verfügen über die Neuroplastizität des Gehirns. Sie sind in der Lage, neue Gewohnheiten auszubilden und Verhaltensmuster zu ändern, sollten sie dies wollen.

Ein kurzes Wort zum Thema »Zwangsstörung«

Eines der zentralen Gehirnareale für Menschen mit Zwangsstörung ist der Nucleus caudatus. Dieser ist gewöhnlich mit der Ausrichtung unserer Aufmerksamkeit auf die jeweils nächste Aufgabe befasst. Bei Menschen mit einer Zwangsstörung ist die Arbeit des Nucleus caudatus gestört, was ein entscheidender Aspekt dieser Erkrankung ist. Diese Fehlfunktion schränkt die Fähigkeit ein, Aufmerksamkeit problemlos weiterzuleiten. Therapeutisch geht man mit der Störung so um, dass man den Betroffenen hilft, alternative Denkmuster auszubilden und dadurch die reduzierte Funktion des Nucleus caudatus auszugleichen. Indem sie neue kognitive Ansätze erlernen und dann immer weiter verstärken, können sie den Herausforderungen begegnen, vor die diese Krankheit sie stellt. So erlernen sie neue Bewältigungsmechanismen, was ihre mentale Gesundheit fördert.

Die Verhaltenstherapie nutzt die Neuroplastizität des Gehirns, damit die Betroffenen ihre Denk- und Verhaltensmuster ändern können. Gezielte Konfrontation mit den problematischen Situationen sowie ein entsprechendes Reaktionsmanagement helfen dem Gehirn, alternative und gesündere Reaktionen zu Zwangsgedanken zu entwickeln. Auch hier führt die Neuprogrammierung im Gehirn zu einer klaren Reduktion der Symptome und zu verbessertem emotionalem Befinden.

Kann dieses Buch also helfen, wenn man unter einer Zwangsstörung leidet? Absolut!

Ein kurzes Wort zum Thema »ADHS«

Die sogenannte Aufmerksamkeitsdefizit-Hyperaktivitätsstörung (ADHS) ist für Menschen, die ihre Gewohnheiten und Verhaltensweisen ändern wollen, eine echte Herausforderung. Allerdings gilt es hier, ein Missverständnis aufzuklären: Die meisten Menschen denken, dass die Betroffenen eine kurze Aufmerksamkeitsspanne haben oder sich nicht konzentrieren können. Eine bessere Theorie ist, dass die Aufmerksamkeitsnetzwerke des Gehirns bei den Betroffenen asynchron arbeiten. Sie neigen zu Aufgaben, die sie psychisch lohnend finden, und blenden den Rest der Welt aus. Menschen mit ADHS können sich intensiv auf das konzentrieren, was ihnen wirklich wichtig ist. Dieser extreme Fokus bedeutet, dass sie in solchen Aktivitäten völlig aufgehen. Sie sind darauf fixiert und haben Schwierigkeiten, sich auf etwas anderes zu konzentrieren, vor allem, wenn dies nicht lohnenswert erscheint.

Für das Erreichen von Zielen kann der extreme Fokus sehr nützlich sein, auch für die Verwirklichung von Träumen, die ihren Bestrebungen entsprechen. Gleichzeitig aber kann er sich als Fluch erweisen, weil die Betroffenen Schwierigkeiten haben, sich auf langweilige, aber notwendige Aufgaben zu konzentrieren, die für den Alltag erforderlich sind. Das führt zu Impulsivität, schlechtem Zeitmanagement und der Unfähigkeit, ihre Aktivitäten richtig zu priorisieren. Ihre intensive Reaktion auf Belohnungen macht es Menschen mit ADHS schwer, ihre Motivation zur Änderung dauerhaft aufrechtzuerhalten. Sie ziehen die unmittelbare Belohnung meist vor. Diese Anfälligkeit sorgt dafür, dass sie selten die nötige Motivation für langfristige Änderungen aufbringen.

Trotz all dieser Hürden können Menschen mit ADHS

erfolgreich neue Gewohnheiten ausbilden, wenn sie mit auf sie zugeschnittenen Strategien arbeiten. Dazu gehört zum Beispiel, Aufgaben in kleine Schritte herunterzubrechen, sich klare Ziele zu setzen, sich mit allerlei Tricks an diese regelmäßig zu erinnern und organisatorische Hilfsmittel einzusetzen. Und schließlich können sich Betroffene von ausgebildeten Fachkräften Hilfe holen.

Das Gehirn dieser Menschen ist durchaus zur Neuroplastizität fähig, was in dem Fall heißt, dass der frontale Kortex, jenes Gehirnareal, das für die Exekutivfunktionen verantwortlich ist, gestärkt wird. Gerade für Menschen mit ADHS ist es wichtig, dass sie auf positive Verstärkung setzen: Wenn sie in langweiligen und öden Alltagsdingen niedrigschwellig gesteckte Ziele erreichen, sollten diese entsprechend gefeiert werden. Jede einzelne Gewohnheit, die verändert wurde, ist wichtig. Diese kleinen »Feste« regen dopaminerge Schaltkreise an, die die neuronalen Veränderungen in entscheidenden Gehirnregionen festigen.

(Siehe auch die Übersicht »Ein Wort zum Thema ›Neurodivergenz‹« im Intro dieses Buches.)

Bildnachweis

Abb. 1: iStock.com/BulgakovaKristina

Abb. 3 und 5: © 2015 Payne, Levine and Crane-Godreau

Abb. 4: iStock.com/ngupakarti

Abb. 6: »Plutchik's Wheel of Emotions«, by Machine Elf 1735, abrufbar auf: https://en.wikipedia.org/wiki/Robert_Plutchik#/media/File:Plutchik-wheel.svg

Abb. 7: © »versusthemachines« und »The Decision Lab«, abrufbar auf: https://thedecisionlab.com/biases/negativity-bias

Abb. 9: »Salience Network« (Salienz-Netzwerk), Grafik der Autoren Nekovaroca, Fajnerova, Horacek und Spaniel, abrufbar mit Creative Commons Attribution License 3.0 auf: https://commons.wikimedia.org/wiki/File:Fnbeh-08-00171-g002.jpg

Abb. 14: »Maslow's Hierarchy of Needs« (Maslow'sche Bedürfnispyramide) von Androidmarsexpress, abrufbar mit Creative Commons Attribution License 4.0 auf: https://en.wikipedia.org/wiki/Maslow%27s_hierarchy_of_needs#/media/File:Maslow's_Hierarchy_of_Needs2.svg

Abb. 19: siehe »The Role of the Aryl Hydrocarbon Receptor (AHR) in Immune and Inflammatory Diseases«, Autoren: Neavin, Liu, Ray und Weinshilboum, abrufbar mit Creative Commons Attribution License 4.0 auf: https://www.researchgate.net/figure/Tryptophan-Metabolism-Pathway-Tryptophan-is-metabolized-by-two-main-pathways-the_fig1_329373677

Abb. 22. Weinschenk, S.: 100 More Things Every Designer Needs to Know About People, New Riders, Indianapolis 2015

Abb. 23: Joshua Spong, www.ModernMindMasters.com, abrufbar auf: https://www.modernmindmasters.com/how-to-increase-dopamine-naturally/

Anmerkungen

1 Koch, G., Spampinato, D.: »Alzheimer disease and Neuroplasticity«, in: *Handbook of Clinical Neurology,* 184, 2002, 473-479, https://doi.org/10.1016/B978-0-12-819410-2.00027-8.

2 Casaletto, K., Ramos-Miguel, A., VandeBunte, A., Memel, M., Buchman, A., Bennett, D., Honer, W.: »Late-life physical activity relates to brain tissue synaptic integrity markers in older adults«, in: *Alzheimer's & Dementia: The Journal of the Alzheimer's Association,* 18 (11), 2022, 2023-2035, https://doi.org/10.1002/alz.12530.

3 Recanzone, G. H., Merzenich, M. M., Jenkins, W. M.: »Frequency discrimination training engaging a restricted skin surface results in an emergence of a cutaneous response zone in cortical area 3a«, in: *Journal of Neurophysiology,* 67 (5), 1992, 1057-1070, https://doi.org/10.1152/jn.1992.67.5.1057.

4 Liedloff, J.: Auf der Suche nach dem verlorenen Glück. Gegen die Zerstörung unserer Glücksfähigkeit in der frühen Kindheit, München 2023.

5 Lally, P., van Jaarsveld, C. H. M., Potts, H. W. W., Wardle, J.: »How are habits formed: Modelling habit formation in the real world«, in: *European Journal of Social Psychology,* 40 (6), 2010, 998-1009, https://doi.org/10.1002/ejsp.674.

6 Crum, A. J., Salovey, P., Achor, S.: »Rethinking stress: The role of mindsets in determining the stress response«, in: *Journal of Personality and Social Psychology,* 104 (4), 2013, 716-733, https://psycnet.apa.org/record/2013-06053-001.

7 Jamieson, J. P., Nock, M. K., Mendes, W. B.: »Mind over matter: Reappraising arousal improves cardiovascular and cognitive responses to stress«, in: *Journal of Experimental Psychology. General,* 141 (3), 2012, 417-422, https://doi.org/10.1037/a0025719.

8 Wiehler, A., Branzoli, F., Adanyeguh, I., Mochel, F., Pessiglione, M.: »A neuro-metabolic account of why daylong cogni-

tive work alters the control of economic decisions«, in: *Current Biology,* 32 (16), 2022, 3564–3575, https://doi.org/10.1016/j.cub.2022.07.010.

9 Payne, P., Levine, P.A., Crane-Godreau, M.A.: »Somatic experiencing: Using interoception and proprioception as core elements of trauma therapy«, in: *Frontiers in Psychology,* 6, 2015, 93, https://www.frontiersin.org/journals/psychology/articles/10.3389/fpsyg.2015.00093.

10 Balban, M.Y., Neri, E., Kogon, M.M., Weed, L., Nouriani, B., Jo, B., Holl, G., Zeitzer, J.M., Spiegel, D., Huberman, A.D.: »Brief structured respiration practices enhance mood and reduce physiological arousal«, in: *Cell Reports Medicine,* 4 (1), 2023, 100895, https://doi.org/10.1016/j.xcrm.2022.100895.

11 Storoni, M.: Stress-Proof: The Scientific Solution to Protect Your Brain and Body - and Be More Resilient Every Day, New York 2017.

12 Cunha, C., Brambilla, R., Thomas, K.L.: »A simple role for BDNF in learning and memory?«, in: *Frontiers in Molecular Neuroscience,* 3, 2010, https://www.frontiersin.org/articles/10.3389/neuro.02.001.2010.

13 Payne et al., a.a.O.

14 Szabadi, E.: »Functional Organization of the Sympathetic Pathways Controlling the Pupil: Light-Inhibited and Light-Stimulated Pathways«, in: *Frontiers in Neurology,* 9, 2018, 1069, https://doi.org/10.3389/fneur.2018.01069.

15 Alipour, A., Arefnasab, Z., Babamahmoodi, A.: »Emotional Intelligence and Prefrontal Cortex: A Comparative Study Based on Wisconsin Card Sorting Test (WCST)«, in: *Iranian Journal of Psychiatry and Behavioral Sciences,* 5 (2), 2011, 114–119, https://www.ncbi.nlm.nih.gov/pmc/articles/PMC3939963/.

16 Satpute, A.B., Lindquist, K.A.: »At the Neural Intersection Between Language and Emotion«, in: *Affective Science,* 2 (2), 2021, 207–220, https://doi.org/10.1007/s42761-021-00032-2.

17 Lieberman, M. D., Eisenberger, N. I., Crockett, M. J., Tom, S. M., Pfeifer, J. H., Way, B. M.: »Putting feelings into words: Affect labeling disrupts amygdala activity in response to affective stimuli«, in: *Psychological Science,* 18 (5), 2007, 421–428, https://doi.org/10.1111/j.1467-9280.2007.01916.x.

18 Brewer, J.: Raus aus der Angstspirale. Frei von Grübelattacken und Sorgen mithilfe von Achtsamkeit und Neurowissenschaft, München 2022.

19 De Voogd, L. D., Kanen, J. W., Neville, D. A., Roelofs, K., Fernández, G., Hermans, E. J.: »Eye-Movement Intervention Enhances Extinction via Amygdala Deactivation«, in: *The Journal of Neuroscience: The Official Journal of the Society for Neuroscience,* 38 (40), 2018, 8694–8706, https://doi.org/10.1523/JNEUROSCI.0703-18.2018.

20 Lederbogen, F., Kirsch, P., Haddad, L., Streit, F., Tost, H., Schuch, P., Wüst, S., Pruessner, J. C., Rietschel, M., Deuschle, M., Meyer-Lindenberg, A.: »City living and urban upbringing affect neural social stress processing in humans«, in: *Nature,* 474 (7352), 2011, 498–501, https://doi.org/10.1038/nature10190.

21 Sudimac, S., Sale, V., Kühn, S.: »How nature nurtures: Amygdala activity decreases as the result of a one-hour walk in nature«, in: *Molecular Psychiatry,* 27 (11), 2022, 4446–4452, https://doi.org/10.1038/s41380-022-01720-6.

22 Forys, W. J., Tokuhama-Espinosa, T.: »The Athlete's Paradox: Adaptable Depression«, in: *Sports,* 10 (7), 2022, 105, https://doi.org/10.3390/sports10070105.

23 Blain, B., Hollard, G., Pessiglione, M.: »Neural mechanisms underlying the impact of daylong cognitive work on economic decisions«, in: *Proceedings of the National Academy of Sciences,* 113 (25), 2016, 6967–6972, https://doi.org/10.1073/pnas.1520527113.

24 Albulescu, P., Macsinga, I., Rusu, A., Sulea, C., Bodnaru, A., Tulbure, B. T.: »›Give me a break!‹ A systematic review and meta-analysis on the efficacy of micro-breaks for increasing well-

being and performance«, in: PLOS ONE, 17 (8), 2022, e0272460, https://doi.org/10.1371/journal.pone.0272460.

25 Wiens, S., Sand, A., Norberg, J., Andersson, P.: »Emotional event-related potentials are reduced if negative pictures presented at fixation are unattended«, in: *Neuroscience Letters,* 495 (3), 2011, 178-182, https://doi.org/10.1016/j.neulet.2011.03.042.

26 Kensinger, E. A., Schacter, D. L.: »Processing emotional pictures and words: Effects of valence and arousal«, in: *Cognitive, Affective & Behavioral Neuroscience,* 6, 2006, 110-126, https://doi.org/10.3758/CABN.6.2.110.

27 Shouval, H. Z., Wang, S. S.-H., Wittenberg, G. M.: »Spike Timing Dependent Plasticity: A Consequence of More Fundamental Learning Rules«, in: *Frontiers in Computational Neuroscience,* 4, 2010, 19, https://www.frontiersin.org/articles/10.3389/fncom.2010.00019.

28 Moutsiana, C., Garrett, N., Clarke, R. C., Lotto, R. B., Blakemore, S.-J., Sharot, T.: »Human development of the ability to learn from bad news«, in: *Proceedings of the National Academy of Sciences,* 110 (41), 2013, 16396-16401, https://doi.org/10.1073/pnas.1305631110.

29 Karlsson, N., Loewenstein, G., Seppi, D.: »The ostrich effect: Selective attention to information«, in: *Journal of Risk and Uncertainty,* 38 (2), 2009, 95-115, https://doi.org/10.1007/s11166-009-9060-6; Sharot, T., Rollwage, M., Sunstein, C. R., Fleming, S. M.: »Why and When Beliefs Change«, in: *Perspectives on Psychological Science,* 18 (1), 2023, 142-151, https://doi.org/10.1177/17456916221082967.

30 Chou, T., Deckersbach, T., Dougherty, D. D., Hooley, J. M.: »The default mode network and rumination in individuals at risk for depression«, in: *Social Cognitive and Affective Neuroscience,* 18 (1), 2023, nsad032, https://doi.org/10.1093/scan/nsad032.

31 Garrison, K. A., Zeffiro, T. A., Scheinost, D., Constable, R. T., Brewer, J. A.: »Meditation leads to reduced default mode network activity beyond an active task«, in: *Cognitive, Affective*

& Behavioral Neuroscience, 15 (3), 2015, 712-720, https://doi.org/10.3758/s13415-015-0358-3.

32 Sridharan, D., Levitin, D.J., Menon, V.: »A critical role for the right fronto-insular cortex in switching between central-executive and default-mode networks«, in: *Proceedings of the National Academy of Sciences of the United States of America,* 105 (34), 2008, 12569-12574, https://doi.org/10.1073/pnas.0800005105.

33 Pascual-Leone, A., Nguyet, D., Cohen, L.G., Brasil-Neto, J.P., Cammarota, A., Hallett, M.: »Modulation of muscle responses evoked by transcranial magnetic stimulation during the acquisition of new fine motor skills«, in: *Journal of Neurophysiology,* 74 (3), 1995, 1037-1045, https://doi.org/10.1152/jn.1995.74.3.1037.

34 Crum, A.J., Corbin, W.R., Brownell, K.D., Salovey, P.: »Mind over milkshakes: Mindsets, not just nutrients, determine ghrelin response«, in: *Official Journal of the Division of Health Psychology, American Psychological Association,* 30 (4), 2011, 424-431, https://doi.org/10.1037/a0023467.

35 Markmann, M., Lenz, M., Höffken, O., Steponavičiūtė, A., Brüne, M., Tegenthoff, M., Dinse, H.R., Newen, A.: »Hypnotic suggestions cognitively penetrate tactile perception through top-down modulation of semantic contents«, in: *Scientific Reports,* 13 (1), 2023, 6578, https://doi.org/10.1038/s41598-023-33108-z.

36 Kleck, R., Strenta, A.: »Gender and Responses to Disfigurement in Self and Others«, in: *Journal of Social and Clinical Psychology,* 3 (3), 1985, 257-267, https://doi.org/10.1521/jscp.1985.3.3.257.

37 Boothby, E.J., Cooney, G., Sandstrom, G.M., Clark, M.S.: »The Liking Gap in Conversations: Do People Like Us More Than We Think?«, in: *Psychological Science,* 29 (11), 2018, 1742-1756, https://doi.org/10.1177/0956797618783714.

38 Eisenberger, N.I., Lieberman, M.D., Williams, K.D.: »Does Rejection Hurt? An fMRI Study of Social Exclusion«, in: *Science,* 302 (5643), 2003, 290-292, https://doi.org/10.1126/science.1089134.

39 Sturgeon, J.A., Zautra, A.J.: »Social pain and physical pain:

Shared paths to resilience«, in: *Pain Management,* 6 (1), 2016, 63-74, https://doi.org/10.2217/pmt.15.56.

40 De Ridder, D., Adhia, D., Vanneste, S.: »The anatomy of pain and suffering in the brain and its clinical implications«, in: *Neuroscience & Biobehavioral Reviews,* 130, 2021, 125-146, https://doi.org/10.1016/j.neubiorev.2021.08.013.

41 Verhallen, A. M., Renken, R. J., Marsman, J.-B. C., ter Horst, G. J.: »Working Memory Alterations After a Romantic Relationship Breakup«, in: *Frontiers in Behavioral Neuroscience,* 15, 2021, 657264, https://doi.org/10.3389/fnbeh.2021.657264.

42 Orr, C., Hester, R.: »Error-related anterior cingulate cortex activity and the prediction of conscious error awareness«, in: *Frontiers in Human Neuroscience,* 6, 2012, 177, https://doi.org/10.3389/fnhum.2012.00177.

43 Song, H., Zou, Z., Kou, J., Liu, Y., Yang, L., Zilverstand, A., d'Oleire Uquillas, F., Zhang, X.: »Love-related changes in the brain: A resting-state functional magnetic resonance imaging study«, in: *Frontiers in Human Neuroscience,* 9, 2015, 71, https://doi.org/10.3389/fnhum.2015.00071.

44 Grebe, N. M., Kristoffersen, A. A., Grøntvedt, T. V., Emery Thompson, M., Kennair, L. E. O., Gangestad, S. W.: »Oxytocin and vulnerable romantic relationships«, in: *Hormones and Behavior,* 90, 2017, 64-74, https://doi.org/10.1016/j.yhbeh.2017.02.009.

45 Weiskittle, R. E., Gramling, S. E.: »The therapeutic effectiveness of using visual art modalities with the bereaved: A systematic review«, in: *Psychology Research and Behavior Management,* 11, 2018, 9-24, https://doi.org/10.2147/PRBM.S131993.

46 Nach dem amerikanischen Psychologen Abraham Maslow (1908-1970); Maslow, A. H.: »A Theory of Human Motivation«, *Psychological Review,* 50 (4), 1943, 370-396, https://psycnet.apa.org/record/1943-03751-001.

47 Tseng, J., Poppenk, J.: »Brain meta-state transitions demarcate thoughts across task contexts exposing the mental noise of trait

neuroticism«, in: *Nature Communications,* 11, 2020, 3480, https://doi.org/10.1038/s41467-020-;17255-9.

48 Primack, B. A., Shensa, A., Sidani, J. E., Whaite, E. O., Lin, L. yi, Rosen, D., Colditz, J. B., Radovic, A., Miller, E.: »Social Media Use and Perceived Social Isolation Among Young Adults in the U.S.«, in: *American Journal of Preventive Medicine,* 53 (1), 2017, 1–8, https://doi.org/10.1016/j.amepre.2017.01.010.

49 Riehm, K. E., Feder, K. A., Tormohlen, K. N., Crum, R. M., Young, A. S., Green, K. M., Pacek, L. R., La Flair, L. N., Mojtabai, R.: »Associations Between Time Spent Using Social Media and Internalizing and Externalizing Problems Among US Youth«, in: JAMA *Psychiatry,* 76 (12), 2019, 1266–1273, https://doi.org/10.1001/jamapsychiatry.2019.2325.

50 Lustenberger, C., Boyle, M. R., Foulser, A. A., Mellin, J. M., Fröhlich, F.: »Functional role of frontal alpha oscillations in creativity«, in: *Cortex,* 67, 2015, 74–82, https://doi.org/10.1016/j.cortex.2015.03.012.

51 Westbrook, A., Ghosh, A., van den Bosch, R., Määttä, J. I., Hofmans, L., Cools, R.: »Striatal dopamine synthesis capacity reflects smartphone social activity«, in: *iScience,* 24 (5), 2021, 102497, https://doi.org/10.1016/j.isci.2021.102497.

52 Neuroplastizität ist allerdings auch bei anderen Gehirnwellenfrequenzen möglich. Sie ist nicht auf den Alpha- oder Theta-Zustand beschränkt. Neuroplastizität ist ein höchst komplexer Prozess, der von verschiedenen Faktoren beeinflusst wird wie Gehirnwellen, der Natur deiner Aktivitäten oder Erfahrungen, von Wiederholung und individuellen Unterschieden.

53 Ruffino, C., Truong, C., Dupont, W., Bouguila, F., Michel, C., Lebon, F., Papaxanthis, C.: »Acquisition and consolidation processes following motor imagery practice«, in: *Scientific Reports,* 11 (1), 2021, 2295, https://doi.org/10.1038/s41598-021-81994-y.

54 Monany, D. R., Lebon, F., Dupont, W., Papaxanthis, C.: »Mental practice modulates functional connectivity between the cerebel-

lum and the primary motor cortex«, in: *iScience,* 25 (6), 2022, 104397, https://doi.org/10.1016/j.isci.2022.104397.

55 Son, S. M., Yun, S. H., Kwon, J. W.: »Motor Imagery Combined With Physical Training Improves Response Inhibition in the Stop Signal Task«, in: *Frontiers in Psychology,* 13, 2022, 905579, https://www.frontiersin.org/journals/psychology/articles/10.3389/fpsyg.2022.905579.

56 Das ist natürlich eine Untertreibung, denn an solchen Gedanken sind deutlich mehr als zwei Neuronen beteiligt.

57 Iding, A. F. J., Kohli, S., Dunjic Manevski, S., Sayar, Z., Al Moosawi, M., Armstrong, P. C.: »Coping with setbacks as early career professionals: Transforming negatives into positives«, in: *Journal of Thrombosis and Haemostasis,* 21 (7), 2023, 1689–1691, https://doi.org/10.1016/j.jtha.2023.04.019.

58 Hariri, A. R., Brown, S. M., Williamson, D. E., Flory, J. D., de Wit, H., Manuck, S. B.: »Preference for Immediate over Delayed Rewards Is Associated with Magnitude of Ventral Striatal Activity«, in: *The Journal of Neuroscience,* 26 (51), 2006, 13213–13217, https://doi.org/10.1523/JNEUROSCI.3446-06.2006.

59 Crum, A. J., Salovey, P., Achor, S.: »Rethinking stress: The role of mindsets in determining the stress response«, in: *Journal of Personality and Social Psychology,* 104 (4), 2013, 716–733, https://doi.org/10.1037/a0031201.

60 Lally, P., van Jaarsveld, C. H. M., Potts, H. W. W., Wardle, J.: »How are habits formed: Modelling habit formation in the real world«, in: *European Journal of Social Psychology,* 40 (6), 2010, 998–1009, https://doi.org/10.1002/ejsp.674.

61 Kox, M., van Eijk, L. T., Zwaag, J., van den Wildenberg, J., Sweep, F. C. G. J., van der Hoeven, J. G., Pickkers, P.: »Voluntary activation of the sympathetic nervous system and attenuation of the innate immune response in humans«, in: *Proceedings of the National Academy of Sciences,* 111 (20), 2014, 7379–7384, https://doi.org/10.1073/pnas.1322174111.

62 Flores-Kanter, P.E., Moretti, L., Medrano, L.A.: »A narrative review of emotion regulation process in stress and recovery phases«, in: *Heliyon,* 7 (6), 2021, e07218, https://doi.org/10.1016/j.heliyon.2021.e07218.

63 Hoge, E. A., Bui, E., Palitz, S.A., Schwarz, N.R., Owens, M.E., Johnston, J.M., Pollack, M.H., Simon, N.M.: »The effect of mindfulness meditation training on biological acute stress responses in generalized anxiety disorder«, in: *Psychiatry Research,* 262, 2018, 328-332, https://doi.org/10.1016/j.psychres.2017.01.006.

64 Flores-Kanter et al., a.a.O.; Ryan, M., Ryznar, R.: »The Molecular Basis of Resilience: A Narrative Review«, in: *Frontiers in Psychiatry,* 13, 2022, https://www.frontiersin.org/journals/psychiatry/articles/10.3389/fpsyt.2022.856998.

65 Perry, B.D., Szalaviz, M.: *Der Junge, der wie ein Hund gehalten wurde. Was traumatisierte Kinder uns über Leid, Liebe und Heilung lehren können - Aus der Praxis eines Kinderpsychiaters,* München 2008.

66 Danvers, A.F., Efinger, L.D., Mehl, M.R., Helm, P.J., Raison, C.L., Polsinelli, A.J., Moseley, S.A., Sbarra, D.A.: »Loneliness and time alone in everyday life: A descriptive exploratory study of subjective and objective social isolation«, in: *Journal of Research in Personality,* 107, 2023, 104426, https://doi.org/10.1016/j.jrp.2023.104426.

67 Mueller, C.M., Dweck, C.S.: »Praise for intelligence can undermine children's motivation and performance«, in: *Journal of Personality and Social Psychology,* 75 (1), 1998, 33-52, https://doi.org/10.1037/0022-3514.75.1.33.

68 Mangels, J.A., Butterfield, B., Lamb, J., Good, C., Dweck, C.S.: »Why do beliefs about intelligence influence learning success? A social cognitive neuroscience model«, in: *Social Cognitive and Affective Neuroscience,* 1 (2), 2006, 75-86, https://doi.org/10.1093/scan/nsl013; Ehrlinger, J., Mitchum, A.L., Dweck, C.S.: »Under-

standing overconfidence: Theories of intelligence, preferential attention, and distorted self-assessment«, in: *Journal of Experimental Social Psychology,* 63, 2016, 94–100, https://doi.org/10.1016/j.jesp.2015.11.001.

69 Gál, É., Tóth-Király, I., Orosz, G.: »Fixed Intelligence Mindset, Self-Esteem, and Failure-Related Negative Emotions: A Cross-Cultural Mediation Model«, in: *Frontiers in Psychology,* 13, 2022, 852638, https://doi.org/10.3389/fpsyg.2022.852638.

70 Chen, L., Chang, H., Rudoler, J., Arnardottir, E., Zhang, Y., de los Angeles, C., Menon, V.: »Cognitive training enhances growth mindset in children through plasticity of cortico-striatal circuits«, in: *npj Science of Learning,* 7 (1), 2022, 1–10, https://doi.org/10.1038/s41539-022-00146-7.

71 Koblinsky, N.D., Meusel, L.-A.C., Greenwood, C.E., Anderson, N.D.: »Household physical activity is positively associated with gray matter volume in older adults«, in: BMC *Geriatrics,* 21 (1), 2021, 104, https://doi.org/10.1186/s12877-021-02054-8.

72 Won, E., Kim, Y.-K.: »Neuroinflammation-Associated Alterations of the Brain as Potential Neural Biomarkers in Anxiety Disorders«, in: *International Journal of Molecular Sciences,* 21 (18), 2020, 6546, https://doi.org/10.3390/ijms21186546.

73 Dantzer, R.: »Role of the kynurenine metabolism pathway in inflammation-induced depression – Preclinical Approaches«, in: *Current Topics in Behavioral Neurosciences,* 31, 2017, 117–138, https://doi.org/10.1007/7854_2016_6.

74 Mucher, P., Batmyagmar, D., Perkmann, T., Repl, M., Radakovics, A., Ponocny-Seliger, E., Lukas, I., Fritzer-Szekeres, M., Lehrner, J., Knogler, T., Tscholakoff, D., Fondi, M., Wagner, O.F., Winker, R., Haslacher, H.: »Basal myokine levels are associated with quality of life and depressed mood in older adults«, in: *Psychophysiology,* 58 (5), 2021, e13799, https://doi.org/10.1111/psyp.13799.

75 Lee, J.H., Jun, H.-S.: »Role of Myokines in Regulating Skeletal Mu-

scle Mass and Function«, in: *Frontiers in Physiology,* 10 (42), 2019, https://www.frontiersin.org/articles/10.3389/fphys.2019.00042.

76 Lee, B., Shin, M., Park, Y., Won, S.-Y., Cho, K.S.: »Physical Exercise-Induced Myokines in Neurodegenerative Diseases«, in: *International Journal of Molecular Sciences,* 22 (11), 2021, 5795, https://doi.org/10.3390/ijms22115795.

77 Yang, T., Nie, Z., Shu, H., Kuang, Y., Chen, X., Cheng, J., Yu, S., Liu, H.: »The Role of BDNF on Neural Plasticity in Depression«, in: *Frontiers in Cellular Neuroscience,* 14, 2020, https://www.frontiersin.org/article/10.3389/fncel.2020.00082.

78 Porter, G.A., O'Connor, J.C.: »Brain-derived neurotrophic factor and inflammation in depression: Pathogenic partners in crime?«, in: *World Journal of Psychiatry,* 12 (1), 2022, 77-97, https://doi.org/10.5498/wjp.v12.i1.77; Arosio, B., Guerini, F.R., Voshaar, R.C.O., Aprahamian, I.: »Blood Brain-Derived Neurotrophic Factor (BDNF) and Major Depression: Do We Have a Translational Perspective?«, in: *Frontiers in Behavioral Neuroscience,* 15, 2021, https://www.frontiersin.org/articles/10.3389/fnbeh.2021.626906.

79 Severinsen, M.C.K., Pedersen, B.K.: »Muscle-Organ Crosstalk: The Emerging Roles of Myokines«, in: *Endocrine Reviews,* 41 (4), 2020, 594-609, https://doi.org/10.1210/endrev/bnaa016.

80 Cassilhas, R.C., Antunes, H.K.M., Tufik, S., de Mello, M.T.: »Mood, anxiety, and serum IGF-1 in elderly men given 24 weeks of high resistance exercise«, in: *Perceptual and Motor Skills,* 110 (1), 2010, 265-276, https://doi.org/10.2466/PMS.110.1.265-276.

81 Maglio, L.E., Noriega-Prieto, J.A., Maroto, I.B., Martin-Cortecero, J., Muñoz-Callejas, A., Callejo-Móstoles, M., Fernández de Sevilla, D.: »IGF-1 facilitates extinction of conditioned fear«, in: *eLife,* 10, 2021, e67267, https://doi.org/10.7554/eLife.67267.

82 De Voogd, L.D., Kanen, J.W., Neville, D.A., Roelofs, K., Fernández, G., Hermans, E.J.: »Eye-Movement Intervention Enhances Extinction via Amygdala Deactivation«, in: *The Jour-*

nal of Neuroscience: The Official Journal of the Society for Neuroscience, 38 (40), 2018, 8694-8706, https://doi.org/10.1523/JNEUROSCI.0703-18.2018; de Voogd, L. D., Phelps, E. A.: »A cognitively demanding working-memory intervention enhances extinction«, in: *Scientific Reports,* 10 (1), 2020, 7020, https://doi.org/10.1038/s41598-020-63811-0.

83 Sujkowski, A. L., Hong, L., Wessells, R. J., Todi, S. V.: »The Protective Role of Exercise Against Age-Related Neurodegeneration«, in: *Ageing Research Reviews,* 74, 2022, 101543, https://doi.org/10.1016/j.arr.2021.101543.

84 *The Neuro Experience Podcast* mit Louisa Nicola, https://theneuroexperience.com.

85 Walker, M.: *Das große Buch vom Schlaf. Die enorme Bedeutung des Schlafs – Beste Vorbeugung gegen Alzheimer, Krebs, Herzinfarkt und vieles mehr,* München 2018.

86 Hutchison, I. C., Rathore, S.: »The role of REM sleep theta activity in emotional memory«, in: *Frontiers in Psychology,* 6, 2015, https://www.frontiersin.org/journals/psychology/articles/10.3389/fpsyg.2015.01439.

87 Wittert, G.: »The relationship between sleep disorders and testosterone in men«, in: *Asian Journal of Andrology,* 16 (2), 2014, 262–265, https://doi.org/10.4103/1008-682X.122586.

88 Möller-Levet, C. S., Archer, S. N., Bucca, G., Laing, E. E., Slak, A., Kabiljo, R., Lo, J. C. Y., Santhi, N., von Schantz, M., Smith, C. P., Dijk, D.-J.: »Effects of insufficient sleep on circadian rhythmicity and expression amplitude of the human blood transcriptome«, in: *Proceedings of the National Academy of Sciences,* 110 (12), 2013, E1132–E1141, https://doi.org/10.1073/pnas.1217154110.

89 Der Begriff stammt aus der Originalausgabe des Buchs Ben-Shahar, T.: *Happier. Learn the Secrets to Daily Joy and Lasting Fulfillment,* New York 2007 (dt. *Glücklicher. Lebensfreude, Vergnügen und Sinn finden mit dem populärsten Dozenten der Harvard University,* München 2007). In gewisser Weise ist die *arrival fallacy* kongruent mit dem Konzept der »hedonistischen Adaptation« (»hedonistischen Tretmühle«), da beide darauf hinweisen, dass unser Glücksniveau unabhängig von äußeren Einflüssen tendenziell stabil bleibt (Anm. d. Red.).

90 Suri, R. E.: »TD models of reward predictive responses in dopamine neurons«, in: *Neural Networks: The Official Journal of the International Neural Network Society,* 15, 2002, 523-533, https://doi.org/10.1016/S0893-6080(02)00046-1; Schultz, W.: »Dopamine reward prediction error coding«, in: *Dialogues in Clinical Neuroscience,* 18, 2016, 23-32, https://doi.org/10.31887/DCNS.2016.18.1/wschultz.

91 Lieberman, D. Z., Long, M. E.: *Ein Hormon regiert die Welt. Wie Dopamin unser Verhalten steuert - und das Schicksal der Menschheit bestimmt,* München 2018.

92 Šrámek, P., Šimečková, M., Janský, L., Šavlíková, J., Vybíral, S.: »Human physiological responses to immersion into water of different temperatures«, in: *European Journal of Applied Physiology,* 81 (5), 2000, 436-442, https://doi.org/10.1007/s004210050065.

93 Lembke, A.: *Die Dopamin-Nation. Balance finden im Zeitalter des Vergnügens,* Kandern 2022.

94 Ratan, Z. A., Parrish, A.-M., Alotaibi, M. S., Hosseinzadeh, H.: »Prevalence of Smartphone Addiction and Its Association with Sociodemographic, Physical and Mental Well-Being: A Cross-Sectional Study among the Young Adults of Bangladesh«, in: *International Journal of Environmental Research and Public Health,* 19 (24), 2002, 16583, https://doi.org/10.3390/ijerph192416583.

95 Creswell, J. D., Bursley, J. K., Satpute, A. B.: »Neural reactivation links unconscious thought to decision-making performance«, in: *Social Cognitive and Affective Neuroscience,* 8 (8), 2013, 863-869, https://doi.org/10.1093/scan/nst004.

Dank

Zuallererst möchte ich meinem Verlobten Jorge danken, dessen unwandelbarer Glaube an mich und seine beständige Ermutigung mich auch dann aufrechterhalten haben, wenn ich anfing zu zweifeln. Danke, dass du mir den Raum gegeben hast, mich meiner akademischen Ausbildung zu widmen und dieses Buch zu schreiben. Du warst von Anfang an dabei.

Außerdem schulde ich den Wissenschaftlern und Forschern, deren bahnbrechende Arbeit in den Neurowissenschaften und der Psychologie das komplexe Arbeiten des menschlichen Geistes offengelegt hat, meinen tiefen Dank. Ihr unermüdliches Engagement, ihre kollektiven Bemühungen, unser Wissen zu vermehren und es mit der Welt zu teilen, haben das Fundament geschaffen, auf dem dieses Buch beruht.

Und natürlich stehe ich tief in der Schuld meiner Agentin Abigail Bergstrom, die knallhärter nicht hätte sein können. Ich bin so dankbar, dass ich dich gefunden habe. Nachdem wir das erste Mal miteinander telefoniert haben, habe ich alle anderen Termine mit Literaturagenten abgesagt. Ich wusste sofort, dass ich nur mit dir zusammenarbeiten wollte. Ein inniges Dankeschön geht an meine Lektorin Karolina Kaim, die sich immer für mich eingesetzt hat. Wie ich im Buch sagte: Wir sind ein Paar, das sich im Autorenhimmel gefunden hat. Hoffentlich machen wir noch viele Bücher zusammen.

Ein herzliches Dankeschön geht an meinen Supervisor Dr. Kristofer Kinsey, der mich bei diesem Buch unterstützt hat, während ich gleichzeitig die Forschungsarbeiten für meine Masterarbeit erledigte. Und an meine Kollegen, Kolleginnen, Freunde und Freundinnen: Dr. Sula Windgassen, Nas Fatih, Matthew Watson, Louisa Nicola, Rachelle Summers, Liadan Gunter, Isabel Taylor und Courtney Kremler. Ihr habt mir wissenschaftliche Einsichten vermittelt, habt mich unterstützt und meine Arbeit kritisch begleitet.

Ein tiefer Dank gebührt auch meinem Team bei Penguin Michael Joseph in Großbritannien und bei HarperOne in den USA. Eure Professionalität und Hingabe hat dieses Buch überhaupt erst entstehen lassen. Ein Dankeschön auch an meine Übersetzungs-Agentin Alexandra Cliff, die das Buch in viele Länder dieser Welt gebracht hat.

Diese Danksagung bliebe für immer unvollständig, wenn ich meine Mutter, Sheila Van Der Merwe, nicht erwähnen würde. Sie hat bei der Geburt einer Legende geholfen, weil sie selbst eine ist. Danke, dass du mich in unserer turbulenten Kindheit so sehr geliebt hast. Liebe und menschliche Verbundenheit lassen uns heil werden ... Liebe erfindet uns neu. Ein inniges Dankeschön geht auch an meine Schwiegermutter, die klinische Psychologin Kim Camacho. Sie hat meine wissenschaftliche Integrität massiv beeinflusst. Wichtiger noch: Sie bot mir die Schulter, an die ich mich anlehnen konnte, wenn die Verzweiflung mich übermannte. Es ist ein Segen, eine zweite Muttergestalt im Leben zu haben, wenn diese Mutter so ist wie du. Tausend Dank, dass du deinen Sohn zur Welt gebracht hast. Dank auch an Luis Camacho, meinen Schwiegervater, der während des Schreibprozesses sein wunderschönes Heim für mich, Jorge und die Hunde geöffnet hat. Ich wünschte, wir könnten für immer und ewig als Familie zusammenwohnen. Sorry, das klingt jetzt wunderbar, aber irgendwann brauchten wir doch unseren eigenen Raum.

Meinen lieben Geschwistern Silvy und Dylan Vignola danke ich dafür, dass sie da sind. Die Liebe erhebt uns dorthin, wo wir hingehören, und für uns ist es Schicksal, dass wir verwandt sind. Ich liebe euch.

Ein Dankeschön an meine besten Freunde und Freundinnen: Lucia Rippa, Gabriella Baleta, Ubaka Onyekwelu, Caroline Guiterrez, Louisa Russel-Henry, Shannon Botha und Jo Hargreaves. Danke für all die guten Vibes und das Geplauder. Weil ihr mein Leben mit Freude erfüllt und immer abgenommen habt, wenn ich euch angerufen habe.

Zu guter Letzt danke ich zwei Geschöpfen, die ich auf der ganzen Welt am meisten liebe (Sorry an euch andere): Kobe und Max, meine beiden Hunde. Ihr könnt das natürlich nicht lesen, aber in ein paar Minuten stehe ich auf und gebe euch einen dicken Schmatz, um euch zu zeigen, wie dankbar ich bin, dass wir einander gefunden haben.

Aus tiefstem Herzen danke ich jedem einzelnen Menschen, der eine - große oder kleine - Rolle dabei gespielt hat, dieses Buch ins Leben zu rufen. Ich habe euch nicht erwähnt, weil ich das vermutlich vergessen habe. Wenn du dich dadurch beleidigt fühlst, dann greif zum Telefon, und wir reden drüber.

LUKAS KLASCHINSKI

Fühl dich ganz

Was wir gewinnen, wenn wir unsere Emotionen verstehen und zulassen

In unseren Gefühlen finden wir den Kompass des Lebens

Häufig bekommen wir ein falsches Bild von Emotionen vermittelt: Freude und Glück sind willkommen, Angst und Einsamkeit werden ausgesperrt. Dabei sind alle Gefühle Teil des Lebens. Wenn wir mit Gefühlsbereitschaft unsere Emotionen verstehen und zulassen, erkennen wir: Ohne sie navigieren wir blind, mit ihnen finden wir Sinn und Lebensfreude.

»Fesselnd, wissenschaftlich und wirksam!
Lukas Klaschinski nimmt uns zum Wichtigsten mit,
was wir haben: unsere Gefühle!«
Stefanie Stahl

EVA WEINMANN

Wenn dein Körper sich erinnert

Mit traumasensiblem Yoga den Körper wieder als sicheren Ort spüren

Mit achtsamen Asanas wieder Vertrauen zum eigenen Körper finden

Immer wieder erleben sich Menschen als fremd in ihrem eigenen Körper. Manche spüren ihn fast gar nicht mehr, während andere auf innere Blockaden stoßen oder von Körperempfindungen überflutet werden. Das kann ein Zeichen für eine vergangene traumatische Erfahrung oder eine chronische Stressbelastung sein. Die heilsame Wirkung einer darauf abgestimmten Yogapraxis hilft, den Körper wieder als sicheren Ort zu erleben und eine positive Beziehung zu ihm aufzubauen. Die erfahrene Therapeutin und Yogalehrerin Eva Weinmann zeigt, wie Betroffene die Haltungen im regulären Yogaunterricht behutsam für sich anpassen, zu Hause achtsam Yoga üben und zur natürlichen Regulation des Nervensystems zurückfinden können.

KNAUR BALANCE

MEGAN LOGAN

Sei gut zu dir

Das 52-Wochen-Workbook für einfache Zeiten, chaotische Zeiten und alle Zeiten dazwischen

Liebevoll und leicht durchs Jahr

Du möchtest dir endlich selbst etwas Gutes tun? Mit diesem einfühlsamen und wunderschön gestalteten Journal führt Therapeutin und Bestsellerautorin Megan Logan durch die Höhen und Tiefen des Lebens. 52 kreative Schreib- und Malübungen, Reflexionsfragen und Affirmationen helfen uns, mit den Herausforderungen des Alltags besser zurechtzukommen, ohne uns selbst zu vernachlässigen. Wir lernen so:

- uns selbst Pausen zu erlauben,
- Selbstvertrauen zu schulen,
- Wut und Abneigung loszulassen,
- unsere Herzen zu öffnen,
- auf unsere Intuition zu vertrauen,
- uns vom Wunsch nach Perfektion freizumachen,
- Beziehungen zu vertiefen,
- spielerisch zu sein und ein freudvolles Leben zu führen.

KNAUR
BALANCE